鑽石心態

運動心理學教你
打造強健的心理素質，
跨越比賽與人生的難關

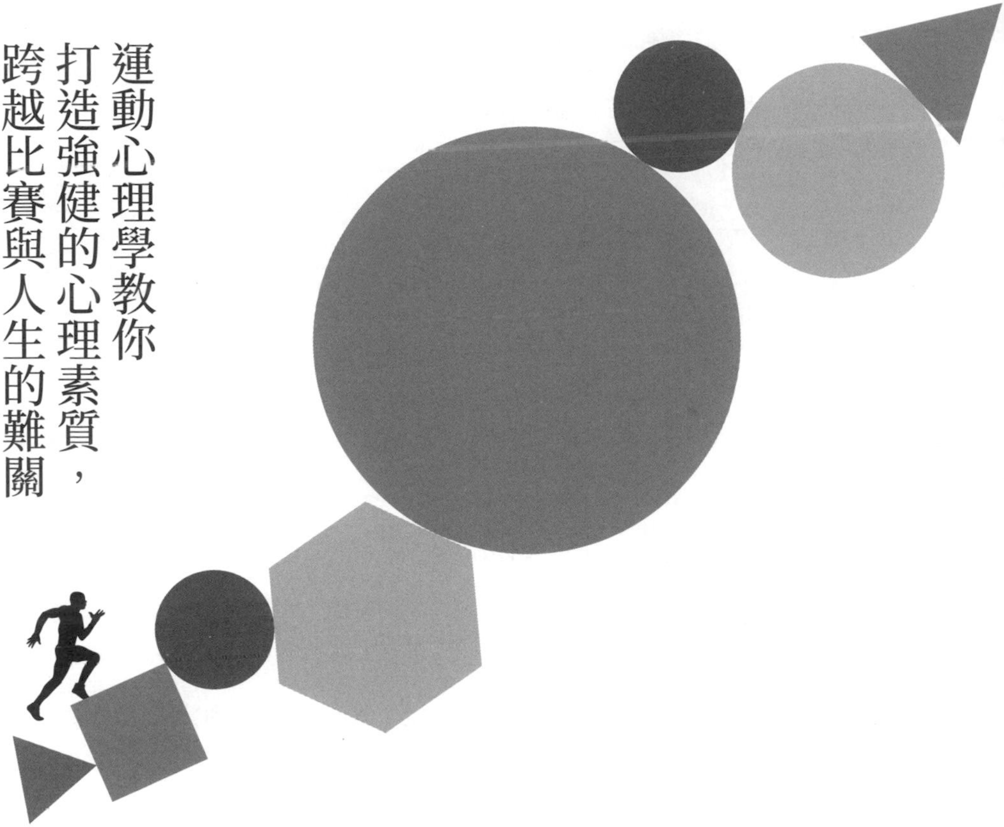

麥特·費茲傑羅｜著
Matt Fitzgerald

林步昇｜譯

How Bad
Do You Want It?
Mastering the
Psychology
of Mind over Muscle

HOW BAD DO YOU WANT IT?: MASTERING THE PSYCHOLOGY OF MIND OVER MUSCLE by MATT FITZGERALD

經營管理 179

鑽石心態：

運動心理學教你打造強健的心理素質，跨越比賽與人生的難關

作　　者　麥特・費茲傑羅（Matt Fitzgerald）
譯　　者　林步昇
企畫選書
責任編輯　文及元
內文排版　薛美惠
行銷業務　劉順眾、顏宏紋、李君宜

總 編 輯　林博華
發 行 人　涂玉雲
出　　版　經濟新潮社
104 台北市民生東路二段 141 號 5 樓
電話：(02)2500-7696 傳真：(02)2500-1955
經濟新潮社部落格：http://ecocite.pixnet.net

發　　行　英屬蓋曼群島商家庭傳媒股份有限公司城邦分公司
台北市中山區民生東路二段 141 號 11 樓
客服服務專線：02-25007718；25007719
24 小時傳真專線：02-25001990；25001991
服務時間：週一至週五上午 09:30-12:00；下午 13:30-17:00
畫撥帳號：19863813；戶名：書虫股份有限公司
讀者服務信箱：service@readingclub.com.tw

香港發行所　城邦（香港）出版集團有限公司
香港灣仔駱克道 193 號東超商業中心 1 樓
電話：25086231 傳真：25789337
E-mail: hkcite@biznetvigator.com

馬新發行所　城邦（馬新）出版集團 Cite(M) Sdn. Bhd. (458372 U)
41, Jalan Radin Anum, Bandar Baru Sri Petaling,
57000 Kuala Lumpur, Malaysia.
電話：(603)90563833 傳真：(603) 90576622
E-mail: service@cite.my

印　　刷　漾格科技股份有限公司
初版一刷　2023 年 1 月 5 日
ISBN　9786267195109、9786267195154(EPUB)

定價：480 元

推薦序

追求卓越表現，從打造心理韌性開始

文／蔡志浩

頂尖競技運動員幾乎都有過人的體能天賦。透過訓練，他們將體能推向天賦的極限。但過人的天賦能否轉化為過人的表現，關鍵因素往往在心理層面。

本書雖然聚焦在耐力競技運動，但書中的原則以及精采的故事對從事休閒運動與日常訓練的一般人、以及對想在運動以外的領域追求卓越表現的人，都同樣有啟發性。

享受推向極限的不確定性

在你把自己訓練到極限的過程中，以及在艱難的情境追求卓越表現的過程中，都充滿著大量的不確定性：你不確定自己的體能是否到頂了，不確定自己何時、如何使用自己的能力會有最好的表現。

最好的表現從來不會是照表操課就做得出來的。而是以智慧與韌性承受風險，衝出來的。你要能學會享受這個過程，才會練得更好，做得更好。

專注在環境與任務

很多人知道，焦慮與表現的關係有個俗稱「倒 U 型」的曲線：適度的焦慮與警覺表現最好。太放鬆了，或是太焦慮了，都會對表現有負面影響。

壓力太大、太焦慮時，你會開始過度注意自己的內在狀態，而不能專注於環境與任務，表現也受到影響。如果你能訓練自己避免被無關的思緒影響（書中提到的「抑制控制」能力），專注在環境與任務，表現就能更順利。例如做重要簡報時你真心享受這場演出，會比一直擔心聽眾是否滿意表現得更好。

設定適當的目標與參照架構

這一點也和前兩點有關。有點像是：「我是誰？我為什麼在這裡？」根據自己的因應風格設定目標，把要做的事放在能發揮直覺的框架來運作，都能減少失常，促進表現。

例如書中提到的，艾麗莎．麥凱格（Alissa McKaig）參加二〇一二年奧運馬拉松選拔賽的主要目標不是進入奧運代表隊，也不是跑進前十名或締造個人最佳成績，而是勇敢地向前跑，其他（跑進前十名或締造個人最佳成績）就順其自然。

相信自己的直覺

任何經過大量練習的認知與動作技能都有個共同的特性：大部分的知識是內隱的。我們能夠預測什麼時候會出現什麼、該做什麼，我們的一個動作會帶出下一個動作，但我們未必意識得到自己在預測與執行。

所以要避免試圖在意識層面控制所有事。要懂得少就是多：對於熟練的技能，意識少介入一點，直覺就多發揮一點。就像之前說的，專注在環境與任務就好。也要避免照抄別人的課表或成功模式。人都有個別差異。最適合別人的，未必適合自己。

從失敗與低潮中成長

逆境磨練韌性，也考驗韌性。運動的訓練與競技必然包含了大量的挫折與失敗。你在過程中學到重新認識自己、重新定義自己遇上的問題、放下無謂的執著、以及找出克服的方式。

在運動中磨出的韌性與膽識可以類化到非運動情境。日常生活與工作大部分的事情是規律的，一成不變的。偶而遇上一個突發狀況，常令人們感到驚慌：不知道發生了什麼問題，不知道該怎麼解。如果你是一個有運動紀律的人，面對這種情境就會更從容。

運動促進成功老化

耐力運動其實比起其他競技運動更不受老化影響。馬拉松世界紀錄保持人基普喬格（Eliud Kipchoge）今年三十八歲了。而他的表現仍然愈來愈好。二〇二二年九月才在柏林馬拉松以兩小時一分九秒再度打破原本也是由他保持的世界紀錄。

對一般人來說，你的休閒運動如果是游泳、騎車、跑步等耐力運動，你會發現你到年紀很大都還能做，有時甚至可以表現比年輕人更好。這就可以強化你的自信與韌性，讓你身心都老得更好、更漂亮。

成為更好的自己

頂尖的耐力運動員都是在把自己推向極限的過程中更加認識自己：你來到一個未曾經歷過的內外與身心狀態，覺察到自己的反應，進而重新發現自己。

一般從事休閒運動的人其實也一樣。就算你可能沒有天賦，就算你可能志不在競技，但只要你持續訓練，漸進超負荷把自己推出舒適圈，在追求卓越表現的過程中體驗未知的自己，你就能夠更有韌性、更樂觀。不管你原本處於怎樣的狀態，你永遠可以成為更好的自己。人生中的每一件事，都是如此。

（本文作者為熱愛運動的認知心理學家、台灣使用者經驗設計協會創會理事長、台灣應用心理學會監事、教育部體育署一〇六年運動 i 台灣計畫《全民運動推廣手冊》撰述委員，著有《人生從解決問題開始》一書；作者網站：taiwan.chtsai.org）

推薦序

以運動心理學揭開化逆境為優勢的祕密

文／張育愷

從事馬拉松、鐵人三項或極限運動等挑戰生理極限的耐力運動選手，在體能和技術的水準無非處於巔峰狀態。然而，選手往往發現，因在比賽時因無法發揮自身的極限而錯失心目中的冠軍寶座。事實上，在體能和技術水準都等同的情況下，最終影響比賽勝利的關鍵就在於「心理」，而這也是身為運動心理學（Sport and Exercise Psychology）學者的我們，極欲向社會大眾分享的專業知識！

《鑽石心態》一書，藉由眾多頂尖耐力運動員的案例，帶你由運動心理學和腦科學的角度，一窺頂尖運動員的致勝心態。你可能認為許多選手僅需要承受比賽當下所面臨的壓力、困境和挫折，但本書的許多案例往往在賽前就面臨傷病、調適不佳、焦慮等問題，卻能在比賽期間化逆境為優勢，甚至突破個人最佳的表現，這是為什麼呢？祕密就藏在書中！

本書提供許多運動心理學的概念，像是動機、注意力焦點、自我對話等，描述選手在面臨壓力、挫折等狀況時，所應用的心理技能和策略。此外，還藉由腦科學的角度，例如抑制控制（inhibitory control），藉由專注於當下的目標，並同時抵抗誘惑或不適當想法或行為的關鍵認知能力，幫助選手在體能接近極限的狀態下，抑制身體所產生的疲勞、疼痛，以及內心浮現「我撐不住了，需要停下來」等負面刺激，而讓自身專注於賽場上，拿下勝利。

如果你想要增進自身的心理素質，相信本書已提供一個以運動心理學為主軸的機會，帶你了解如何像顆鑽石一樣，剛毅耐磨、愈挫愈勇，在逆境之下達到自我的巔峰表現！

（本文作者為臺灣師範大學體育與運動科學系研究講座教授兼副系主任、台灣運動心理學會理事長、身體活動認知神經科學實驗室主持人、亞太運動心理學會副理事長、國際運動心理學會財務長）

「心，才是真正的運動員。」
THE MIND IS THE ATHLETE.

——摘自布萊思・寇特內（Bryce Courtenay）所著
《一的力量》（*The Power of One*）

目次

推薦序　追求卓越表現，從打造心理韌性開始　蔡志浩　003
推薦序　以運動心理學揭開化逆境為優勢的祕密　張育愷　008
推薦序　比賽，從心開始：向耐力運動的頂尖運動員學習　薩姆勒・馬拉科　014
前言　019
第一章：比賽就像過火儀式　039
第二章：做好心理準備　067
第三章：時間與你同在　091
第四章：放下之道　121
第五章：繞路效應　157

第六章：失敗之禮 185
第七章：今日弱點即明日優勢 217
第八章：答案就在自己心裡 245
第九章：團體效應 273
第十章：期望反映潛力 301
第十一章：熱情不分年齡 329
第十二章：這一切值得嗎？ 355
致謝 382
作者簡介 383

推薦序

比賽，從心開始：向耐力運動的頂尖運動員學習

文／薩姆勒・馬科拉（Samuele Marcora）博士

進行研究來了解限制耐力運動表現的因素，不僅僅是一項學術工作而已，還影響到耐力運動員的測試方式、訓練方式與備賽方式。綜觀運動生理學發展的前一百年，一般認為耐力之所以受限，是因為能量耗盡引發肌肉疲勞，或氧氣輸送不足、伴隨運動肌酸化等。因此，耐力運動員在訓練時佩戴心率監測器，還要扎耳採血以測量血乳酸，紅血球生成素（Erythropoietin，EPO）的使用長期困擾著自行車運動和其他耐力運動，賽前還得食用大量麵食與米飯。運動生理學影響耐力運動員生活的例子還不只這些。

在一九九〇年代末期，提姆・諾克斯（Tim Noakes）教授提出了中樞控制模型（Central Governor Model，CGM）。這個模型主張，耐力運動表現受限於大腦內一個

潛意識的智慧系統（中樞控制器），該系統掌管運動肌的徵召，讓比賽中維持的速度／功率輸出量，不致超過身體抗衡耐力運動壓力的能力。這個模型的基本假設是，假如這個安全系統不存在，耐力運動員在運動時可能會超出自身生理能力，出現熱休克、心肌缺氧和屍僵等危及生命的症狀。

CGM具有劃時代的意義，因為許多運動生理學家因此相信，限制耐力運動表現的器官正是大腦，而不是心血管系統和疲勞的運動肌。隨後的研究，包括我們二〇一〇年那項貢獻了本書副標題的研究，都證實了這個不再具有爭議的觀念。然而，一大問題在於：假使耐力運動表現受限於大腦潛意識的智慧安全系統，耐力運動員又可以怎麼辦呢？答案是只能像過去照表操課地訓練，提升身體對耐力運動產生壓力的能力。實際上，CGM對於耐力運動員的訓練和備賽方式並未造成重大影響。

幸好，沒有證據顯示我們大腦內部存在中樞控制器，而且耐力運動員對於自身表現也有相當大的掌控。另一個用來說明大腦調控耐力運動表現的模型，稱為心理生物模型（Psychobiological Model），主張在耐力運動比賽中，大腦會有意識地做出配速或放棄等決定，這些決定主要是依據對於運動難度和強度的主觀感受，也就是我們所謂的「辛勞感知」(perception of effort)。

我有許多運動生理學的同事難以接受心理生物模型；感知如此飄渺又主觀，何以可能對於耐力運動表現有龐大的影響？可以客觀測量的事物（例如心臟大小和運動肌內有多少肝醣）的影響想必更大才對。假如把耐力運動表現單純當成缺乏意念和情感的生物機器輸出，上面的結論也許就合理了。然而，我認為耐力運動表現屬於自我調節的行為，意念和情感可能會有深遠的影響。酷刑的痛苦（一種感知）可能會迫使士兵背叛自己原先犧牲奉獻的國家；強烈的飢餓感（一種感知）可能讓文明人變成食人族；意念和情感也可以導致恆定狀態最終踏上死路：自殺。因此，對於辛勞多寡的感知（以及相關念頭）可能會限制耐力運動表現，我們不必感到詫異。感知無比強大。

本書作者同時也是體育記者的麥特．費茲傑羅（Matt Fitzgerald），率先見識到這個心理生物模型對耐力運動員的潛在影響。我還記得，我們倆在二〇〇九年發表了一份開拓的研究報告，探討心理疲憊（mental fatigue）對於辛勞感知和耐力運動表現的影響，後來用訊號極差的手機頭一次聊天。當時，我人在義大利參與一場田徑主題的會議，麥特則待在美國的家中。我們大聊特聊了一個多小時，充分展現我對於跨領域研究的熱情（當然義大利人天生就多話！）麥特則對於最新科學發展求知若渴，這說不定也對他的眾多讀者有正面的影響。我們倆的「遠距離友情」持續了好多年，我針對耐力運動表現進行更多心理生物學研究，麥特則負責翻譯內容，透過發表文章和出書把知識傳遞給社會大眾。

本書中，麥特蒐羅了令人欽佩的真實案例，說明辛勞感知和其他心理因素如何影響耐力運動表現。這些案例均取材自各項耐力運動的頂尖運動員生活，再巧妙融入相關的科學研究摘要，豐碩的成果集結成書：不僅可以當成運動傳記來閱讀，同時也提供了實用建議，教導你成為自己的「運動心理學家」，提升耐力運動的表現。希望這有助耐力運動員與教練，更加廣泛地應用心理學原理與技術。實際上，耐力運動中尚未充分運用心理學的力量，而心理生物模型實務上的一大建議，就是有條不紊地付諸實踐。

然而，正如麥特所指出，這並不意味著贏得耐力運動比賽單純是「意志力」的問題。有意識地自我調節念頭、情緒和行為，可以大幅影響耐力運動的表現，本書提到的真實案例都是很棒的佐證。但遺傳學、體能訓練和營養（例如碳水化合物的攝取與咖啡因）也發揮很大的作用，正是因為這些因素對於辛勞感知有深刻的影響。潛意識的大腦也可能影響辛勞感知，我們近來也運用潛意識的視覺訊息證實這點。而如何避免部分潛意識刺激的負面影響，同時利用潛意識力量來提高耐力運動表現，勢必會是心理學應用於耐力運動的未來趨勢。

我們目前在研究一項新型的訓練，稱為腦耐力訓練（Brain Endurance Training），結合了體能訓練與耗費腦力的練習，藉此刺激負責自我調節的大腦區域，提升對心理疲憊的抵抗力。這十分值得期待，因為心理生物模型正催生提升運動表現的創新策略，效果超過傳統上按照心血管／肌肉疲勞模型所開發的策略。

因此，請密切關注麥特的研究。我敢肯定，本書只是初試啼聲，後續還會有一系列大獲好評的書籍，探討耐力運動員如何精進這個大有可為的領域。

（本文作者為義大利波隆納大學生物醫學與神經動作學系教授）

前言

我的人生首次耐力賽是在新罕布夏州鄧恩（Durham）牡蠣河小學（Oyster River Elementary School）田徑場上跑了兩圈。那場比賽是運動會（Field Day）活動的眾多比賽項目之一，堪稱小學生的畢業典禮。我像大多數十一歲孩子那樣，曾參加過當地社區許多比賽，但先前都是短跑。除非有成年人的督導，否則孩子不會參加長跑比賽。在那場運動會後，我才明白真正的原因。

當時我們這群孩子都搞不清楚狀況，離開起跑線就全速奔跑起來。跑了六七十公尺左右，我雙腿出現類似得了流感般的無力感。每跨出一步，我的體重就好像增加了半公斤，食道像浸泡在鹽水中的開放式傷口般灼痛，頭皮出現一陣陣刺痛，意識成了一團微弱的火焰，在不祥的風中飄搖。我腦海中剩下的少數念頭既零碎又驚慌：「**我的身體到底怎麼了？**」「**這樣正常嗎？**」「**其他小朋友也這麼難受嗎？**」

我跑完了第一圈，不顧內心想要放棄的強大誘惑，開始跑第二圈。有名男生還跑在我前面，他是傑夫．伯頓（Jeff Burton），班上唯一和我一樣瘦的同學。我明白自己當時的處境：更拼命地追上傑夫，但代價是身體承受更大的痛苦；或是把痛苦設下停損點，讓傑夫贏得勝利。但第三個選項出現了：傑夫後繼無力。我看到他愈跑愈慢，接近最後一個彎道時便超越了他，接著衝過終點線贏得勝利，不過當下累癱了，只能在心裡默默慶祝。

從那次經驗中，我領悟了耐力運動的一大真相。雖然我的雙腿和肺讓我勝券在握，但其實真正把我推向頂峰的是我的心智——特別是我對於全新感受所帶來衝擊的吸收能力，以及我願意為了贏得勝利吃點苦頭。我明白，長跑比賽最關鍵的關卡存乎一心。

運動會上獲勝的三年後，我因為踢足球弄傷了左膝。幫我縫合傷口的外科醫師建議我從事其他運動。受傷前，我本來就兼差擔任牡蠣河中學田徑隊的一英里（約一點六公里）跑者，表現得算是可圈可點。因此，我決定把全副心力投注於跑步。

當時是一九八五年，膝關節重建手術後康復與復建的過程仍不大先進。手術後，我整條腿打了六個星期的石膏，然後又穿了六個月的護具。於是，我高中時期室內田徑第一個賽季中，都無法擺脫與克維拉合成纖維（Kevlar）和魔鬼氈的累贅。隔年春天拆掉護具時，我覺得重獲新生。在室外賽季，我七度參加一英里賽跑，其中六次締造了個人最佳成績。

秋天，我帶領越野校隊奪下新罕布夏州三大校際體育賽事之一的州冠軍。一星期後，我在「冠軍爭霸賽」(Meet of Champions）上獲得了個人獎項第十名，該決賽由三項賽事中名列前茅的隊伍和個人一較高下。我在高二賽跑組別中排名第二、高一組別中排名第一。畢業前，我很有希望成為新罕布夏州最厲害的高中跑步選手。

但這個目標終究沒有實現。第一個失敗跡象，是在我在分區越野州錦標賽中取得重大突破的那一刻。那場比賽在曼徹斯特的德里菲爾公園（Derryfield Park）舉行，堪稱全美最困難的高中越野跑道，起點是一條滑雪坡道底部，得一路往上跑到坡頂再下來。我登頂時位居第二，僅落後尚恩·利文斯頓（Sean Livingston）這名完全屬於另一個次元的天才型高三生。我當時沒有多想，直到我們跑出樹林，女友一看到我就朝著站她旁邊的人大喊：「噢天哪！他第二耶！」我這才發覺自己超猛。

但僅僅數秒後，我就被來自史蒂文斯學院同樣就讀高二的勁敵塔德·蓋爾（Todd Geil）超越了。在山腳下，他還在我前方十到十五公尺；但最後得克服一段高難度上彎，跑道才會再度平坦直通終點。我比塔德更擅長跑上坡（當初也是這樣才領先他），便開始急起直追。

我們同時跑過最後一個彎道。塔德踮起腳尖加速，我也一樣，此刻耳畔傳來雙方父母、教練和隊友高分貝的加油聲，我們倆幾乎是齊步衝向終點線。

然後我就放棄了，直接投降，不想跑了。萌生此念頭的當下，塔德又把速度拉高一個檔次，進行最後一搏。我永遠也不會知道我能否跟上他的速度、能否把速度再提升一點，因為我甚至連試都沒試。原因很簡單：太痛了。我內心有一部分好像在問：**「你有多想贏？」**另一部分則回答：「再想贏也比不過那傢伙。」我覺得塔德並非比我更有天賦或更有體力——實際上，接下來在我們高中生涯的五次冠軍越野賽跑中，我兩度都跑贏他。但那天我們倆的差別在於，他願意跑得更賣力。

十一歲時，我首次體驗到耐力賽伴隨的痛苦，內心遭受的衝擊自此揮之不去。我熱愛跑步，也愛培養更強健的體魄、更敏捷的身手，但我討厭比賽時必須承擔的痛苦。剛開始接觸跑步時，我對於這項運動潛藏的黑暗面雖然排斥，但還算應付得來，內心抱持的期待也不高。但我達到選手的水準後，才發現居然比以往更痛苦，而為了奪冠還得忍受更多痛苦。那時我才意識到，自己過去雖然也很痛苦，但仍待在相對的舒適圈中，自以為拿出超越「百分之百」的表現就所向披靡。

但那並不是我的選擇；我反而成了被心魔所困的典型例子。每到比賽當天，我就會遭到無盡的恐懼感折磨。我的胃部不斷翻騰、心臟劇烈跳動，滿腦子都是即將面臨的痛苦。假如比賽是在星期二，我整天上課就會呈現恍神狀況，聽不到老師說什麼；假如是在星期六，我只能勉強吃下蜂蜜堅果口味的喜瑞爾麥片，然後出門與隊友會合，一起搭巴士前往賽場任人宰割。

大三時，我開始對比賽敷衍了事，假裝付出百分之百的努力，其實內心明白只有百分之九十五。我跑步展現的認真程度不多不少，沒有人知道我在打混。即使如此，我仍然偶爾有成績亮眼的時刻，像是在一九八七年冠軍爭霸賽中獲得第六名，但我更常跑完步後感到自我厭惡，深知自己並沒有全力以赴。

這樣的狀況愈來愈糟。有次在波士頓的戶外田徑賽中，我參加兩英里（約三點二公里）的項目，結果才跑到一半便假裝腳踝扭傷，倒在地上故作痛苦地扭著身體。數星期後，我又假裝沒聽到另一場兩英里賽事起跑線就位的廣播，所有參賽者起跑後獨缺我一人。我的高三越野賽季結束後（我最後在冠軍爭霸賽中表現極差，僅排名第十七，勁敵塔德．蓋爾則奪下第二名），我放棄跑步了，輸給內心的懦弱。

一九九五年，我已從大學畢業兩年，仍然認為自己與跑步無緣，於是搬到舊金山。我的目標是接下一份像樣的文字工作。結果，最後的工作機會來自比爾．卡托夫斯基（Bill Katovsky），他在一九八三年創辦了《鐵人三項運動員》（*Triathlete*）雜誌，當時正準備推出全新的耐力運動雜誌《多項運動》（*Multisport*）。我當然大可接受《嗨翻時代》（*High Times*；按：提倡大麻合法化而惡名昭彰的雜誌）的工作邀約，但命運使然，我日後所處的工作環境充滿了熱愛健身、追求體魄與速度的選手。

該來的躲不掉。我再度受到訓練和比賽的召喚，起初只是當跑者，後來更成為鐵人三項選手，簡直愈陷愈深。我愈來愈投入這類嗜好，也愈來愈有雄心壯志。兩大內在動機相輔相成，促使我後半輩子又回鍋當耐力運動員。最重要的理由是，我想成為當初本來有機會可能成為的運動員。但我明白假如想要達成這個目標，就得克服第一次導致我放棄的內心弱點；我想要徹底剷除心魔。

我從未真正成為自己理想中的運動員。事實證明，我真正的弱點是不聽話的脆弱身體，只要我說出「足底筋膜炎」這個詞，跑起步來就會跛腳（這個弱點在我小時候就有跡可尋，包括十四歲時左膝關節斷裂）。但就算我當不了理想中的運動員，至少能拖著有缺陷的身體盡力做到最好。我終於克服了心魔。

假如我在分區越野錦標賽衝刺階段讓塔德．蓋爾超前那一刻，代表了我喪失身為運動員的誠信，那二〇〇八年矽谷馬拉松其中一刻則象徵了我的救贖。我在距離終點線大約三英里（約四點八公里）時，我萬分痛苦地經過一對站在路邊的年輕情侶，他們可能在等朋友經過。我超過他們十來步時，聽到那名女子脫口而出：「哇！」

這聲驚呼的背後也許能用不同方式來解讀：也許那位小姐很佩服我跑得很快，但那場馬拉松比賽的第一名（我最後獲得第三名）比我早四分鐘通過，所以想必不是如此；說不定她是在欣賞我漂亮的跑姿，但我並沒有漂亮的跑姿，當時步伐看起來很可能糟到不能再糟。

其實，我認為那名說出「哇！」的女子，是被我「悽慘」的模樣，以及無比吃力的動作所嚇到。在她眼中，我想必像是困在及腰的水中艱難地跋涉。我也確實覺得如此辛苦，一定還張著嘴流口水。那位陌生人的語助詞是在敬佩我的努力，肯定我寧願承受折磨、也要達成在特定時間內完賽這項毫無意義的目標。

但在那場馬拉松上，我並沒有實現個人時間目標，因為先前再度負傷，訓練時間只得縮短，導致我無法達標。可是我獲得更了不起的成就感：我知道自己這次在比賽時真的拼盡全力了。

二〇〇八年矽谷馬拉松的第二十三英里（第三十七公里），至今仍是我身為運動員最珍貴的時刻。不僅如此，我還認為這是這輩子數一數二美妙的時刻。當然，這只是一場比賽，但運動與生活並非互不相干，運動員的身分與個人也是一體兩面。我克服了對於比賽中遭逢痛苦的恐懼，因而更加敬佩自己，內在的力量協助我迎接其他難關，而且是運動場內或場外皆然。

若非我從耐力運動作家這份工作中，獲得一項重要優勢——頻繁地與世界級運動員交流——可能永遠都無法用上述方式得到救贖。經由這些互動，我發現百分之前〇點〇〇一天賦異秉的運動員，和大部分人一樣有心理上的弱點，他們必須克服這些弱點，才能達到我們達不到的成就。光有天賦是沒用的，這份體悟讓我既感慚愧又受激勵，也帶來正向的影響，促使自己更加努力。

我再度成為耐力運動員之初，曾與杭特．坎普爾（Hunter Kemper）講了好久的電話；那通電話兩天前，他才參加一九九八年加州洋邊市（Oceanside）舉辦的美國鐵人三項菁英全國錦標賽（USA Triathlon Elite National Championship）。我身為《鐵人三項運動員》的記者，親眼見證了那場比賽。最後十公里跑到剩一半時，杭特和澳洲代表葛瑞格．威爾奇（Greg Welch）從領先跑者群中脫穎而出。威爾奇曾贏得一九九〇年鐵人三項世界錦標賽（Triathlon World Championship）、一九九三年鐵人兩項世界錦標賽（Duathlon World Championship）、一九九四年鐵人世界錦標賽（Ironman World

Championship）和一九九六年長距離鐵人三項世界錦標賽（Long-Distance Triathlon World Championship）；杭特當時是年僅二十二歲的職業新秀，最了不起的戰績是在大西洋海岸聯盟錦標賽中獲得一萬公尺第二名。兩人在進入最後半英里(約八百公尺)時，仍然並肩跑著、互不相讓。我問亨特當下的感受如何。

他告訴我：「我根本嚇壞了。」

杭特後來更詳細描述自己的心境，我這才明白，連他也會感到驚嚇、害怕又不自在，彷彿脫離了現實。最後這段衝刺無比漫長，他奮力朝著終點跑去，但威爾奇就在他旁邊，對於自信毋寧是場靈魂拷問。杭特的內心似乎在問：**你究竟有多大的決心？**他頓時感到猶疑與動搖；但下一刻，杭特體認到自己對贏得比賽的渴望，超越了對於神人跑者的恐懼，即使痛苦也在所不惜。他心一橫地躍入深淵，居然發現了全新的努力境界。他忽然加速起來，一舉甩開威爾奇。於是，這位新秀獨自飛奔到終點線，贏得了該錦標賽第一名，加上日後的亮眼成績，他的職業生涯共計奪下七座全美冠軍寶座。

後來在同一通電話中，杭特說自己高中時兩英里（約三點二公里）最佳成績比我慢兩秒；這類經歷不勝枚舉，因而減緩了我對比賽中備受煎熬的恐懼，也加強了我的決心與信念，一定要成為更堅毅的跑者。

在我個人心態轉變的同時，運動科學也掀起一場革命。功能性磁振造影（fMRI）等新技術讓我們能率先一窺大腦的運作，運動生理學家得以更了解，大腦這個重達三磅又有電流脈衝的器官，何何影響耐力運動的表現，這個過程最終催生了耐力運動表現的全新「心理生物」模型。這個新模型命名者是定居於英國的義大利運動生理學家薩姆勒．馬科拉，主張身心相互連結，身體則明顯處於從屬地位。由於我這輩子都著迷於耐力賽的心態面向，因此熱切關注該項研究，最終開始在雜誌文章和《跑者大腦訓練》（*Brain Training for Runners*）等書中分享學習成果。令我無比雀躍的是，耐力運動的大腦科學革命以及由此產生的心理生物模型，在在佐證了我從小學五年級開始接觸耐力賽以來所獲得的教訓。原來，**耐力運動的關鍵挑戰確實是心理因素**。

耐力運動表現有許多面向在過去都以為是生理使然，如今卻已知是心理作用。舉個例子，澳洲伊迪斯科文大學（Edith Cowen University）保羅．勞爾森（Paul Laursen）等研究人員的研究顯示，除非是極端情況，否則脫水這個生理現象並不會導致運動員在比賽時慢下來，感到口渴的心理作用才會導致運動員慢下來。

運動生理學領域是一門「硬」科學，學者專家都具有強烈的唯物主義傾向，因此性格上就不大重視心理對於耐力運動表現的作用。這項偏見讓他們普遍不予理會冠軍選手時常堅稱心理作用主導表現的說法。然而，大腦科學的革命讓這許多科學家拋棄原本唯物主義的傾向。這些研究人員有所體悟，如今也願意肯定芬蘭偉大長跑選手帕沃・努爾米（Paavo Nurmi）在近一個世紀前說過的話：「**心智就是一切，肌肉只是橡膠碎片。我所代表的一切，都是心智所造就。**」

努爾米這番信念假如用更加嚴謹、較不詩意的方式來表達就是：從心理生物學的角度來看，耐力運動表現完全取決於心智的輸出；生理機制不過是外部的輸入，影響著輸出。英國神經學家文森・沃許（Vincent Walsh）進一步指出，運動競賽是對於人類心智是最為困難的事，難度甚至超越解開微分方程等「純」心智任務，對於大腦的負擔也比對身體的負擔更大。

若你認為這個觀點很扯，不妨看看更誇張的說法：耐力賽或其他形式的運動根本不需要肌肉，完全可有可無又能加以取代。現今，四肢癱瘓的人可以透過貼在頭皮上的電極，運用自己的念頭來控制機器人的手腳。不久後，全身癱瘓的患者可能身體綁著神經機械裝置，或是遠距參加耐力賽。這些半機械運動員永遠不會累嗎？當然會累，因為他們的表現也受限於心理，四肢健全的耐力運動員的表現同樣如此。

想用念頭來控制機械身體並不容易，即使所有工作都是機械身體負責也一樣——因為它其實並沒有真的做全部工作。操控機械手臂進食約三十分鐘以後，使用者就會感到疲憊不堪，因而無力繼續。這個現象非常類似越野登山車手在比賽最後一段山路上摔倒；在兩個情境中，都是由於內心逼迫身體——血肉之軀和半機械身體皆然——繼續努力，卻導致大腦無法承受。

科學界到了最近才認可耐力的基礎是心理因素，不過日常用語對此一直都清清楚楚。每當我們說有人忍耐或忍受（endure）了某件事，是什麼意思呢？我們的意思是，這個人經歷了某個十分辛苦的體驗。登山客可能得忍受在寒冷的山上迷路三十六個小時；海軍軍官可能得在海豹部隊（The United States Navy Sea, Air, and Land，簡稱SEAL）訓練地獄週期間，忍受整整七天睡眠不足（我父親在越戰期間便是如此）的精神狀態。但他們必須忍受的都是體驗本身，而不是寒風刺骨或睡眠不足的生理影響。假如登山客一點都不覺得冷，或者海軍軍官完全不會疲憊，那就沒理由恭喜他們克服磨難而活了下來。

顧名思義，耐力運動員就要懂得忍耐。他們忍受長時間的訓練，忍受修道般的清貧生活方式，忍受著各式各樣的疼與痛。但耐力運動員最需要忍受的不是努力本身，而是「辛勞感知」。這個詞彙現今科學家用來指稱運動員平時所說訓練「有多辛苦」，也代表了耐力運動表現的心理生物模型核心概念。正是辛勞感知把一九八二年運動會上的我嚇得手足無措，後來高中當了賽跑選手也避之唯恐不及。而根據最新的科學研究，越野登山車手在比賽最後一段山路頓時沒力、害得用念頭操縱機械手臂進食的癱瘓婦女在三十分鐘後受不了，各種情況下耐力運動表現受限，背後的罪魁禍首都是辛勞感知。大腦科學革命在耐力運動領域最重要的發現，也是耐力運動員不可忽視的事實：身為耐力運動員若希望成績進步，就要改變自己與辛勞感知的關係。

即使像訓練這樣看似屬於生理的活動也符合這項原則。訓練過程提升了運動員的體能，但同時也改變了運動員與辛勞感知的關係。運動員的身體本身愈強健，就愈容易提升游泳、騎單車、跑步等等運動的速度，從而成績會愈來愈好。假如運動員的體能增加了，但與辛勞感知的關係卻沒有相應改變，比賽成績就不會有任何改善，因為心理上無法使用強化的體能。

現實中，我剛才描述的情境是不可能發生。所謂感知到的辛勞，其實就是身體在抵抗心智的意志力。運動員的身體愈強健，身體的阻抗就愈小。因此，體能的提升必定「有感」。

各種直接影響心理的因素也可能改變運動員與辛勞感知的關係，從而改善耐力運動表現。部分因素會提升努力後所產生的輸出量（速度），這類似訓練的效果。其中一項因素是**抑制控制**（inhibitory control），也就是即使有讓人分心的刺激（例如過往比賽中輸給某競爭對手的記憶）存在，仍能專注於任務相關的刺激（該競爭對手就在自己前面）。薩姆勒・馬科拉二〇一四年發表在《歐洲應用心理學期刊》（*European Journal of Applied Psychology*）的研究顯示，一項認知測驗意欲鈍化大腦的抑制控制機制，強化了辛勞感知，拉抵了隨後五公里跑步的成績。一年後，帕多瓦大學（University of Padua）研究人員在科學期刊 *PLOS ONE* 發表報告指出，抑制控制量表分數較高的跑者在超馬比賽的表現也較好。

其他因素也會提升運動員可以（或願意）容忍的辛勞感知程度，顯而易見的例子就是動機。我自己便是主要藉由提升動機，更能容忍感受到的辛勞，並克服了耐力運動員的心魔。

並非所有耐力運動員都被心魔所困，但考量到他們從事運動的性質，凡是耐力運動員難免要面對心理上的難關，而這些難關都直接或間接與辛勞感知有關。若比賽不是像地獄一樣艱難，運動員就不會經歷自我懷疑、賽前憂慮、賽後懊悔、內心倦怠或畏懼膽怯；就連大多數的訓練疏失，例如過度訓練，也是源於對於痛苦的恐懼。

心理學家用**因應**（coping）一詞來指一個人對於難受和壓力的行為、情緒和認知反應。耐力運動與難受和壓力大幅相關，因此也與因應技巧大幅相關。在比賽中，肌肉負責好好表現，心智則是負責因應。但問題來了：肌肉表現的好壞，取決於心智因應效果的優劣。因此，耐力運動屬於**心力超越肌力**的賽局。

在耐力運動中，成功的因應風格是指任何能產生較佳表現的行為、情緒、念想或這些的排列組合。換句話說，耐力運動中成功的因應技巧是指對難受和壓力的反應，足以改善運動員與辛勞感知的關係，背後方法有二：提升運動員能付出的努力程度，或增加運動員奮力一搏後的收穫。

有些因應風格格外有效。無效的因應風格例子之一，就是像高中的我那樣假裝受傷，藉此逃避完賽的難受；而更有效的因應風格，就是像我重拾耐力運動員的身分後，從觀察菁英運動員而獲得激勵，進而欣然接納生理上更大的難受。

想要成為一流的運動員，你得極為善於因應耐力運動中有如家常便飯的各種難受和壓力，從對於辛勞的感知開始，再延伸到許多次要難關，例如對於失敗的恐懼。你必須發現、練習並完善能最有效地克服這些難關的因應技巧。我自己把耐力運動高度成熟的整體因應技巧稱為**心適能**（mental fitness）。

傳統運動心理學在培養心適能方面的功用有限。在大腦科學革命之前，即身心分家時，生物學幾乎可以用來解釋一切（其實不然），運動心理學僅是運動圈邊緣的狹小領域，由明顯非身體技能組成的大雜燴，例如意象訓練和目標設定，而且在實踐上幾乎老是與運動本身脫鈎。這套相同技巧強加在所有運動類別的選手身上，包括辛勞感知作用很小的運動（例如棒球）到辛勞感知是勝負關鍵的類別（即耐力運動）。

大腦科學革命催生了全新的運動心理學，以耐力運動表現的心理生物模型為基礎，因此可說是這些學門所獨有。全新的心理學在兩大面向與傳統不同：首先是正視心適能的發展，培養有效的因應技巧來直接和間接改變運動員與辛勞感知的關係，從而提升運動成績。這是心力超越肌力的心理學。

第二，在全新的耐力運動心理學中，運動心理學家的角色是運動員自己來擔任。為何如此？因為真的想要變得善於因應耐力運動的難受和壓力，加以體驗就是不二法門。光是憑著意象訓練和目標設定的練習，無助於心智在比賽最艱苦的時刻來抑制身體的抵抗。培養心適能需要體驗這些逆境，就像培養體適能需要鍛鍊一樣。沒有人可以代勞，甚至也無法從頭到尾引導你，畢竟因應是對難受和壓力的一種反應。

然而，成為自己的運動心理學家，不僅僅代表要從經驗中吃苦成長。面臨運動的難關都矇混過關，截然不同於事先認識難關的本質，並且掌握其他運動員都證明有效的方式來因應。耐力運動心理學的首要任務是讓運動員具備這類知識，這樣他們就不必為了克服運動的難受和壓力時「疊床架屋」，而是能成功當起自己的運動心理學家。

而因應耐力運動難關最有效的方法，只要看菁英耐力運動員所樹立的榜樣，就會有最大的收穫。極度優秀運動員憑著這些方法，克服了最艱難又常見的心理障礙，獲得更亮眼的成績，這些正是對任何運動員都最有效的因應方法。比賽冠軍不僅樹立了訓練和營養攝取的榜樣，也是運動心理學的最佳楷模。凡是耐力運動的最高殿堂，單純靠著半吊子的心理素質，絕對不可能成功。運動員有再了不起的天賦，假如不充分發揮內心的力量，把自己付出的努力和締造的成績最大化，就無法在現今的國際舞台上獲勝。想想看，杭特．坎普爾與生俱來的優異體能也許只略勝我一籌，成就卻是遠遠超越我。

想要向冠軍學習，光了解他們克服困難的經歷是不夠的。我們還必須知道如何解讀這些案例。成就斐然的選手所面臨與克服的困難本質是什麼？我們如何理解他們渡過難關的因應技巧，從而能複製到自己的經驗呢？這些都是我們必須回答的問題，才能從頂尖菁英樹立的榜樣真正獲益。耐力運動表現的心理生物模型此時便派上用場。這門全新科學應用於菁英運動員的案例研究後，我們就可以歸納出實用的經驗，再套用至我們個人的運動生活中。

正是借鏡他人經驗加上科學詮釋，指引我在耐力運動人生第二篇章中找到救贖。我過去在高中擔任跑者時，完全沒有科學知識的基礎能理解阻礙自己前進的恐懼。我也沒有發覺，菁英運動員其實也面臨、克服了同樣的恐懼；身為一名成年跑者暨鐵人三項選手，我當起自己的運動心理學家，正面迎戰這些恐懼，明白恐懼在神經心理上的本質，並且受到不同菁英運動員的經驗鼓舞，見識到因應這些恐懼的最佳方法。這項人生智慧本身並沒有克服我想要駕馭的難題，卻給予我積極利用自身運動經驗來獲得心理健康的資本。

本書的任務是幫助你成為自己的運動心理學家，成為十分稱職又精益求精的耐力運動心理學實踐者。接下來的章節中，你不會讀到任何技巧或練習，因為那是傳統運動心理學的範疇；你會讀到耐力運動菁英克服難關的真實故事，從耐力運動表現的心理生物模型的觀點，這些故事都是**機會教育**（teachable moments）。

在每場比賽中，每名選手內心（現在可以稱為辛勞感知）都會萌生一個很單純的問題：**你有多想贏？**為了實現自己身為運動員的潛力，你的答案必須接近「很想」。然後，你必須證明這一點，但知易行難——遠比釐清訓練方法、飲食、跑鞋款式難上許多。我在此保證：讀完本書後，對於耐力運動最重要問題的答案，你會就此改觀。

第一章

比賽就像過火儀式

二〇一〇年芝加哥馬拉松賽前一天舉行的記者會上，尋求衛冕的前冠軍薩米．萬吉魯（Sammy Wanjiru）坦言，他當下的體能只有七十五％適合參加比賽，不是亂開玩笑。三星期前，薩米感染腸胃炎，錯過了好幾天的關鍵訓練。他躺在床上時，認真考慮要退出芝加哥馬拉松，改跑隔一個月的紐約市馬拉松。

薩米唯一麻煩的是。只得流感的話，他根本不會考慮退賽這個下策。但對於這位二十三歲的肯亞英雄來說，二〇一〇年毋寧是多舛的一年：他當年原本想在四月的倫敦馬拉松中衛冕，但練跑過程中摔了一跤，導致右膝受傷，雖然最終還是參賽，但跑到後來傷勢復發，被迫在距離終點十英里（約十六點一公里）處退賽，最後由衣索比亞的塞加耶．科貝德（Tsegaye Kebede）獲勝。

真要說起來，薩米的勁敵就是這名男子。科貝德在前一年的倫敦馬拉松輸給薩米，屈居第二；二〇〇八年北京奧運馬拉松則是拿下銅牌，薩米奪得金牌；二〇一〇年芝加哥馬拉松起跑名單上有科貝德，可能正因如此薩米即使體能不足也不願退賽。兩人當時在世界馬拉松大滿貫（World Marathon Majors）分居第一和第二；該系列賽為期兩年，參賽項目積分最高的跑者可獲得總獎金五十萬美元（在肯亞相當於兩千六百五十萬元）。二〇〇九至二〇一〇年的大滿貫系列賽最終城市在紐約。不過，其他競爭者都不打算到紐約比賽，所以凡是在芝加哥獲勝的人（不是薩米就是科貝德）總冠軍便等於是囊中之物。

從倫敦退賽後，薩米與教練費德里科・羅薩（Federico Rosa）一起飛往義大利，密集治療其關節損傷。六月，他開始在西西里參加半程馬拉松比賽，但膝關節的問題更加嚴重，薩米只好再次退出。他的賽程表下一場比賽是九月的柏林馬拉松，他主動退出比賽，把目光轉移至芝加哥賽事。雖然多了四週的準備時間，但他已沒有挫敗下去的餘裕了。

然而，挫敗接二連三地來。薩米的膝蓋剛剛痊癒，就換下背出問題。他忍著疼痛盡力訓練，好不容易狀態漸入佳境，卻又感染腸胃炎。

薩米恢復健康後才發覺，儘管自己的備賽狀態不佳，卻仍想參加比賽，哪怕只是為了不讓科貝德搶走五十萬美元獎金。羅薩勉為其難地支持這項決定，但堅持要薩米謹慎比賽，暫時跑在領先群後方，設法減速，保存最後衝刺的體力。

薩米並不習慣謹慎的比賽策略，最適合描述他平時比賽風格的形容詞是「拼命又生猛」。參加奧運時，他從起跑線開始便發動奇襲。奧運馬拉松是出了名地步步為營又速度緩慢，即使不是在北京夏季攝氏近三十度高溫下開始亦然。薩米以四分四十一秒的高速跑完第一英里，創下世界紀錄；但即使才一英里，也只有十九名選手勉強跟上他的腳步。到了十公里處，領先群只剩下八人。薩米並沒有因此鬆懈，原本追趕在後的跑者一個接著一個被拉開距離。他差不多是獨自跑完了最後幾英里，以兩小時六分三十九秒的成績衝過了終點線，比原奧運紀錄還要快近三分鐘。部分觀察家表示，這是有史以來最了不起的馬拉松成績，薩米當時年僅二十一歲。

二〇一〇年十月十日當天，芝加哥並不炎熱，但稱得上暖和。早上七點半比賽開始時，溫度已達到近攝氏二十度。薩米謹慎地跟在領先群後面。兩名領跑員之一沙德拉克・科斯蓋（Shadrack Kosgei）率領著十二名非洲跑者，以十五分三秒的速度跑過前五公里，速度偏慢。科貝德身穿紫黑色衣服跑著，距離薩米不遠。

費德里科・羅薩坐在賽事前方的一輛貴賓車上觀看，馬上就看出薩米躁動不安。這名牙齒不整的奧運冠軍在人群中很顯目：步伐活像孩子般蹦蹦跳跳，雙臂沒有彎曲，而是完全打開，張開的雙手則在臀部旁揮來揮去。他一步步朝最前面逼近，然後像是回過神來，又靦腆地放慢腳步。

「沉住氣啊！」羅薩心想。

但完全沒用。比賽進行了九英里（約十四點五公里），薩米冒險一試。他超越領跑員，把配速從每英里四分五十秒減至不到四分四十秒。他周遭的所有跑者中，只有一人還算輕鬆地跟著加速。當時仍屬比賽初期，只有波士頓馬拉松衛冕冠軍羅伯・雀瑞堯（Robert Cheruiyot）備感壓力。他一度緊跟在領先群後方，如今漸漸被拉開距離。

雖然薩米是率先加速的跑者，但感受卻沒比他剛剛甩掉的雀瑞堯輕鬆。他的恐懼湧上心頭，因為他意識到當天雙腿不太聽話。薩米隨即放慢了腳步，把主控權交給了領跑員。隨著整體配速放緩，雀瑞堯也慢慢重回領先群中。

科貝德也許嗅到了對手的弱點，如今已移動到了前面。他沒有立即火力全開，但其他對手都曉得這只是早晚的問題。第一次明顯加速出現在十八英里（約二十九公里）處。雀瑞堯再次被甩開，後來就再也沒追上了。接下來，才是真正的「趕盡殺絕」。

到了二十英里處，科貝德第二度加速衝刺，原已縮小的領先群立即潰散。剩下的八人中有五人——包括曾兩小時五分鐘跑完全馬的選手文森・奇普魯托（Vincent Kipruto）和五十九分鐘便跑完半馬的選手德里巴・梅爾加（Deriba Merga）——彷彿突然掉到地洞裡，咻一下就消失了！

跑道上只剩下薩米和二十歲衣索比亞小將費伊薩・萊利薩（Feyisa Lelisa）撐著，萊利薩那年春天在鹿特丹馬拉松跑出了兩小時五分二十三秒的成績。兩人追趕著科貝德，活像要趕著最後一班火車逃難，拼命到嘴唇都乾得起皮。與之前不同的是，這一次加速並沒有放慢。科貝德簡直是把後頭面色凝重的追兵耍著玩，只要發現他們略微加速，自己便也加速來配合，導致距離一直維持兩步，遲遲無法拉近。

在接近二十三英里時，三名選手已拉成了一列縱隊，在溫特沃斯大道（Wentworth Avenue）左轉，進入了第三十三街。科貝德再次猛衝，萊利薩未做出反應，薩米則邁開大步，拼命地緊跟在後，心智向後晃、肩膀聳向耳朵，代表快撐不下去了。他臉上盡是注定要失敗的表情，如同攀岩者懸掛在不斷磨損的繩索末端。他的注意力完全擺在自己與科貝德之間的六英尺，而不是離終點線還有三英里。一切都取決於當下，但六英尺（約一點八公尺，一英尺約三十點五公分）拉大成十二英尺、十二英尺又變成二十四英尺。繩子斷了，薩米開始陷入絕望。

同樣絕望的還有薩米在世界各地的眾多支持者，他們正透過電視和網路觀看比賽直播。有些觀眾一邊看直播、一邊參與線上留言板的討論，如今直接宣布比賽沒戲唱了，哀嘆薩米這位肯亞跑者缺乏戰力，實在一反常態。

「科貝德居然要贏了……氣死！」一名薩米．萬吉魯的支持者備感沮喪，在 letrun.com 寫下這段留言。

觀眾在見證了芝加哥街頭那刻發生的一切，就匆匆地替薩米的表現蓋棺論定，實屬情有可原。畢竟，肯亞人並不像別地選手是「在自己能力範圍內跑」或「跑好自己的比賽」，這些概念對他們來說十分陌生。肯亞選手賽跑志在必得，要不是領先，就是盡可能跟在領先群旁邊，而且別人加速他一定會跟著加速，即使自己體力快到極限也一樣，即使加速後代表他在最後六英里（約九點七公里）註定後繼無力、慢了五分鐘，只能獲得第八名，他也義無反顧；因為要是贏不了，當第八名也好。

假如馬拉松比賽剩下三英里（約四點八公里），美國選手讓出二十公尺給加速的領先選手，觀眾可能會認為他此舉聰明，是在保留最後一點力氣。但薩米是肯亞人，他追趕失敗只代表了一件事：他沒有剩餘力氣可以保留了。

薩米比任何人都更清楚這一點。科貝德繼續跑在他面前時，這位奧運冠軍的念頭轉向了落後三步的對手，目標突然從贏得比賽（和巨額獎金）改成守住第二名與仍然可觀的獎金。但就在這時，科貝德步伐節奏稍有鬆懈。看來不僅薩米無法維持科貝德爆增的速度，科貝德自己也撐不下去。薩米的精神為之一振，內心升起要縮小差距的鬥志，而萊利薩也重新追上前來，比賽再度回到三人爭高下的局面。

但這個局面沒維持太久。科貝德深知薩米領先後信心大增，於是又加快速度，迫使對手再度回到他的陰影之下。萊利薩則被甩到後頭，大勢已去。如今，剩下兩名宿敵展開了激烈的意志力之戰。薩米死命想要取得領先，哪怕只有一公分都好；科貝德則死命不讓薩米領先一公分。不過，薩米還是強行取得領先，但僅僅兩秒後，科貝德又超前。在接下來的四百公尺中，兩人並駕齊驅，連肩膀擺動和頭部起伏都完全同步。

兩人現在看上去都痛苦不堪，但來自衣索比亞的科貝德仍然握有主控權。當他們來到二十四點八英里（四十公里）的計時墊前，科貝德發現自己比薩米領先一步，於是他衝刺起來。不過數秒鐘內，薩米再次落後二十公尺，距離愈拉愈開，獲勝的希望愈來愈渺茫。

但隨後他注意到一件事：科貝德不斷回頭看。不是一次，也不是兩次，而是足足回頭了三次，每次都是朝左轉。薩米悄悄地移到了道路右邊。科貝德再次回頭看時，薩米已不見蹤影。

科貝德以為自己終於造成致命打擊，便稍稍放鬆了戒備。薩米卻沒有鬆懈，他再度悄悄地追了上來。距離終點剩不到一英里（一點六公里）時，科貝德開始聽到身後道路右側觀眾的呼喊聲。他朝右邊轉過頭，這才看到薩米。科貝德把目光放回前方道路上，壓著下巴，打算讓後頭那名肯亞的勁敵喪失鬥志。不一會，薩米卻從他的「左邊」飛奔而過。

科貝德的反應迅速，配合薩米的近距離衝刺。儘管薩米費盡心思，仍然超車失敗，別無選擇之下只能降速，而就在降速的瞬間，科貝德進行了反攻，展現個人的頑強，這名衣索比亞跑者原本蹣跚的步伐，居然又變得流暢起來，在密西根大道（Michigan Avenue）上飛奔，充滿了自信，因為曉得自己抵擋了對手最後的奮力一搏，而薩米忽然間慢了三大步，比賽終於可以劃下句點了。

實則不然。薩米眼見自己的雙腿沒力氣了，便瘋狂地擺動手臂，彷彿藉此來喚醒力竭的下肢。儘管這樣跑得很難看，但確實發揮了作用，整個人向前衝去。科貝德感受到威脅逼近，回頭看了一眼，發覺三戰三敗的勁敵又起死回生，再一次向他衝來。科貝德及時集中精神，讓薩米仍落後半步之遙。那一瞬間，時間似乎靜止了，薩米在科貝德的肩後彷彿凍結，迷濛失焦的眼神透露出他內心的計算。在下一秒，薩米開始全力衝刺——用盡全力、不留餘地，即使雙腿力氣滿點，頂多也只能維持超過十或十二秒。這實在太扯了。但科貝德並不覺得扯，他也跟著衝刺起來。兩人就此全速奔跑，肩併肩，彷彿離終點線只有數公尺遠，但其實他們還剩近半英里的路程要跑。

薩米·萬吉魯在世界各地的支持者朝著自家電視和電腦螢幕驚呼吶喊，當地負責電視轉播的評論員東尼·里維斯（Toni Reavis）早已喊得聲嘶力竭。

衝刺不可能一直持續，也果然沒有持續。這次自殺般的衝刺漸漸放緩時，科貝德又回到了領先地位。儘管薩米的堅毅令人跌破眼鏡，但從步伐就看得出來，科貝德是更強大的跑者。選手們來到比賽倒數第二個轉彎處，即右轉上羅斯福路（Roosevelt Road），科貝德保持著第一。

芝加哥馬拉松唯一的上坡就在這裡，即標記二十六英里（四十一點八四公里）之處。賽前，薩米和教練決定，假如有機會，薩米就會在此處採取關鍵行動。羅薩原本沒料到會有機會，他私下揣想，考量到一切客觀條件，即使獲得第三名也是很了不起的成績了。

薩米在陡峭上坡的前十公尺緊追著科貝德。他利用對方視線的死角，拖著疲憊不堪的身體進行最後衝刺，突破科貝德的右側。科貝德用盡剩餘力氣拼命追趕，但比不上他對手的力氣。薩米奮力地甩開科貝德，卻又帶著驚恐，快速向後瞄了兩三眼，只見科貝德已放棄追來。薩米比他早十九秒衝過終點線，打敗了來自衣索比亞的勁敵，以詭異的姿勢攤軟在人行道上，宛如戰場上的傷兵。

費德里科・羅薩在當天稍晚在記者會上說：「這真的是我這輩子見過最大的驚喜。」

不過在場只有羅薩知道，薩米的膝蓋傷和腸胃炎只是芝加哥馬拉松冠軍衛冕之路上的最小障礙。更大的麻煩是，他獲得奧運冠軍後，成了肯亞全國偶像和億萬富翁，導致他沉溺於自我摧毀的生活方式。當年六月，薩米仍然每晚酒池肉林，除了與迷妹們在床笫之間運動外，根本沒在好好練跑；七月，薩米的體重比參賽時多出十磅；八月，他在訓練時連二流跑者都跑不贏。九月，薩米在肯亞的教練克勞迪奧・貝拉德里（Claudio Berardelli）告訴羅薩，假如薩米蠢到跑去參加芝加哥馬拉松，也絕對沒辦法完賽。

但薩米不僅完賽還拿下冠軍，究竟是怎麼辦到的呢？芝加哥馬拉松執行長凱瑞・平科夫斯基（Carey Pinkowski）提出一項理論。

他在賽後新聞記者會上說：「薩米今天證明了自己多有心。」

在運動圈，「心」就是在隱喻心適能。平科夫斯基的理論是，薩米用內心的堅毅克服了身體的弱點，而結果看來也確實如此。假如馬拉松像是拳擊比賽那樣計分，每回合都會由科貝德拿下，只有最後的回合被薩米一拳撂倒。以往馬拉松若出現類似的激烈追逐戰，跑者凡是處於科貝德的情況往往能拿下勝利——但看起來會更游刃有餘，也更有餘裕化解對方的衝刺。凡是內行的旁觀者都看得出來，薩米比科貝德更接近身體的極限。

限制馬拉松運動表現的生理因素眾所周知，其一就是肌肉中儲存的肝醣耗盡。假如平科夫斯基的理論正確，就代表假如在薩米和科貝德剛剛通過終點後，就進行腿部肌肉檢體採體，報告理應會顯示冠軍的肝醣濃度較低。

這真的有可能嗎？跑者明明比較虛弱又疲勞，真的贏得了如此艱難的高風險賽事嗎？直到近年觀念改變之前，運動科學家們還主張，體力較弱的運動員不可能光憑更堅韌的心理素質就打敗更強的對手。從一九二〇到一九九〇年代，運動科學圈受到耐力運動表現的純生物模型所主導，完全不去考量心智和大腦的影響。根據生物模型，耐力運動表現完全取決於頸部以下的生理因素，而且受限於硬性的生理約束，例如一定距離內，跑者在肝醣耗盡前可以維持的最大速度。

新的耐力運動表現模型則透過大腦來整合身心。提出這項理論的學者薩姆勒．馬科拉稱其為**心理生物模型**。根據該模型，現實世界中耐力競賽若出現**力竭**（exhaustion），往往不是因為身體遭遇硬性的生理極限（例如肝醣耗盡），而是因為超出運動員願意或能容忍的辛勞極限。當然，硬性的生理極限確實存在，但運動員不可能真正到達這個極限，因為主觀感受的辛勞帶來的純粹心理極限，必定會率先成為阻礙。跑者快力竭時看似難免的減速，其實是出於個人意志，而不是像汽車沒油般純屬機械的限制。

多項研究已證明，運動員在力竭時其實仍有剩餘體力。部分研究要受試者運動到力竭，再運用電流刺激他們的肌肉，藉此判斷是否只要受試者願意繼續努力，肌肉就有辦法繼續施力——答案是每次都辦得到。

簡單來說，辛勞感知是運動員對個人努力的主觀感受。這有別於疼痛、疲憊、本體感受和運動員在比賽時體驗到的其他感知，也是運動員比賽遇到瓶頸時，導致其減速或退賽的不適感主要來源。運動員通常把這個感覺貼上「疲憊」的標籤，但疲憊是另一種感知，而且遠比不上辛勞本身。你跑完一場艱難的比賽、抵達終點後停下來，立即就會感覺舒服許多，儘管停下來不會直接影響疲憊程度。為何你會覺得比較舒服？因為你不必再「努力」了。

若你想體會一下無關疲憊的高強度辛勞感知，可以找一個陡峭的山坡，以最快速度跑上去（也許應該先做暖身運動）；你在感覺到疲憊之前，立刻先有竭盡全力的感覺，這就是高強度的辛勞感知。

現在，想想看剛開始在上坡全力衝刺，以及距離馬拉松終點一英里，兩者在許多面向都有差異：在上坡衝刺時，你的腿部肌肉緊繃但不疼痛，而在跑馬拉松時，你的腿部肌肉疼痛大於緊繃。但兩項體驗也有相同之處：強烈感受到有股阻力抗衡著想動的意志力，也感受到自己到達極限；這樣的感受找不到源頭卻又無所不在（其實這與疲憊很類似，譬如得流感時的休息狀態）。假如在這兩個情況下問你有多辛苦，你可能會回答：「辛苦到不行。」而且兩者意思沒有區別。

馬拉松最後一英里與短程上坡衝刺頭幾步，之所以同樣讓人感到辛苦，是因為疲憊影響到辛勞感知。辛勞感知的神經生理機制十分複雜，科學家也尚未完全理解，但似乎攸關大腦控制肌肉收區域的活動強度。這些大腦區域從全力上坡衝刺開始就非常活躍，因此便馬上會感到辛苦。但跑馬拉松前幾英里時，相同的大腦區域活躍度很低，但隨著比賽時間拉長、肌肉愈發疲勞，這些區域變得愈來愈活躍，因此對大腦刺激的反應較不靈敏，大腦只能更努力地運作，才能獲得相同水準的肌力。

不過，還有一個意料外的因素。在長時間的運動中，大腦本身也會變得疲勞，而大腦疲勞也會增加感受到的辛勞。薩姆勒・馬科拉在二〇〇九年發表在《應用生理學期刊》（*Journal of Applied Physiology*）的一項研究證明了這點，他在受試者進行耐力測試之前，運用一項心智任務讓受試者大腦產生疲勞。這些受試者均表示，相較於大腦未感疲勞就進行耐力測試，感受到的辛勞程度較高也更快就力竭。我前文都把耐力賽稱為心力超越肌力的比賽，但稱為戰勝大腦與肌力的比賽可能更為準確。

辛勞感知來自大腦而不是身體，足以說明為何即使不去提升體能，仍有一連串因素可以提高耐力運動的表現；假如我要你踩健身車完成十英里的模擬計時賽，五天後要你補充咖啡因後再做同樣的事，第二次計時賽幾乎必定會表現得更好。假如我要你在三十分鐘內盡量跑愈遠愈好，五天後再讓你一邊聽快節奏音樂時一邊跑步，第二次同樣會表現得比較好；假如我先要你用最快速度使用划船機運動消耗三千千焦（約七一七千卡）的熱量，五天後再以電流刺激你的大腦島葉和顳葉後再來一次，非常有可能又是第二次測試的表現得更好。

咖啡因、音樂和跨顱電流刺激無法儲存肝醣或中和乳酸，也不能以其他方式提高體能。然而，這些外在刺激確實提高了耐力運動的表現，因為影響的是大腦而不是肌肉，所以運動感覺起來更輕鬆。若在比賽強度下騎自行車、跑步或划船仍能感覺更輕鬆，運動員就能更接近自己真正的體力極限，而非過早就承受不了比賽的痛苦而崩潰。但即使你在耐力測試前，攝取了咖啡因也接受腦部電流刺激，而且一邊你最愛的嗨歌一邊進行測試，仍然無法實現百分之百的身體潛力。無論你採取什麼措施，凡是超過三十秒左右的比賽或計時賽結束時，你絕對都有多餘的體能（我會在第三章詳細說明三十秒這個門檻）。

然而，雖然沒有運動員在比賽中達到真正的體力極限，但部分運動員比對手確實更接近個人的極限。略微接近體力極限的運動員，確實可能在硬碰硬的比賽中打敗比自己更壯的運動員。

比賽要贏有兩種方法：你可以把體能練得比誰都好再來參賽奪冠，也可以在比賽時把略遜的體能充分發揮來奪冠。耐力賽冠軍運動員鮮少將成功歸諸於體能，反而多半堅持認為自己的優勢不在於體能比對手更強，而在於更能把現有體能發揮得淋漓盡至。過去幾代運動科學家把這項說法視為天方夜譚，但耐力運動表現的心理生物模型讓這些冠軍的智慧十分可信，也顯示啟動體能的能力與體能本身同等重要。

比賽就像一場過火儀式。剛開始比賽時，你站在整床滾燙的煤炭前，另一頭豎立著一道牆。這道牆代表了身體的極限，你絕對沒辦法碰到牆，但目標只是盡可能地接近牆就好，因為只要愈接近，你的表現也就愈好。隨著比賽持續進行，你打著赤腳一次又一次地踩在灼熱的炭床上，一步比一步痛苦（別忘了：疼痛本身不同於感知到的辛勞，這裡只是譬喻）。最終，你達到忍受疼痛的最大極限，被迫從熾熱的餘燼跳下來。這個跳下的位置與那道牆的距離，就可以用來衡量你的耐力運動表現，並與全部的潛力兩相比較。

體適能決定了身體極限（就是那道牆）的位置，心適能則決定了你在競賽中能多靠近這個極限。心適能概括了所有因應技巧——包括行為、念頭和情緒，幫助選手駕馭運動體驗的不適和壓力，主要方法是提升對於感知辛勞的容忍度、減少任何運動強度所感知到的辛勞。我所謂全新的耐力運動心理學，旨在幫助運動員從心理生物學的觀點理解自己面臨的難題，以及仿效一流運動員因應這些難題的方式，藉此培養心適能。

全新的耐力運動心理學無法為耐力運動員提供一套完整的有效因應技巧，而任何能提升運動員表現的行為、念頭或情緒都可以算是有效的因應技巧，逐一列出來真的會列不完。不過，頂尖選手往往仰賴一些格外重要的因應技巧，藉此跨越耐力運動員面臨的最大難關。這些技巧與難關便是後面章節的重點。

我們都知道，體適能只有一部分源自訓練，其餘則是天生遺傳。薩米・萬吉魯為了獲得足夠體能來跑贏馬拉松，事前進行了扎實的訓練，但由於他先天基因良好，即使沒有訓練的情況下，體能也優於大多數訓練得辛苦的跑者。心適能也有一部分是天生的，部分運動員是天生的「過火者」，薩米．萬吉魯就是其中之一，他生來就能因應極高強度的辛勞感知，這項能力似乎已完全融入他的性格。

薩米生性膽大妄為，他在日常生活中便展現了這項特質，像是曾拿著AK-47步槍威脅自己的妻子，還有二〇一〇年芝加哥馬拉松結束後不過七個月，他喝得爛醉、從陽台失足墜落身亡。他在賽場上也同樣無所畏懼，例如在大熱天，僅用四分四十一秒跑完奧運馬拉松的第一英里，正是因為這種與生俱來的膽大特質，薩米的內心才比同等天賦的跑者更為強健。

從心理生物學的角度來看，耐力運動表現屬於一種自我調節，即生物為了追求目標而控制內部狀態與行為的過程。在自我調節的研究中，因應風格（coping style）取代了性格（personality）的概念。因應風格精確描述了一件事：我們所謂的性格不是人類獨有，也存在於其他動物身上，並且具有實際的用處。因應風格指的是面對生活難題所出現的常見個人行為、情緒和（以人類為例）思維模式。換句話說，因應風格就是一個人常見因應技巧（或特質）的總和。凡是父母都可以作證，因應風格主要是與生俱來。嬰兒從出生那一刻起，有時甚至還更早，就顯現鮮明的性格特質。天生的過火者實在幸運，內建的因應風格讓他們在運動時展現出色的心適能。

然而，「幸運」一詞有時並不精確。有利於運動的因應風格，運用到日常生活中可能就適應不良，就像薩米．萬吉魯太過魯莽而葬送性命，而根據神經心理學的最新發現，這項特質可能大腦中血清基能系統結構異常所造成。不過，其他因應風格在比賽場內外都有其益處。例如，路易．贊佩里尼（Louis Zamperini）性格中毫無保留的樂觀態度，讓他在十九歲那年拿下一九三六年美國奧運五千公尺選拔賽冠軍，日後更幫助他熬過了海上飄流四十七天，還有撐過被日本人抓去當戰俘兩年多所承受的嚴刑拷打、挨餓與病痛。贊佩里尼生性樂天，說不定也正因如此，他才能八十多歲還在溜滑板，最以九十七歲高齡辭世。

假如天生沒有極高水準的體適能，就不可能成為頂尖的耐力運動員。心適能同樣是靠遺傳的天賦嗎？若是如此，那設法模仿冠軍們的因應技巧或方式就失去意義了。的確，任誰都看得出來，薩米．萬吉魯的膽大妄為和路易．贊佩里尼無可救藥的樂觀都無法複製。幸好，神人級的天生過火者依然出類拔萃。許多了不起的耐力運動員僅擁有「正常人」的因應風格，逐漸培養出心適能，而他們開拓出的道路，讓其他人在各自的運動生涯中多少可以仿效。

薩米・萬吉魯在芝加哥馬拉松奪冠九個月後，我在奧勒岡州尤金（Eugene）舉行的美國田徑戶外錦標賽（USA Track and Field Outdoor Championships），看到一位優秀運動員的決心沒能堅持下去。

在女子五千公尺比賽還剩兩圈半時，艾麗莎・麥凱格（Alissa McKaig）穩居第九名，而美國紀錄保持人莫莉・哈德（Molly Huddle）強勢在前頭衝刺。艾麗莎隊友大衛・揚科夫斯基（David Jankowski）正站在四號彎道外鐵鍊護欄邊的觀眾群內。艾麗莎跑到彎道時，揚科把雙手捧在嘴邊呈喇叭狀。

「準備衝了！」他喊道，「**妳有多想贏？**」

這正是問題所在。艾麗莎當時並沒有想贏的念頭——至少沒有莫莉・哈德的求勝心那麼強烈。假如艾麗莎當時可以停下來回答揚科的問題，想必會堅稱自己非常想拿跑進前三名，獲得世界錦標賽的入場券，她也勢必會說到做到。但她當時的步伐卻少了這份決心，要證明她對求勝渴望，必定要忍受更多痛苦。這場比賽是她參加過最大型的賽事，眼前僅剩不到一千公尺，但艾麗莎已呈現半放棄狀態了，她當下好討厭自己。

倒數第二圈開始時，哈德順利地把速度提升一個檔次，最靠近她的三名跑者中，有兩名的腳步逐漸落後，就像引擎爆掉的競速賽車一樣被甩得遠遠的。現在唯一跟在赫德後面的選手是安潔拉．碧扎里（Angela Bizzarri）這個默默無名的二十三歲女生，她正在享受這輩子最重要的比賽——艾麗莎．麥凱格本來也應如此。最後一圈的鈴聲響起時，哈德開始全速衝刺，輕易地甩開了碧扎里，閃電般一舉奪冠。

後頭二十多公尺之處，艾麗莎正衝向終點，與其說是好勝心燃起她的動機，不如說是她渴望結束這場煎熬。她超過了伊麗莎白．馬洛伊（Elizabeth Maloy），但純粹因為馬洛伊大勢已去；但後來換勞倫．佛萊施曼（Lauren Fleshman）超越了艾麗莎。艾麗莎已不在乎了，完全沒有設法還以顏色，一直維持在第九名，最後好不容易通過了終點。

她低下頭，匆匆離開跑道，從海沃德田徑場（Hayward Field）西看台下面等候區拾起了袋子，然後走到球場後面的訓練場。揚科一下子就找到了她，兩人四目相接的那一刻，艾麗莎便情緒崩潰了。揚科沒有特別加以安慰，知道她不想要他安慰。艾麗莎默默地抽泣著，不發一語，穿上一條緊身褲和一件長袖暖身上衣，開始慢跑，揚科也在她旁邊跑著。艾麗莎拖著腳步向前跑時，發現居然覺得身體煥然一新，好像自己剛才根本沒有比賽一樣。她對自我的厭惡更深了。

艾麗莎是具有天分又很努力的跑者。光是過去一年內，她就分別獲得美國越野錦標賽第六名、美國女子馬拉松錦標賽第五名，但是每逢大型比賽，她就容易臨場失常。在這次自我退怯的數小時前，艾麗莎聽取教練皮特．雷亞（Pete Rea）最後的戰術叮嚀到一半，突然痛哭失聲。雷亞後來把這件事告訴我。

「艾麗莎，妳怎麼了？」他問道。

「我不知道！」她說，「可能這個比賽的關係，壓力好大！」

搭機回家的旅途中，艾麗莎做了個決定。這是她最後一次臨場失常了，她又後悔又氣自己；這些情緒並不新奇，只是萬萬沒想到，這次她實在受夠自己退怯了。

艾麗莎下一次的重要比賽規模更大：奧運馬拉松選拔賽。選拔賽當天是二〇一二年一月十四日，地點是休斯頓，參賽的都是美國史上最強大的馬拉松跑者。艾麗莎的主要目標不是進入奧運代表隊，也不是跑進前十名或締造個人最佳成績（當然，這些目標她也想要達到），而是勇敢地向前跑，其他順其自然。比賽進行到十英里處，艾麗莎卡在第十三名，但她沒有失去信心或落後，而是提醒自己假如慢下來，賽後心情會比撐下去還難受許多，所以周圍其他跑者紛紛體力不支時，她選擇繼續維持速度。

艾麗莎在最後十英里內超過五名選手，獲得第八名，成績是兩小時三十一分五十六秒，比之前最佳紀錄快了近六分鐘。假如她在四年前跑出這樣的成績，就可以參加奧運了。

之後，艾麗莎接受了體育新聞媒體 Flotrack 的採訪。在五分半鐘的問答環節中，她臉上始終帶著微笑。

「這個結果讓我對未來充滿了期待，」她提到自己這次的表現，「以前我常常有自信心不足的問題，現在終於可以釋懷了。」

因此，運動員確實可以學會成為更優秀的過火者，艾麗莎．麥凱格的故事就證明了這點。她的故事也有助我們理解這類運動員的成功始末，一般標準過程如下：因應技巧不足，導致運動員備感艱辛，進而刺激運動員去適應環境，接著就是產生更有效的因應技巧，差異只是速度快慢。以艾麗莎為例，缺乏自信導致她在重大比賽中退縮，而這刺激她發誓「下不為例」，進而發現一項實用的技巧，即把比賽關鍵時刻身體承受的辛苦，與放棄後必定會有的心情煎熬兩相比較。這項特殊的因應技巧，屬於「怒下決心」這一大類技巧的具體表現，我會在第六章更深入討論這點。

由於因應技巧是個人因應風格（或者說性格）的基礎，因此我們不能說二〇一二年奧運馬拉松選拔賽中表現出色的艾麗莎．麥凱格，與二〇一一年美國田徑戶外錦標賽臨場失常的艾麗莎是不同的人。她克服的「自信問題」並不侷限於運動領域，而是影響了她生活各個面向，只是恰好在運動上造成的傷害最大，因為實現自我運動夢想的過程深刻考驗著她的信心，這是生活其他面向比不上的事。但正是出於同樣的原因，跑步賦予艾麗莎絕佳機會，有機會成為更具自信的人。她在奧運選拔賽後接受採訪時，觀眾不僅僅明白這名女性跑者學會了實用的新技巧，更聽得出來她的內心深處有所改變，看待自己的眼光與過去截然不同。

部分因應技巧取決於特定的情境脈絡，因此就算學會技巧，也不見得會影響整體因應風格。耐力運動特有的因應技巧之一，便是運用大量累積的比賽經驗來改善自己的配速；配速之道在於尋找到最具競爭力的速度，卻又足以維持到終點線，而不超過自己對所感知辛勞的最大耐受力。然而，運動員若想要真正地把心適能最大化，就必須透過多少做出個人的改變，以習得特定情境的因應技巧、改善整體因應風格。

心理學家把因應技巧與因應特質當成兩件事。特質本身是指廣義上非屬特定情境的因應技巧。因應特質的例子包括一般的自我效能（general self-efficacy；即相信自己的整體能力）以及內控（internal locus of control；即相信自己可以主導人生，而不僅僅是命運的傀儡）。運動員凡是想要最大化心適能，除了習得精準配速等特定情境的技巧，還必須提高一般的自我效能和內控等特質。

實驗研究證實了艾麗莎．麥凱格具體實踐的事：一般人確實有可能在習得特定情境因應技巧的過程中，培養出通用的因應特質。華盛頓大學運動心理學家羅納德．史密斯（Ronald Smith）是這個研究領域的先驅。一九八九年，史密斯把「女性防身術計畫」（Women's Self-Defense Project）部分研究發表於《人格與社會心理學公報》（*Personality and Social Psychology Bulletin*），發現防身術訓練不僅提升女性防身技巧，還改善了「整體的性格面向，包括自我效能與決斷力」。耐力運動也是如此。有時，運動員克服障礙以求進步的唯一方法，就是習得特定技巧，這有賴自我的轉變——即因應特質的進步。

然而，光是參與運動無法保證運動員會培養出更成熟有效的因應風格。運動員自己必須全心投入，體認到辛苦正是對自己的考驗。六屆鐵人三項冠軍馬克．艾倫（Mark Allen）曾說，耐力賽是「不僅是在考驗運動員，還考驗你這個人。」但他以前沒有這項真知灼見，艾倫曾六度輸掉鐵人比賽，都是受困於內心扯後腿的聲音，直到他讓辛苦的感受慢慢改變自己，才開始贏得比賽。

比賽到了關鍵時刻，你內心浮現這個自我的叩問——**你有多想贏？**——其實就是邀請你展開自我探索，但不是所有運動員都能接受這個邀請。假如你想盡可能成為優異的過火者（fire walker），或甚至你個人想從運動經驗中收穫滿滿——就會欣然接受。成為心理健康的運動員正是一趟個人成長之旅。

我們在艾麗莎．麥凱格身上清清楚楚地看到了這一點。她曾在一名運動心理學家的幫助下，花了兩年的時間努力想解決自信問題，後來便發生了促使她突破自我的危機。她向運動心理學家習得的工具，在遇到那次經驗之前，其實用處並不大。傳統上，運動心理學家教授的技巧本身，不足以在運動員靈魂受拷問的關鍵時刻拉他們一把。任何日常的心理訓練或治療，都比不上真實的人生經驗來得實用、能激發我們培養出有效的因應技巧。

艾麗莎不能光是提醒自己寧願痛苦地拼命往終點跑、也不要蒙受放棄的恥辱，還必須真正遭遇多次臨場失常的經驗，而且無比厭倦這樣的結果，先前習得的心理技巧才會派上用場。這項因應技巧確實專注又具體，但習得與使用改變了艾麗莎的性格特質，讓她整體的因應風格更具自信。

強化體能只要有適當訓練便可以預測，但強化心適能的結果難以預測，絕對不可能隨便五個步驟就達成。運動員必須在混亂的生活中設法培養心理健康，而運動員唯一能控制的因素，就是自己面對人生大小事的態度。無論如何，希望擁有心適能的運動員必須想辦法善用特定經驗，協助自己突破難關。

所有運動員面臨的難關，都形同是能用特定方式強化心適能的機會。在接下來的章節中，我們會看到有些運動員在克服問題的過程中，也提升了自己的心適能，例如成績不如預期或在比賽時臨場失常、受到嚴重運動傷害、多次未能達成重要目標，以及面對體能更佳的競爭對手等。運動員能否找到度過難關的方法，並且在過程中心理變得更健康，取決於個人對該運動的整體心態。運動員凡是帶著覺察力，憑著個人意向來運用經驗以培養心適能，往往比缺乏明確目標的運動員更快習得更優異的因應技巧。我要再次拿艾麗莎．麥凱格當例子，她的突破始於自己有意識去追求心理健康，最後成功地化不可能為可能。

在耐力運動中，意向的力量在文獻中早有許多記獻。舉例來說，舊金山大學的雅各．哈芬納（Jacob Havenar）在二〇〇六年美國運動醫學學院年會（American College of Sports Medicine）上發表了一項研究報告，指出首次參加馬拉松比賽的選手退出集訓的機率會依據目標不同而有大幅差異。凡是動機來自於實現個人目標、維持自尊或尋找人生意義的選手，退訓的機率遠遠低於那些以減重或獲得社會認同為主要目標的人。所有跑者都面臨著同樣的難題：能否克服難關取決於個人帶著何種意向來面對體驗。

所有競技耐力運動員的首要意向都是改善運動表現，但最大化心適能其實有助達成這個目標。因此，運動員除了要有提升速度的意向，也應該要有意識地帶著最大化心適能的意向。

若你認為自己身為耐力運動員要進步的不二法門，就是改變自己與感知辛勞的關係，就絕對會成為更優秀的運動員；若你相信自己應該當自己的運動心理學家，目標是充分發揮心智的力量來付出更多努力、從中得到更大的成果，你就能更快地培養出心適能；若你坦然接受運動的難關其實都是心理障礙，你會成為更了不起的過火者，更加接近那無法達到的身體極限。簡單來說，你只要接納全新的耐力運動心理學，比賽表現就會愈來愈進步。

雖然培養心適能不可能隨便幾個步驟就辦到，但你可以踏出明智的第一步，說不定你已在這條路上了。

第二章

做好心理準備

二〇〇九年十一月二十日，在聖地牙哥一棟倉庫般的辦公大樓內，無數的辦公小隔間宛如迷宮，運動網站 competitor.com 編輯尚恩．麥基昂（Sean McKeon）正坐在書桌前，打開一個新的 Word 文件，開始撰寫三天後的全美大學體育學會越野錦標賽（NCAA Cross Country Championships）的賽前分析文章。他不假思索地挑出了女子賽跑的贏家。

「我們何不乾脆把冠獎直接頒給珍妮．巴林杰（Jenny Barringer）就好？這樣場面就不會太難看，其他跑者就搶剩下的名次即可。」他寫道，接著又補充說：「好啦，這樣說可能有點太誇張了，但在我看來，問題不是這位科羅拉多大學大四生會不會贏，而是她究竟會贏多少。」

麥基昂對珍妮的信心其來有自。當時珍妮．巴林杰已是美國史上獲獎最多的大學女性跑者，贏得八座高中州錦標賽冠軍，還在家鄉佛州締造四個賽跑項目的時間紀錄，隨後獲得全額運動獎學金，進入科羅拉多大學就讀。大一時，她就拿下NCAA錦標賽三千公尺障礙賽跑冠軍；隔年，她參加全美錦標賽同一項目與職業選手較量，結果同樣一舉奪冠，取得資格參加大阪的世界錦標賽。大三的賽季過後，珍妮獲選進入美國奧運代表隊，後來在二〇〇八年北京夏季奧運，獲得障礙賽跑第九名。

假如二〇〇九年NCAA越野錦標賽前，珍妮沒有其他更亮眼的成績，頂多只能算是贏面很大的選手。但她才準備要大展身手。大四那年，她選擇加強培訓而未參與越野賽季，冬天才重回賽場，創下NCAA室內三千公尺和五千公尺賽跑紀錄。到了春天，她又打破了三項紀錄，分別是一千五百公尺賽跑、三千公尺障礙賽跑和五千公尺賽跑。當年六月，珍妮贏得第二座全美菁英障礙賽跑冠軍。她的衝勁持續了整個夏天，進而在柏林的世界錦標賽上，跑出九分十二秒五十的成績，拿下第五名，也刷新了全美障礙賽跑的紀錄。

珍妮在大四期間未參與越野賽季，因此有資格於二〇〇九年秋天回到科羅拉多大學所在的波德市（Boulder），以女子校隊（Lady Buffaloes）成員的身分參賽。其實她只要轉為職業選手便可享有高薪，但她仍然忠於母校，選擇為其效力。

珍妮在宣布決定時表示：「這間大學給我太多幫助了，包括各種資源、整整四年獎學金，我無以回報。我至少要實現四年前許下的承諾（參賽到資格失效為止），我絕對會留下來。」

況且，她還有未竟之業。珍妮十八歲剛進入科羅拉多大學時，就向教練馬克·魏莫爾（Mark Wetmore）表示，自己大學生涯最大志向就是贏得NCAA越野錦標賽。

五年過去，她達成了許許多多的目標，但只差這個夢想仍未實現，最接近目標的一次是二〇〇七年，她拿下了第二名，當年冠軍則是畢業不久的肯亞跑者莎莉・吉普耶戈（Sally Kipyego）。珍妮不介意等數個月後再展開職業生涯，當前首要任務是達成自己的目標。

十月三日，她參加了「洛磯山越野賽跑」（Rocky Mountain Shootout），展開大學賽跑生涯的最後賽季。這個科羅拉多大學主場舉辦的大型賽事，最後是由珍妮以五十八秒的差距，贏得五點八公里的賽事，打破先前維持九年的紀錄。珍妮的下一場比賽是十月十四日的全美越野錦標賽預賽，地點是印第安納州特雷霍特市（Terre Haute），隔月的全美錦標賽也會在此舉辦。在比賽上，珍妮與佛州代表蘇珊・凱肯（Susan Kuijken）這位最大勁敵正面交鋒，最後珍妮比對手快三十秒獲勝。

兩星期後，珍妮與隊友一起前往密蘇里州哥倫比亞市參加十二強賽（Big 12 Championship）。她輕鬆地把自己與落後的九十六名選手距離愈拉愈大，最後以四十六秒的優勢獲勝，臉上洋溢著不好意思的笑容。賽後，教練馬克・魏莫爾向科大體育副主任琳達・斯普勞斯（Linda Sprouse）坦承，指出一件再明顯不過的事實。「她根本是輕鬆奪冠，」他說，「這次跑起來毫不費力，她整場比賽都很開心。」

十一月十四日，珍妮在阿布奎基（Albuquerque）舉行的ＮＣＡＡ西部山區聯盟錦標賽（Mountain West Conference Championships）最後一次以賽代訓。這次珍妮為了追尋刺激感，前四公里都配合隊友艾莉・麥勞夫林（Allie McLaughlin）的速度，最後輕鬆領先，以十二秒的優勢獲勝。

有鑑於以上種種紀錄，無怪乎尚恩・麥基昂會在分析ＮＣＡＡ越野錦標賽的文章中寫道：「假如她敗下陣來，絕對會是ＮＣＡＡ史上最令人跌破眼鏡的結果，沒有之一。」他還神準地提到（當時他並不曉得會料事如神），除非她「表現崩壞」，否則沒人阻止得了她贏得自己夢寐以求的冠軍。

拉文・吉布森錦標賽（Lavern Gibson Championship）的越野賽跑場地，位於特雷霍特東部兩百八十英畝的草地。比賽當天，賽場出現了近乎理想的跑步天氣，溫和又乾燥。中午十二點半，太陽從雲層後面冒出頭，此時男子賽跑已結束，珍妮和隊友們正準備上場。空氣溫度攀升至攝氏十二三度，高於十一月下旬均溫，選手紛紛脫下手套和臂套，再塞進裝備袋。

珍妮與隊友在場邊慢跑時，忽然感到頭暈目眩。完成活動度訓練和衝刺跑等暖身運動後，暈眩感仍未消散。然後，隊員們集合聽取教練最後的叮嚀。珍妮思考著是否要把自己的暈眩感告訴助理教練海瑟・柏洛茲（Heather Burroughs），但最後決定不說。她知道這八成只是神經緊繃而已，而且開始慢慢好轉了。

十二點三十五分，選手們按指示來到起跑線上。他們三三兩兩地排列，腳邊那條粉筆線似乎無限延伸，穿過一大片新修剪的草皮。起跑槍鳴起，珍妮最後一絲緊張感瞬間消失，向前衝去。兩百五十四名女子浩浩蕩蕩跑過九百公尺長的開闊直線跑道，眾人逐漸匯聚成一個水滴形狀，珍妮（想也知道）跑在最前頭。蘇珊・凱肯開跑時在珍妮左邊二十五英尺（約七點六公尺，一英尺約三十點五公分）處，很快地就追到珍妮身後。儘管珍妮在全國預賽中擊敗了她，這位佛州大四生仍然希望贏得比賽。她的計畫是先盡量跟上珍妮的腳步，至少不能離她太遠，設法在最後關頭一舉超越。

珍妮逐漸找到跑步節奏，便感受起自己的身體，發現當下狀態很棒——既有力量又很放鬆——其實整個賽季都是如此。這可說是理所當然，畢竟最近幾週的訓練幾乎都順利完成。在西部山區聯盟錦標賽之前，她在基準訓練中達到有史以來的最佳成績。那次比賽後，馬克・魏莫爾把她的訓練強度大幅降低，讓她雙腿的彈跳力大幅進步。珍妮也成功躲過科大校園內流行的感冒病毒。她的體能狀況堪稱前所未見地好，已做好比賽的萬全準備，身體內部的感受也沒，先前短暫頭暈只是小插曲罷了。

珍妮移向直線跑道的右緣，靠近阻隔觀眾用的護欄，準備進入第一個彎道。她身後的選手們仍然緊追在後，其中又以凱肯、華盛頓州代表肯卓・沙夫（Kendra Schaff）和伊利諾州代表安潔拉・碧扎里離她最近。

在轉彎時，珍妮悄悄地提升速度，立即與追趕者拉開了距離。凱肯那一瞬間決定追上去，又迅速縮小了距離。然而，她在珍妮身後留了半步之遙，以免促使這名人人看好的選手再度加快步伐。這位北歐跑者長長的金色馬尾與珍妮蜂蜜色的頭髮同步擺動，兩人和其他選手的距離愈來愈大，以三分四秒的成績通過了六公里賽程中第一公里的里程牌。珍妮留意到她花費的時間，很肯定自己的表現。她來特雷霍特的第二大目標就是超越莎莉・吉普耶戈（Sally Kipyego）十九分二十八秒的賽道紀錄。她正朝著這個目標前進。

珍妮衝上第一個山坡，運用她那神鬼戰士般的招牌跑姿：突出的下巴、前傾的軀幹、打開的手肘和握緊的雙拳，在在傳達著自信與狠勁。然而，她的眼神似乎表達著些許不耐煩，因為賽前採訪中聲稱不懼怕珍妮的凱肯仍緊追在後。

跑上山頂後，領先群往左急彎，距離緊貼鐵絲網大聲叫喊的群眾不到數英吋。絕大部分的歡呼聲都在替珍妮加油，她除了有許多同學、親友到場觀賽，還有來自全美各地的支持者。

珍妮和亞麻色影子以五分二秒來到一英里的里程牌，吉普耶戈在兩年前刷新紀錄時也跑出同樣的時間。珍妮看起來仍然勝券在握，卻一反常態地皺起眉頭。

在後面六大步遠左右，肯卓．沙夫獨自跑著，她已從後方追趕群中脫穎而出，試圖追趕領先的跑者。她發覺珍妮的配速未如預期中厲害，就展開了這場豪賭。而沙夫身後十公尺處，安潔拉．碧扎里在主要跑者群的最前頭，她內心有略微不同的盤算：原本的計畫是按自己的步調完賽，同時暗自希望努力追上珍妮的跑者——或珍妮本人——終究會體力不支，進而落後到她的附近。這個盤算仍然感覺十拿九穩。

珍妮發現前方兩公里的里程牌有另一個計時螢幕，便把目光鎖定在上面：六分十五秒、六分十六秒、六分十七秒……她的速度放慢了些，但不算放慢太多，而且仍然比凱肯在相同距離的比賽中快上許多。珍妮只要保持步伐的穩定，纏人的挑戰者勢必會後繼無力。

兩人開始跑上另一個山坡。凱肯仍然在珍妮的右肩緊緊跟著，兩人和沙夫之間的距離、沙夫和碧扎里那群跑者之間的距離不再繼續拉大。珍妮聽到賽道兩旁支持群眾的呼喊中多了懇切的語氣。

比賽進行到半程，當時過了九分三十八秒，凱肯感受不到苦苦追著珍妮跑的壓力，反而覺得跑起來有點放鬆，速度還比自己一個人跑來得稍慢。因此，她稍微加緊步伐，一下子就跑到珍妮旁邊了，珍妮見狀便連忙加速，重新取得半步優勢。不久後，凱肯又從後面擠到了珍妮身旁，愈來愈著急。

珍妮的腦袋開始上下晃動，起初幅度不大，後來愈來愈明顯；小小晃動變成了劇烈搖晃，影響到她的肩膀、軀幹和臀部，步伐愈來愈蹣跚，活像被打得鼻青臉腫的拳擊手，笨手笨腳地想回到自己的角落。她的速度驟降，凱肯一舉超前，不敢相信自己如此走運。珍妮似乎正在自言自語，嘴巴胡亂動著，拖著雙腳往前跑，眼皮半垂下來。

肯卓・沙夫、安潔拉・碧扎里和維拉諾瓦大學（Villanova）選手希拉・里德（Sheila Reid）呈一路縱隊，毫不留情地超越珍妮。不出數秒，主要跑者群也追上了她。維拉諾瓦大學的亞曼達・馬利諾（Amanda Marino）輕鬆地超過了珍妮。接著是佛羅里達州立大學的選手帕絲卡・切魯約特（Pasca Cheruiyot）和珍妮大一隊友艾莉・麥勞夫林，她低聲朝珍妮說了一句鼓勵的話。

珍妮就像一頭迷失的小牛，陷入橫衝直撞的憤怒牛群中，她逐漸落後到了第十名、第二十名、接著第三十名。珍妮以前高中的勁敵艾琳・貝德爾（Erin Bedell），如今是貝勒大學大四生，跑上前來想幫她。

「我們一起跑！」貝德爾喊道。

珍妮照辦了，但很快就被另一股來襲的巨浪壓垮，身體再度劇烈晃動，每跑一步，動作就愈來愈不精確，愈來愈不連貫。她把頭向下壓，沒再抬起頭，好像在尋找一枚弄丟的戒指。她居然覺得周遭的景象和聲音離自己好遠。「我在做夢嗎？」她不禁納悶。她從慢跑變成拖步、拖步又變成散步；她搖搖晃晃地走了最後三步，接著宛如被狙擊手射中要害，應聲倒地。觀眾錯愕不已，一片沉默，看著一群又一群的跑者經過珍妮那癱軟的身體。

珍妮俯臥著，動也不動，這代表她無法很快站起來，而且一定會有人來攙扶。但僅僅數秒鐘後，珍妮又動了起來，彷彿有裁判在倒數十秒，但她不想認輸。她分三個步驟才慢慢地站起身——先是四腳著地，然後是半跪著，再逐漸直立起來——穩住身體，接著開始慢跑，姿勢明顯僵硬。後頭的跑者們不斷超越她，但速度不像先前那麼快了。珍妮另一名隊友艾瑪・伯恩（Emma Coburn）走到她身邊，此時珍妮已完全清醒、羞愧不已，心想：「拜託她沒看到我的醜態！」（事後她接受媒體 Flotrack 訪問時說，自己「死命希望沒人看到。」）

漸漸地，珍妮的步伐愈發順暢，配速也加快了。原本超越她的跑者是一群又一群，如今則是寥寥可數。接著，珍妮轉過一個大彎，來到通往終點的四百公尺直線跑道，速度已與周圍擠在一起的選手們不相上下。

比賽前，珍妮告訴隊友們要留意那些穿著維拉諾瓦、華盛頓和西維吉尼亞等大學制服的選手。因為這些學校最有可能與科羅拉多大學競爭團隊冠軍的頭銜。現在，珍妮看到前面有名穿著華盛頓大學紫金色制服的選手，便加快步伐、拉短距離，一路上還超過了許多其他跑者。

隨著終點線的布條愈離愈近，珍妮注意到前方有另一名華盛頓大學跑者。她踮起腳尖、擺動雙臂，向前飛奔，熟練地在剛剛超越她的選手之間奔馳，雙眼緊盯著目標，姿態無比美麗，狀況看起來好得不得了。在距離終點六英尺（約一點八公尺）的地方，珍妮從華盛頓大學選手凱拉・艾文斯（Kayla Evans）身旁疾馳而過；艾文斯當時還是大一生，三千公尺最佳成績比珍妮慢了九十三秒。這位美國史上最優秀的大學女跑者，在她大學生涯最後一次賽跑中衝過終點線，排名第一百六十三位。

二〇〇九年 NCAA 越野錦標賽由 Versus 有線電視網進行現場轉播。一支攝影記者團隊在終點線外三十英尺處等待著珍妮・巴林杰。記者凱特，安德森（Cat Andersen）把麥克風遞到她面前，問她剛才怎麼了。珍妮甚至還來不及喘口氣。

她語帶哽咽地回答：「我跑到一半覺得不大舒服。」

隔天，珍妮在特雷霍特的飯店房間內，替 Flotrack 錄製了一段長達二十四分鐘的影片專訪。她首度說明前一日崩盤的表現，但僅僅輕描淡寫，幾乎沒多加解釋。「就好像海嘯來襲，」她說，「一切都來得太突然，我不知道自己跑不跑得動，也不知道自己站不站得起來。」

也許珍妮沒說出來的事，更能說明她為何會如此失常：她沒有提到自己拉傷了膕旁肌，也沒提到自己氣喘發作，或肋骨摩擦橫膈膜造成腹部痙攣疼痛難耐（獲得第三名的蘇珊・凱肯也有相同的狀況）。珍妮只用三兩句交代為何會重挫，似乎顯示她之所以不支倒地，不是出於任何生理上的原因，而是某種「感覺」。

這個解釋是否合理？根據耐力運動表現的心理生物模型，當然合理。

在耐力賽中，運動員主要憑感覺來控制配速。分段時間和其他選手相對位置等外在回饋可能會影響配速，但運動員選擇加速、保持穩定、放慢速度或癱軟倒地的決定因素，則是自己對於配速是否適當的內在感覺，可能會隨著時間變動。這項配速機制的學名是**預期調節**（anticipatory regulation）。這種調節的結果是不斷改變、類似直覺的感受，視情況調整自己付出的努力，以盡快到達終點；調節則取決於辛勞感知、動機、剩餘賽程的多寡，以及過去經驗。

巴西運動生理學家二〇一三年發表了一篇文章，概述了薩姆勒・馬科拉建構的耐力運動表現心理生物模型：「辛勞感知是指覺察到發送至活動肌肉的中央運動指令。」換句話說，辛勞感知是大腦產生活動的感覺，進而刺激肌肉運作，而不是肌肉作用本身的感覺。除了反射動作外，所有肌肉作用都是始於自主的意願行為。這項指令源自大腦的運動皮層和運動輔助區。科學家能測量這些指令的強度，測量結果稱為動作準備皮質電位（MRCP）。馬科拉的研究指出，受試者進行最高強度的運動時，MRCP和辛營感知都很高，而且長時間進行較低強度運動時，兩者也會共同增加。這項強而有力的證據顯示，感知到的辛勞確實攸關大腦活動，而不是與肌肉活動。

經驗豐富的耐力運動員進行熟悉距離的賽跑時，辛勞感知往往會線性上升，最後會在抵達終點線前達到最大值。但感知到的辛勞純屬主觀感受；因此，所謂最大值會因情況而改變。運動員求勝心切時，可以忍受更強烈的辛勞感知；而缺乏動機時，耐受度相對較低。因此，運動員的配速策略也會改變：即使是相同程度的感知辛勞，運動員在缺乏動機的比賽中會選擇定速，但遇到自己重視的比賽則會選擇加速。

運動員對於終點線距離的主觀感受，也會影響他們如何解讀和回應特定的感知辛勞。在全長十公里的比賽中，跑者在四公里處感知到辛勞後，可能會開始慌張而減速；但假如跑者在七公里處感受到同樣的辛勞，卻可能會信心大增而加速向前衝。

這些盤算又受到過去經驗的主導。運動員透過經驗的累積，學會特定距離的賽跑中，不同時間點應該會有的感受。經驗豐富的運動員在參加每場比賽時，都會對於不同時間點的感受有所預期。一旦實際感受不符合預期，她就會適時調整配速。舉例來說，運動員在計時賽前攝取飲食中的硝酸鹽，感受可能會比預期來得好，速度也會比平時快；相較之下，運動員在計時賽前注射細胞激素 IL-6（引發疲勞的細胞刺激化合物），感受可能會比預期來得差，因此速度比平時慢。

實際上，感知辛勞有兩個層面。第一個層面是運動員的主觀感受，第二個層面是運動員如何看待這個感受。第一個層面純粹是生理因素，第二個層面則是情緒或情感因素。大體來說，運動員對於任何不適，可以採取正面或負面的態度應對。假如抱持正面態度，情緒的困擾就會比較少，也可能會更加努力。研究顯示，運動員在比賽中的感受不符合預期時，往往會對身體的不適抱持負面態度，導致速度放慢太多（當然，從純粹生理的角度來看，他們根本不需要放慢速度）。

二〇〇五年，艾倫．聖克萊爾．吉布森（Alan St. Clair Gibson）招募十六名訓練有素的跑者，設法研究在預期落空後，是否對辛勞感知產生影響。實驗分為兩部分。在第一部分中，受試者必須在跑步機上定速跑二十分鐘；每分鐘結束時，他們必須針對自己感知到的辛勞、**正向情感**（positive affect，享受程度）評分。在實驗第二部分中，受試者必須用相同速度跑十分鐘，但第十分鐘結束時，才會得知自己必須再跑十分鐘。因此，第二部分的跑步時間其實與第一部分相同，但比受試者原本預期來得短也較辛苦（兩次跑步的順序是隨機安排）。

聖克萊爾．吉布森檢視自己蒐集到的資料時，發現跑者得知自己必須多跑十分鐘後，對於感知辛勞的評分驟升，正向情感的評分則驟降。跑者純粹就生理層面來說，其實並沒有更不適，但對於個人感受抱持負面態度，導致自己真的覺得更不適。

疼痛心理學的研究也有類似的發現。部分研究比較了兩種截然不同的預期態度——接納和壓抑——對疼痛感知的影響。有些人天生傾向以接納的態度，預期疼痛刺激會重覆出現。他們告訴自己：「這樣一定會痛，頂多和之前一樣痛。」有些人則設法通過壓抑來因應同樣的情況，也就是不願面對現實。他們告訴自己：「好希望這次不會像上次那麼痛喔。」心理學家普遍發現，接納比壓抑更能減少疼痛伴隨的不適，儘管疼痛本身並無減輕。因此，接納屬於更有效的因應技巧。

上述技巧也能減少感知到的辛勞。心理學家艾蓮娜・伊萬諾娃（Elena Ivanova）二〇一四年發表在《體育暨運動醫學暨科學》（*Medicine and Science in Sports and Exercises*）期刊的一項研究中，探討了名為「接納與承諾療法」的心理療法對於非運動員女性耐力運動表現的影響。接納和承諾療法需要學著去接受不舒服的感受，把它當成特定經驗的必然特點——在此指的是耐力運動。伊萬諾娃發現，該療法讓高強度運動感知辛勞降低五十五%，而相同運動強度的力竭前時間增加了十五%。

白話來說，以接納態度面對即將到來的不愉快經驗，稱為「做好心理準備」。我們往往本能地運用這項因應技巧，減少日常生活種種考驗所伴隨的不舒服，例如看牙醫。心理學家傑夫・葛拉克（Jeff Galak）和湯姆・梅維斯（Tom Meyvis）在二〇一一年發表在《實驗心理學期刊》（*Journal of Experimental Psychology*）的一篇論文中主張：「實際上，民眾對於即將到來的體驗，經常做最壞的打算，希望在預期與現實之間帶來驚喜的反差。」

在耐力比賽的脈絡下，這類「驚喜的反差」有助提高成績。運動員預期的不適愈多，就愈能忍受不適，而愈能忍受不適，也就跑得愈快。因此，無怪乎耐力冠軍運動員的習慣是做好心理準備，以迎接重要的比賽。英國長跑之王莫．法拉（Mo Farah）在參加第一次馬拉松比賽前，對《每日鏡報》（*The Daily Mirror*）的記者表示：「這會是我這輩子跑過最困難的比賽。」他並不是抱持消極的態度，而是在做好心理準備。

你永遠不會知道下一場比賽會有多辛苦，辛勞感知本身神祕難測。你可能在兩場不同的比賽中同樣用盡全力，但不知為何，其中一場比賽中你覺得自己能戰勝痛苦，另一場比賽中你卻被痛苦給壓垮。因為真正開賽之前，你無從得知自己屆時的感受；也許不知不覺中，你會希望下一場比賽不會太過難受，抱持這樣的希望是拙劣的因應技巧。做好心理準備——預期下一場比賽會無比困難——毋寧是更成熟又有效的方式，幫自己做好競賽的心理準備方式。

在二〇〇九年的NCAA越野錦標賽中，珍妮．巴林杰理應要預期到比賽會出現不適，卻未做好心理準備，注定了慘敗的命運。她犯下的第一個錯誤，就是沒有好好專注於比賽，而是把目光望向未來。特雷霍特的賽事是她業餘跑者生涯最後一次上場；不久後，她聘請了經紀人、簽了份鉅額跑鞋合約，展開職業運動生涯。雖然珍妮自己選擇回到科羅拉多州參加二〇〇九年越野賽季，想要實現當初的承諾和夢想，但她其實準備好進入人生下一階段了——其實在她最後一次穿著科大校隊制服參賽、卻遭逢重大挫折之前，她的心早就不在當下了。

比賽重挫後隔天，她告訴 Flotrack 的萊恩・芬頓（Ryan Fenton），「賽前一兩個月，我開始逢人就說，自己等不及全國賽快點結束，可是我以前從來沒有這樣，明明一直都很期待這些比賽啊。」

除了沒把比賽放在心上，珍妮也看輕自己的競爭對手。「這是另一個大錯，」她對芬頓說，「我昨天上場沒有一心只想獲勝，也必須打破莎莉創下的賽道記錄，還要贏人家三十秒。」

無論運動員在比賽時多拼命，領先三十秒就等於是輕鬆獲勝。珍妮設定的目標，反映出了她希望自己輕鬆贏得比賽。這樣期望並非毫無道理，因為在該賽季先前每場比賽中，珍妮都缺乏勁敵可以和她較量。但這樣接連輕鬆獲勝的結果，就是珍妮不再預期自己遇得到厲害的大學跑者，還因此有點疏於練習。

經驗豐富的運動員很容易就變得難以體會比賽當下有多痛苦，因為他們早習以為常。這其實是一件好事，因為習慣了痛苦的感覺，就會讓他們產生耐受力。但想要維持耐受力，運動員得充分做好心理準備。運動員要是沒來由地被迫承受比賽等級的辛勞，勢必會立即再度重視比賽當下的痛苦。舉例來說，假如一名跑者在家爬樓梯時，忽然感受到畢生最困難馬拉松最後一英里的辛勞，很可能就會跌坐在地呼救，以為自己快死掉了。

當然，珍妮．巴林杰面對二〇〇九年NCAA越野錦標賽帶來的痛苦，並非完全措手不及。但蘇珊．凱肯強勢進逼帶來身體上的不適，足以讓珍妮備感恐慌。可以肯定的是，她「表現崩壞」（套用尚恩．麥基昂一語成讖之言）的部分因素實在難以理解。她「不大舒服」來得突然，恢復後又活力滿滿，完全沒有先例可循。我們也許永遠無法完全理解會她挫敗的真正原因。然而，唯一合理的解釋是珍妮自己的說明。

「一切都是我自找的。」她說。

二〇〇九年十二月三日，就在特雷霍特賽事的數星期後，珍妮．巴林杰聘請了田徑界的超級經紀人雷．佛林（Ray Flynn）經手她的職業工作規畫。佛林迅速就在各大跑鞋品牌之間，主導了一場激烈的競標戰。儘管珍妮在NCAA賽事中受挫，她在行銷主管眼中依然是一名亮眼新星。隔年一月，珍妮與New Balance簽訂了一份多年代言合約。三星期後，她聘請了一位新教練茱莉．班森（Julie Benson）來替自己規劃健身課程。班森曾是奧運中距離跑者，如今在科羅拉多泉（Colorado Springs）美國空軍學院（U.S. Air Force Academy）擔任越野賽跑暨田徑教練。

班森和珍妮達成共識，她要暫時停止參賽，好好休息一段時間來幫身心充電，同時認真進行訓練。二〇一〇年五月一日，史丹福大學主辦裴頓．喬丹（Payton Jordon）一千五百公尺邀請賽，是她職業生涯第一場比賽。她先前接受 Flotrack 專訪時就信誓旦旦地說，特雷霍特的挫敗絕對不會再度上演，但隨著她職業生涯首戰逐漸臨近，那段痛苦的記憶卻重重壓在她的心頭。儘管她焦慮不安，最後仍輕鬆獲勝。她衝過終點線後，珍妮大聲歡呼，彷彿剛才贏得一面奧運金牌。數天後，我有機會親口問珍妮，她當時興高采烈，是否與前一場比賽的創傷有關。

她表示：「我在比賽後那麼興奮，純粹就是很高興自己完賽了。光是完成職業生涯第一場比賽，就是一種精神勝利。」

珍妮克服心魔之後，便能專注於更大的抱負，即在世界舞台上嶄露頭角。二〇一一年二月，婚後冠上夫姓辛普森的珍妮，參加美國室內田徑錦標賽，贏得一英里和三千公尺項目的冠軍。四個月後，她在美國田徑戶外錦標賽一千五百公尺項目亞軍，僅輸給摩根．烏塞尼（Morgan Uceny），有資格參與韓國大邱舉辦的世界錦標賽。在大邱，珍妮過關斬將，從第一輪晉級到準決賽，最後順利進入決賽。

九月一日晚上，在大邱體育場的燈光下，共計十二名女性跑者的決賽於焉展開。晚上八點五十五分，全世界最優秀的跑者蹲在一條弧線前，珍妮站在離內側欄桿最遠的位置。她看起來十分緊張，內心也確實緊張，不亞於二十一個月前在二〇〇九年NCAA越野錦標賽起跑線的心情。但她的念頭已有所改變。

珍妮第一個念頭是，這場比賽有四分之一的選手會贏得獎牌，機率相當大；接下來的念頭則是，她真的不想仰賴運氣，而是想拼進前三名。最後一個念頭是，若她贏得比賽，美國國歌將為她奏響，剛從軍不久的妹妹艾蜜莉也會見證隨後的頒獎典禮。想要跑贏自己左邊十一名選手，堪稱珍妮這輩子遇到的最大難關，她絕對要全力以赴，說不定這樣還不夠。但她已下定決心，勢必竭盡全力。

起跑槍聲響起，選手們在藍色跑道上向前奔馳，尋找有利自己戰術的位置，每名選手都想盡量靠近其他人，卻又不想跑在最前面。珍妮起跑速度較慢，過了第一個彎道時，後面只有一名選手。

一如往常，一千五百公尺決賽經歷開始的衝刺搶位戰後，一下子就陷入僵局。珍妮抓準眾人速度逐漸放緩的時機，快步衝向主要跑者群前迫，來到初期領先的巴林選手米米·貝勒特（Mimi Belete）右邊。同樣來自巴林的選手瑪麗安·賈馬爾（Maryam

Jamal）認為珍妮的策略很不錯，立刻如法炮製。她跑了上去，直接卡在珍妮面前，再放慢速度，逼得還是職業菜鳥的珍妮後退一名。

片刻後，肯亞選手海倫・歐比利（Hellen Obiri）也採取了同樣的戰術，土耳其選手圖巴・卡拉卡亞（Tugba Karakaya）隨後跟上，後頭選手一個又一個跑到前面，主要跑者群先後順序大翻轉，珍妮再次落在後頭。

然而，貝勒特守住了自己的位置，跑在主要選手群的前面，極慢地以一分八秒七八的成績跑完四百公尺。這場比賽中擅長最後衝刺的選手，尤其是西班牙選手納塔利雅・羅傑葛斯（Natalia Rodriguez），根本高興得不得了。假如這種拉鋸戰持續下去，這些衝刺型選手必定會在最後半圈脫穎而出。

參賽選手拿出真本事比賽，符合所有人的利益，但沒有人敢接下貝勒特在前方領跑的重擔。她稍稍提升了速度，又不足以讓人有太大壓力。眾選手都擠在一團，手肘撞肋骨、鞋釘戳小腿的情況屢見不鮮。

貝勒特以兩分十三秒九四的成績跑完八百公尺。距離最後一圈僅剩三百公尺時，跑者們愈發爭先恐後，落後的選手奮力追趕，困在中間的選手拼命想突破重圍，領先的選手則努力維持現狀。珍妮往前一個名次，從第十二名進到第十一名，至少不會被手肘和鞋釘給影響。

羅傑葛斯率先設法奪取貝勒特的領先地位，此舉引發連鎖反應，所有人同時向前衝，設法搭她的順風車。歐比利從後面踢到羅傑葛斯的腳跟，整個人摔在跑道上。摩根・烏塞尼來不及反應，也跟著跌跤。珍妮在倒下的選手之間，找到一條狹小空間向前跑。沒倒下的跑者們搶位戰更加激烈，紛紛換到第三和第四跑道，拼命想跑到前面，而深陷混戰的選手則設法越過前面的人。

最後一圈開始時，珍妮是領先八人的最後一名，先前差點摔倒的賈馬爾在她右邊辛苦跟著。珍妮必須再超越前面的選手，但這樣得先遠離護欄。於是，她稍微放慢速度，先讓賈馬爾領先一大步的距離，接著向右移動，一舉超越賈馬爾和卡拉卡亞，羅傑葛斯則帶著領先群轉了第二個彎，來到直線賽道。

接近第三個彎時，選手配速繼續加快。珍妮現在離羅傑葛斯只有一步之遠，卻困在二號跑道挪威選手英格維爾・鮑維姆(Ingvill Bovim)身後，不得不再多跑一些距離。

進入最後的直線賽道，珍妮移動到更旁邊，進入第三跑道；羅傑葛斯已與追得最緊的衣索比亞選手卡爾基丹・格扎赫尼（Kalkidan Gezahegne）拉開了距離。

珍妮揮舞著手臂，從鮑維姆身邊疾奔而過，每跑一步所跨越的距離，彷彿都是羅傑葛斯步伐的兩倍。距離終點線四十公尺處，珍妮忽然一舉領先。

英國選手漢娜．英格蘭（Hannah England）緊隨其後，但在比賽還剩二十公尺時，她停止追趕。珍妮在四分五秒四十率先抵達終點，成為一千五百公尺新任世界冠軍。

珍妮雙手抱頭、搖晃腦袋，神情狂喜又難以置信。她又笑又哭、上下跳躍，拳頭在口中揮舞，每次跳到最高點便蜷起膝蓋，活像啦啦隊一員。在數分鐘後的媒體採訪中，珍妮親口證明了這番手舞足蹈所反映的事實：她真的沒料到自己會奪冠。她只預期自己會跑得比以往更賣力，迎接這輩子最大的挑戰，只為了站上現在的位置——而這正是她獲勝的原因。

珍妮賽後激動不已，直到美國國旗出現才平復過來，她把那面巨大的國旗當成披風裹在身上，繞場一周慶祝自己勝利。

短短兩年內，珍妮．巴林杰（辛普森）從大學錦標賽跑第一百六十三名，搖身一變成為世界錦標賽決賽第一名。她本來確實跌落谷底，但也重新站了起來，領悟到無論自己天賦再高、獲獎再多，都必須時時刻刻做好最壞的打算，才能拿出最好的表現。

第三章

時間與你同在

葛瑞格・雷蒙德（Greg Lemond）在一張陌生的床上醒來。起初一兩秒，他腦袋一片空白，停留在沒有任何念頭的原始意識狀態，正如每個人初醒的樣子。接著，他忽然全部都想起來了。他身處法國凡爾賽一家飯店房間，那天是一九八九年七月二十三日星期日。當天下午四點十四分，他要參加環法自行車賽（Tour de France）最後一站的比賽。這會是他畢生最重要的比賽。

他穿著黃色Ｔ恤、寬鬆藍色短褲走到一樓，坐在一張長桌前，與ＡＤＲ車隊隊友一起吃了頓豐盛的早餐，其中不乏義大利麵、麵包、穀物麥片、雞蛋和咖啡。一小時後，他們騎上自行車，單純四處閒晃，為稍後的比賽暖暖腿。他們騎車離開飯店時，烏雲罩頂，但騎完時雲層已消散，氣溫回升到攝氏27度左右。葛瑞格回到住處時，告訴教練奧托・賈科姆（Otto Jácome）：「我的腿狀況很好，今天一定會很順利啦。」一日後，他也把同一句話轉述給體育記者作家薩繆爾・阿伯特（Samuel Abt）。

當時，還有許多時間可以打發。身為積分總排名（General Classification）第二的騎士，葛瑞格將在環法一百三十四名剩餘選手中，展開最後二十四點五公里的個人計時賽；他會是倒數第二出發，比排名暫居第一的法國人洛朗・菲尼翁（Laurent Fignon）早兩分鐘。身為環法自行車賽兩屆冠軍得主，菲尼翁經過二十站、兩千多英里的賽程，只領先葛瑞格五十秒。葛瑞格在計時賽的表現略勝一籌，但他必須在凡爾賽和巴黎之間，縮短每公里兩秒的速度差距，才能超越菲尼翁，進而取得生涯第二座環法自行車賽冠軍。無論結果如何，這可望成為環法七十六年歷史上，完賽時間最難分軒輊的賽事。

葛瑞格在美國與世界各地的許多車迷都認為，他光是能來到最後一站就很了不起了。兩年前，葛瑞格姐夫帕特．布雷茲（Pat Blades）在約三十公尺外，拿著獵槍射中他後背。該意外發生在一九八七年四月二十日，地點是葛瑞格叔叔羅德．雷蒙德（Rod LeMond）在加州林肯的自家土地。葛瑞格原本應該在歐洲與「克萊爾人生」（La Vie Claire）車隊參賽，準備蟬聯前一年七月贏得的環法自行車賽冠軍；豈料，他在義大利遇到車禍，導致左手骨折，只得回到美國休養。在六週休養期快結束時，葛瑞格叔叔勸他不要一直埋頭訓練，不妨休息一下去捕獵野生火雞。但就在那個早上，他的人生就此改變，每個細節葛瑞格都記得清清楚楚，也曾多次在採訪和演講中公開分享。

葛瑞格和羅德．雷蒙德的打獵經驗都很豐富，帕特．布雷茲卻是新手。他們早上七點半出門，分頭行動以拓展狩獵範圍。葛瑞格往左邊走，羅德叔叔往右邊走，布雷茲往中間走，三個人都穿著迷彩服。葛瑞格蹲在一棵莓果樹下等待；過了一段時間，他聽到布雷茲的口哨聲。但為了不驚動附近的獵物，葛瑞格選擇暫不回應，而是站了起來，打算偷偷前往另一個藏身地點，但移動過程讓莓果樹抖動起來。布雷茲見狀，便迅速瞄準開槍，朝葛瑞格的方向掃射鉛彈。

葛瑞格整個人倒在地上，搞不清楚發生什麼事。他看到左手無名指上有血跡，卻感覺不到疼痛——其實全身上下都麻痺了。他努力站起來，卻頭暈目眩，立即又跌到地上。他設法開口說話，卻只發得出嘶啞聲，肺葉坍塌害他連呼吸都很困難，更不可能呼救了。那一刻，葛瑞格才驚覺自己中彈了。

「怎麼了？」布雷茲從藏身處大吼。

葛瑞格無法回答。他聽到腳步聲砰砰靠近，接著看到布雷茲在自己上方若隱若現，臉上沒有露出驚訝的表情，顯然是本能反射地想隱藏內心的恐懼，以免意外中彈的葛瑞格陷入恐慌。但他運氣可沒這麼好，葛瑞格開始胡言亂語。

「我要死了！再也見不到我太太了！再也不能比賽了！」

沒多久，布雷茲也大聲呼救。羅德・雷蒙德聽到了騷動，馬上飛奔過來，看到侄子滿身鮮血、身體癱軟在地，彷彿莫名挨了一記重拳。布雷茲和羅德叔叔語帶緊張地商量著，迅速決定必須先扶葛瑞格起來、盡快離開樹林，但偏偏對於進行方式抱持不同的意見。兩人爭辯當下，葛瑞格想像著他生命像沙漏般不斷流逝。

「叫救護車就對了！」他插嘴說。

羅德叔叔跑回屋子，撥打九一一。數分鐘後，他回到了事故現場，因為救護車到不了葛瑞格躺著的地點，所以布雷茲和羅德叔叔設法把他抬起來，但此舉馬上刺激到葛瑞格的右肩，一股劇烈的疼痛湧現。

「把卡車開過來！」葛瑞格說。

羅德叔叔再度往屋子跑，隆隆地開著小貨車過來。在兩人費力協助下，葛瑞格好不容易爬上卡車，等待醫護人員到來。十分鐘過去了，救護車沒出現。十五分鐘過去了，葛瑞格整件襯衫都滲滿了血。二十分鐘過去了，他的生命跡象愈來愈弱。

二十五分鐘過去了，羅德叔叔發動卡車，把車開到那塊地邊緣。他們來到一扇緊閉的大門前，門上有著掛鎖，另一頭停著一輛救護車、一輛消防車和一輛警車，好像在為了鎮上的國慶日遊行而部署。

醫護人員合力把葛瑞格抬到擔架上，剪開他的襯衫，開始進行治療。最近的醫院至少也要三十五分鐘的車程，沿途崎嶇不平。葛瑞格心想，自己還沒到就可能失血過多而死。正當這個可怕的念頭嚇得暈頭轉向時，他清楚聽到直升機飛近的聲音。加州高速公路巡警一架直升機碰巧經過這片區域，聽到了無線電通訊，便筆直地飛往羅德・雷蒙德那塊地。葛瑞格被匆匆抬加州大學戴維斯分校（University of California-Davis）附設醫院，該醫院專門治療槍傷等外傷。飛行時間僅花十一分鐘。

他在手術室內待了整整五個小時。外科醫師只能取出擊中他的六十顆子彈半數，其餘大部分會留在葛瑞格體內一輩子，其中兩顆還緊挨著心臟內側。

葛瑞格醒來時，才得知要不是那架直升機奇蹟地經過，他絕對會失血過多死亡，得年二十六歲；但如今他料將完全康復了。然而，這會需要很長的時間，他注定會失去過去十二年來自行車競賽所累積的體能；想東山再起，得從零開始，

葛瑞格在復健前十天，體重就少了十磅（約四點五公斤）。這段期間，他最久一次的健身是步行二十英尺（約六公尺）。一直到出院六週後，他才首次騎上自行車，先從五公里開始騎，接下每次都增加一點距離。意外發生兩個月後，葛瑞格的血量終於恢復正常。

到了九月，葛瑞格再度開始參加比賽，雖然成績並不大亮眼（他在環愛爾蘭自行車賽中排名第四十四位），但畢竟他仍處復賽初期，這實屬意料之內。參與這些季末

賽事的目的，僅僅是要讓他找回比賽的狀態，好讓自己在一九八八年賽季時可以重回顛峰。但令人憂心的是，葛瑞格十一月的狀態比兩個月前更糟，他甚至得放棄該賽季最後一項賽事——環墨西哥自行車賽，只因為他沒辦法騎車爬坡。

葛瑞格一九八八年第一場比賽是西班牙太陽之路（Ruta del Sol），表現好不到哪裡去。這次，他的隊友們不得不推著他爬坡——是真的把手放他的腰窩上推他。數星期後，葛瑞格的身體再度垮下，他的右小腿肌肉只受了輕傷，但兩週後再積極投入訓練時，這就成了慢性隱疾。他被迫接受手術，缺席了當年七月的環法自行車賽。

到了秋天，葛瑞格又回返賽事，但表現很不理想，他那一貫樂觀的態度也維持得很勉強；他接受《紐約時報》訪問時表示：「我好多了，只是又要從零開始。我老是得從零開始。」

葛瑞格的比賽成果欠佳，導致他與新東家PDM車隊的關係惡化。車隊管理層向這位遭逢難關的明星車手施壓，要求他施打睪固酮（提升成績的禁藥），他斷然拒絕。禁藥的使用一直是單車運動的隱憂，但一九八八年禁藥猖獗得近乎失控。前一年，洛朗・菲尼翁未通過安非他命的藥檢。數星期後正逢該年環法自行車賽，西班牙選手佩德羅・德爾加多（Pedro Delgado）被發現體內有類固醇遮蔽劑，但由於該物質尚未被正式禁止，他獲准繼續比賽，最終拿下勝利。葛瑞格也許天真地認為，這類弊端很罕見，但當時其實愈來愈普遍，方法也愈來愈複雜。

葛瑞格與ＰＤＭ分道揚鑣後，他的律師羅恩．斯坦科（Ron Stanko）向《洛杉磯時報》的記者表示：「我向他們說明，我們無意使用化學藥物來提升成績。這就是葛瑞格的立場，毫無保留。」這項立場不只是源自葛瑞格厭惡偷吃步，也因為他確信自己天賦異稟，不走捷徑也能獲勝，畢竟他以前就是這樣。

一九八八年跨年夜，葛瑞格與新車隊ＡＤＲ簽約。他曾嘲笑ＡＤＲ只是二流車隊，聲稱其選手陣容太弱，難以支援環法自行車賽的選手。但現在只剩這支車隊願意支薪給他，把他當成尚屬年輕的環法前任冠軍，而不是最近賽事表現二流的自行車騎士。

一九八九年賽季，葛瑞格出師告捷，部分成績令人振奮，在義大利雙海站（Tirreno-Adriatico）比賽中得到第六名，並在法國國際標準賽（Criterium Internationale）中榮獲亞軍。但他並未因為這些好成績，之後比賽就此一帆風順。五月，葛瑞格參加了在美國舉行的首屆環川普自行車賽（Tour de Trump），由於川普自己擅長把活動辦得浩大，這場賽事以美國自行車賽的標準來看，可謂吸引了民眾極大關注。對於環法自行車賽首位美國冠軍來說，這勢必會是展示個人天賦的理想舞台——可惜他最後的排名卻是第二十七位。

葛瑞格和ADR隊友的下一站是環義大利自行車賽（Giro d'Italia），這是像環法自行車賽一樣為期三週的「大環賽」（Grand Tour）。葛瑞格騎車時仍然感覺不太對勁，這也反映在他的成績上。在比賽的第一次爬坡中，他就比領先選手群慢了八分鐘。接下來數天，他落後幅度愈來愈大，葛瑞格開始感到絕望。某站比賽後，他坐在旅館破舊房間的床上哭泣，痛苦和沮喪像蒸汽從爆裂的管子噴出。他告訴室友約翰．拉默茲（Johan Lammerts），他的自行車生涯完蛋了，再也無法繼續在過去成就的陰影下，忍受巨大的痛苦、賽事成績卻沒什麼起色，應該斷然放棄、轉換跑道了。

拉默茲鼓勵葛瑞格，至少要先結束當前的比賽，再對未來做出重大的決定。葛瑞格聽進他的話，隔天早上繼續比賽，又再次當了車隊的墊底選手。在環義大利自行車賽的最後一天，他總計比暫居第一的騎士洛朗．菲尼翁慢了五十五分鐘；菲尼翁之前因為傷勢和不同挫敗而沉寂三年，當前正準備東山再起。但自從葛瑞格在旅館房間的信心崩盤之後，事態出現意想不到的發展：他遭確診嚴重貧血——可能是中彈後的長期影響——進而開始了鐵劑施打療程（完全合法又屬治療所需）。他立刻覺得身體狀況有所改善。環義自行車賽最後一站是五十三公里個人計時賽。從他離開起點那一刻起，葛瑞格就知道過去的自己回來了——至少回復了八九成。他才騎了六公里，就趕上並超越一名比他早九十秒出發的車手。又前進了十五公里後，他又超越了另一名選手，這名選手當初領先整整他三分鐘。葛瑞格當天計時賽成績排名第二，超越菲尼翁，但菲尼翁仍以七十八秒的優勢，贏得巡迴比賽總冠軍。

不過葛瑞格的排名吊車尾吊太久，這次亮眼的成績難以改變外界的評價，仍不大看好他參加三週後環法自行車賽的成績。當時所有人的目光，都集中在上任冠軍佩德羅·德爾加多和近來回歸的菲尼翁身上。葛瑞格自己也表示，他會設法進入前二十名，因為自己身體狀況還不穩定。但，他的心理狀態卻好得很。

環法自行車賽於七月一日週六在盧森堡展開，拉開序幕的是七點八公里個人計時賽。葛瑞格僅僅花十分鐘就完賽，只有一名騎士騎得更快，而菲尼翁在內的兩名騎士則與他不相上下。雖然葛瑞格的成績優異，但媒體目光卻全被衛冕冠軍的失常給吸走：他錯過了自己的出發時間，還沒離開起點就比一百九十八名選手慢了兩分四十秒。媒體忙著報導佩德羅·德爾加多莫名鬧出烏龍，完全忽略了葛瑞格的表現，但有一名對手留意到這件事：菲尼翁。他一看到計時賽的結果，就把這位美國人視為最可能阻礙自己環法三連霸的勁敵。

葛瑞格自己也對成績欣喜若狂，但他努力抑制內心的情緒。漫長的兩年來，抱持希望到頭來往往都只是徹底失望。他對媒體表示：「我一定要非常謹慎，不可以太快自以為是。」

兩天後，ADR車隊遇到第一個大考驗：四十八公里的團體計時賽。葛瑞格和八名穿著同樣制服的無名小卒跌破眾人眼鏡，以第五名的成績完賽，輸給菲尼翁所屬的超級U車隊（Super U）五十一秒。葛瑞格積分總排名十四，落後菲尼翁十一名。

在第五站，每位選手將在雨天進行一場七十三公里的超長計時賽。葛瑞格經過前幾站的比賽後，對自身體力有足夠的信心，勇於希望能贏得這場比賽。為了提高勝算，他嘗試使用全新裝備空氣動力把手（aero handlebars，空力把手），也就是當時常說的計時車把手（triathlon bars）。該設備與其說是在技術的創新，不如說是在功能的創新：主要是一條U形金屬長管，騎士可以把前臂擺在上頭，這個騎姿可以讓背部較平、前軀較窄，進而減少風阻。該把手在環川普自行車賽上首次亮相，當時只有少數美國車手使用。歐洲人對此嗤之以鼻，但葛瑞格認為值得一試。

果真值得，葛瑞格分別以二十四秒和五十六秒的優勢打敗德爾加多和菲尼翁，最後贏得了計時賽，而這項成績讓他總積分排名來到第一。該場比賽結束後的典禮上，他穿上象徵領先群倫的黃衫，是他自一九八六年贏得環法冠軍以來第一次。他告訴觀眾：「這是我這輩子最美好的時刻。」這是他的肺腑之言。他發覺，這個第一名是自己從最谷底重返顛峰後的成果，因此勝利嘗起來格外甜美。

賽事第九站來到山區，德爾加多仍因為預賽晚出發而在苦苦追分，別無選擇下只能盡量主動出擊。兩天艱辛的賽事都在庇里牛斯山脈（Pyrenees）進行，德爾加多面對菲尼翁和葛瑞格一舉追回二十九秒，而菲尼翁和葛瑞格多半在緊盯彼此。第二天，德爾加多趁著對手無暇他顧，比菲尼翁提前了近三分半分鐘衝過了超級巴涅爾（Superbagnères）滑雪勝地終點線，菲尼翁則最後加速超前葛瑞格十二秒，奪回了黃衫。

接下來數站的比賽較沒看頭，大多頗為平淡，常有一群騎士衝向終點線，以及積分總排名對頂尖騎士毫無威脅的**突圍群**（breakaway）。然後來到第十五站，再度是個人計時賽。葛瑞格再次使用鐵人手把，但真正派上用場的時間很少，因為三十九公里的賽道大部分是上坡，導致空氣動機因素與成績無關。他最後獲得第五名，落後德爾加多七秒、但領先菲尼翁四十七秒。葛瑞格再度奪回黃衫。

葛瑞格和家人休息一天後，比賽來到阿爾卑斯山脈。這時，葛瑞格有三名隊友已放棄比賽，其餘ＡＤＲ車手都不擅長爬坡，導致葛瑞格在第十六站的主要爬坡上無人掩護，其他對手便輪番展開攻勢。身為黃衫領騎者，葛瑞格每次都必須迎戰，他也確實成功了，最後他與德爾加多領先菲尼翁十三秒結束比賽，把領先優勢擴大到五十三秒。之後，葛瑞格首度對記者公開提到自己可能會拿下環法冠軍。

「假如明天我也這麼順利，」他說，「我覺得勝算就滿大的。」

可惜，隔天比賽並不順利。葛瑞格未能撐過第十七站最後一段爬坡，他在著名的阿爾卑斯杜艾（L'Alpe d'Huez）髮夾彎路段遇到困難，導致德爾加多和菲尼翁兩人奪回了六十九秒。黃衫再次回到菲尼翁身上。而到了第十八站，重新領騎的菲尼翁在接近山頂終點的路段上，甩開了葛瑞格和德爾加多，把領先優勢擴大二十四秒。

一座座高山都讓葛瑞格領悟到一件事：儘管他的眼光放得很高，但自己已不像一九八六年贏得環法冠軍時那般強壯了——日後退役也承認此事——未來更不可能回復以往的體力。畢竟，他身上有三十顆散彈槍子彈。況且，他的對手是兩名環法冠軍，他們都曾有服用禁藥的紀錄，說不定仍不改作弊陋習。若葛瑞格想打敗他們，腦袋就必須把有限的體力發揮得淋漓盡致——體力變弱了多少，內心就要變強大多少。

環法還剩一個高山站需要克服。葛瑞格曉得，自己不能再比菲尼翁慢了，否則在第二十一站最後決戰中，就無望一舉超越他。菲尼翁、德爾加多和葛瑞格在第十九站拿出全部實力，這場比賽起於維拉爾德朗（Villard de Lans）、終於艾克斯萊班（Aix les Bains），全程一百二十五公里，途中會經過三大爬坡。三名勁敵的積分總排名與第四名和第七名騎士形成了「領先突圍群」互相較勁，把其他選手遠遠甩在後頭。葛瑞格與菲尼翁在衝刺時互不相讓，最後由葛瑞格贏得該站比賽。他雖然沒有追回任何時間，但至少獲得精神上的勝利。

第二十站賽事路途比較平坦，因此相對容易，總排名不受影響，比賽終點是利勒達博（L'isle d'Abeau），選手們在此搭火車前往凡爾賽，即第二十一站的起點。隔天下午，葛瑞格還有最後一次機會追回落後菲尼翁的五十秒；假如他在這場二十四點五公里的個人計時賽中落後——就算可能只是幾秒之差——絕對會大受打擊，畢竟他不再是過去那個說有前二十名就很開心的自己了。

儘管面臨著嚴峻的挑戰，但在前往凡爾賽的火車上，葛瑞格還是像往常一樣親切友善，一路上輕鬆地與記者們聊天；與此同時，菲尼翁也不改本色，朝著有意採訪他的西班牙攝影記者爆粗口。也許兩人在內心深處都覺得，看似不可能的事，說不定會成為可能。

二十四點五公里的自行車計時賽考驗的是配速，其實任何超過三十秒的比賽都是如此。只要是三十秒以內就結束的比賽，參賽者必定從頭到尾全力以赴，騎士會使勁踩踏板、跑者拼命跨步、划船選手大力划槳。他們絕對不遺餘力，設法發揮最大體能；但在超過三十秒的比賽中，參賽者一定會保留力氣，比賽所有環節踩車、跨步或划槳都會低於最大強度，最後關頭才會衝刺。他們不會一下子用盡全力，而是維持著自己認為可以撐完全程的最大強度。

為何是三十秒呢？因為人類若想持續超過三十秒的最大強度運動，勢必會超出自身所能承受的最大感知辛勞。當然，運動員在少於三十秒的比賽中也會意識到自己的辛勞，但因為知道痛苦很快就會結束，所以就沒有運用辛勞感知來控制配速，而單純受到個人體能的限制；但運動員展開一場超過三十秒的比賽時，就會保留部分實力，直到終點線前才達到感知辛勞的極限。這就是配速之道。

假如運動員設法持續超過三十秒的最大強度運動，又會發生什麼事？前艾塞克斯大學（University of Essex）講師安娜．維特金（Anna Wittekind）於二〇〇九年發表在《英國運動醫學期刊》（*British Journal of Sports Medicine*）一項研究中回答了這個問題。九名受試者在不同場合，全力踩踏配備著功率計的健身單車，持續時間分別為五秒、十五秒、三十秒和四十五秒。維特金檢視結果時發現，受試者在四十五秒測試的前十五秒所產生的功率，略低於十五秒測試中產生的功率。換句話說，在最長測試開始時，受試者並沒有按指示所說地全力地踩踏，而是在不知不覺中進行配速。

維特金推測，根據過去的經驗，受試者發覺自己若要四十五秒都維持最大強度，必定會超過感知辛勞的最大值，所以下意識地保留了力氣。這些結果顯示，感知辛勞最大值難以突破，運動員在心理上甚至無法「嘗試」維持超過三十秒的最大運動強度。

實際上，在超過三十秒的比賽中，配速是充分發揮表現的必要條件，這件事有著值得玩味的意涵。短跑選手在完成每一場比賽時，都知道自己盡力了（先不論技術失誤）；長跑比賽就不一樣了，由於選手幾乎全程都得保留些力氣，因此不可能在比賽剛結束時知道自己若更加努力，是否有機會跑得更快——哪怕只是快一兩秒。

許多汽車都會顯示「剩餘里程」（range），代表汽車在汽油耗盡之前可以行駛的里程數。這個數字唯一的解讀就是：假如里程顯示是二十九英里，你最好在接下來二十九英里內找到加油站。運動員在比賽中控制配速的調節預期機制是截然不同，這不是一個數字，而是一種感覺，任何感覺都取決於主觀的解讀。耐力運動最重要又有價值的因應技巧之一，就是能透過解讀影響配速決定的感知，盡量拿出最佳的個人表現。耐力運動員最好能提升解讀這些感知的能力，讓內在配速機制愈來愈如同汽車的剩餘里程數，盡量精確地決定撐到終點線的最快速度，又不會超過自身對於感知辛勞的耐受度。

設定和追求計時賽的目標，對於調節自我預期的過程大有助益，選手藉此解讀個人辛勞感知的方式有助提升成績，面對比賽的態度從能跑多快就跑多快，轉變為跑得比以前快就好。一九九七年，以色列本古里安大學（Ben-Gurion University）研究人員在《運動科學期刊》(*Journal of Sports Science*）發表了一項研究，證實了上述方法。受試者是一群高中生，他們接受一項肌耐力測試，接著進行八週的訓練，以增加力竭前所需時間。部分學生必須要達成「盡力」這項非量化目標，其他學生則要達成一項量化目標，把最初測試的肌耐力提升一定的比例。雖然所有學生進行的訓練一模一樣，但追求量化目標的學生在八週後再次接受肌耐力測試時，表現都有顯著的改善。

最近，加州大學學者艾瑞克．艾倫（Eric Allen）領導的研究團隊發現，馬拉松的完賽時間往往很接近跑者平時所設定的整數目標（例如四個半小時和四小時）。而艾倫和同事剛好注意到，完賽時間最接近這些整數的跑者，最後幾英里的放慢速度低於其他跑者，上述發現因而有其意義——這證明追求整數時間完賽有助提升成績。無論選手自己選擇何種訓練方式，若訓練過程把改善完賽時間列為明確目標，最後就會帶來更漂亮的成績。

關注完賽時間有助減少突破過去紀錄伴隨的變數，進而促進更具成效的配速。雖然完賽選手不可能知道自己是否有辦法跑得更快，但對於在固定時間內完賽的選手來說，想在下一場同樣距離的比賽中，跑得比上次快一兩秒卻相對容易。

根據薩姆勒．馬科拉針對耐力運動表現所建構的心理生物模型，運動員在比賽中付出的努力程度，取決於自己對於目標實現機率的感受。這項概念取自傑克．布瑞姆（Jack Brehm）的動機強度理論。假如在比賽過程中，目標感覺無法實現，運動員很可能不會用盡全力；假如果目標感覺可以實現，但必須要更加努力，運動員很可能就會更加拼命，前提是他尚未達到個人極限。藉由追蹤特定距離的個人最佳成績、設法加以改善成績，運動員就可以利用這個現象再加把勁。目標若僅僅是把完賽時間縮短一秒，感覺好像必然可以實現。果真如此的話，那運動員為了達標所需負擔的感知辛勞，似乎比全憑感覺來得更容易忍受。成績之所以變好，背後因素並不是完賽時間目標本身，而是該目標如何影響運動員解讀辛勞的感知。

設定完賽時間目標以超越過去限制，就像在燒熱的煤炭旁邊擺一面旗子，標記自己過火時可承受的最遠距離，旗子彷彿在說：「你知道自己辦得到喔，下次何不再往前一步呢？」

運用時間目標來重新校準感知辛勞，可以提升個人成績，活生生的例子就是南非跑者伊蓮娜・梅耶（Elana Meyer）在半程馬拉松的職業生涯。一九八〇年，十三歲的梅耶第一次嘗試參與半程馬拉松（十三點一英里，約二十一公里），以一小時二十七分十秒的驚人成績贏得了「非洲之腳」（Foot of Africa）的殊榮。九年後，梅耶在德班（Durban）以一小時九分二十六秒的成績完成了她職業生涯首場比賽。一九九一年，她在倫敦以一小時七分五十九秒的時間打破半馬的世界紀錄。一九九七年到一九九九年之間，梅耶又三度打破世界紀錄，分別跑出一小時七分三十六秒、一小時七分二十九秒與最後在東京半馬的一小時六分四十四秒，年僅三十二歲。

顯然，梅耶身為一名運動員的成長正是成績進步的主因。但她對於完賽時間目標的追求也發揮了一定作用。值得注意的是，隨著她職業生涯的發展，進步幅度往往會變小。她從一小時二十七分飛躍進步到一小時九分，再進步到一小時七分，毋寧是歸功於體能的提升。梅耶在職業生涯首次亮相時，早比以前的自己厲害許多，可能根本沒去想自己的首場半馬。但她最後兩項世界紀錄都是在熟悉的賽道上所締造，先前已在同樣場地取得了優異成績，而且每次都是有意識地想跑得比以前還快。在一九九九年的東京半馬比賽中，梅耶跑出一小時六分四十四秒，與一年前京都半馬一小時七分二十九秒的成績相比，她的體能很可能其實差不多，但差別在於她已有了一小時七分二十九秒這項關鍵優勢。

但不妨想想看：假如梅耶跑得比較慢的那次，體能其實差不多（況且還年輕一歲），不就代表在一九九八年京都半馬之中，計時反而扯了她後腿嗎（不過她還是超越了一九九七年在同一賽道締造的一小時七分三十六秒世界紀錄）。確實有證據顯示，緊盯著時間對耐力運動表現的影響是把雙面刃。即使是同樣的完賽時間，運動員把時間視為一個目標有助改善表現，把時間視為一種限制，則會拖垮表現。

在菁英等級的耐力運動中，時間的標準最容易成為表現受限的因素。值得注意的例子不勝枚舉，往往先是由某位運動員的成績打破紀錄，後來其他運動員的表現也紛紛刷新紀錄，掀起一場世代巨變，凸顯過去的標準其實阻礙了該運動的發展。舉例來說，一九九四年至二〇〇八年期間，女子鐵人三項世界紀錄停留在八小時五十分五十三秒；在那十四年內，只有七名女子選手的完賽時間低於九小時。二〇〇八年七月，伊馮・范弗勒肯（Yvonne van Vlerken）終於把鐵人世界紀錄拉到八小時四十五分四十八秒，之後宛如水庫洩洪，接下來數月內有六名女子選手也在九小時內完賽。范弗勒肯的紀錄只持續了一年，隨後的紀錄也是如此。到二〇一一賽季結束時，女子鐵人三項的世界紀錄是八小時十八分十三秒，完賽時間低於八小時五十分已司空見慣。新世代的女子鐵人三項選手比上個世代更天賦異稟嗎？並非如此，她們只是沒有受限於過去的既定心態，沒有把八小時五十分五十三秒視為無法逾越的人體極限。

有鑑於時間對耐力運動表現的影響一體兩面，我們接下來自然會問，哪類時間目標對於耐力運動表現可能產生最佳的影響？這類目標得看似可以達成，只是困難重重（這點十分合理，譬如前述本古里安大學的研究中，分配到「困難／務實」目標的學生，進步幅度大於分配到「簡單」或「不可能／無法實現」目標的學生）。這個理想的目標還得有足夠明確的定義，讓運動員得以超越過去的限制，但又要留有模糊空間，不可以把運動員的表現設下人造天花板。

葛瑞格．雷蒙德在一九八九年環法第二十一站開始時，身心狀剛好完全符合這些條件。葛瑞格必須在二十四點五公里的計時賽中，領先洛朗．菲尼翁五十秒。但菲尼翁出發順位在他後面，所以葛瑞格缺乏特定時間當目標，譬如堤耶．瑪希（Thierry Marie）當天稍早二十七分三十秒的成績，就是葛瑞格開賽時面對的最佳成績。葛瑞格當時只知道，自己必須比菲尼翁處顛峰狀況的最佳成績快五十秒，畢竟菲尼翁是除葛瑞格之外，世界上首屈一指的計時賽騎士。

葛瑞格在賽前告訴記者，他認為自己當前面臨的難關是在挑戰個人極限。即使他今天實力比過去堅強、也比過去更加拼命，他也不敢肯定說自己一定能成功；但他也無法肯定說自己不會成功。在這場葛瑞格畢生最重要的比賽中，正是因為建構了上述的目標，才能刺激他拿出最為出色的表現。

午餐後，葛瑞格退了房，向凡爾賽宮走去。凡爾賽宮是一座宛如梵蒂岡的雄偉建築，在白色帳蓬下，相對陽春的臨時起始平台已搭建起來。大量人群聚集在那裡，見證積分前兩名的最終對決。起點線後面是一個小型熱身區，少數騎手正在狹小的空間繞圈子。葛瑞格隨即加入，很快就迎面遇上菲尼翁。葛瑞格轉移了視線；但儘管他不敢四目相對，菲尼翁卻覺得眼前這名美國人看起來很放鬆。其實，葛瑞格害怕不已，他的胃部翻攪，對於接下來要承受的煎熬充滿恐懼。

下午四點十二分，積分總排名落後葛瑞格一分三十八秒的佩德羅．德爾加多，從起始坡道騎了下來，疾駛在寬廣的巴黎大道（Avenue of Paris）。現在輪到葛瑞格登上平台了。電視攝影機開始拍攝，一位戴著黑框眼鏡的白髮比賽工作人員，把葛瑞格的亮紅色博泰基亞（Bottechia）計時賽單車扶正，大聲公傳來倒數計時的聲音。

「五……四……三……二……一……開始！」

葛瑞格雙腳站在踏板上，開始拼命加速，雙腳宛如高速行駛中的火車車輪一樣旋動。速度達到每分鐘一百轉（rpm）時，他的臀部才回到座墊、前臂擺在空氣動力把手上。兩輛警用摩托車引導他沿著寬闊的大道行駛，後面跟著一批車隊，其中包括一輛載有ＡＤＲ車隊經理何塞．德考威爾（Jose de Cauwer）的Peugeot白色車款。

葛瑞格的計畫很單純：稍微超越以往的騎車速度，相較於過去類似比賽，保留少一點力氣。葛瑞格低著頭，騎車時雙眼直直朝下看，彷彿不在乎前進的方向，僅每隔幾秒迅速抬頭檢查自己的路線；每次下踩，他那結實的股四頭肌就明顯起伏。

後頭的菲尼翁出發時，葛瑞格已騎了一英里多，正朝著巴黎郊區維洛佛雷（Viroflay）前進。他從起點奔馳而出，戴著金框眼鏡、紮著金黃色馬尾，看起來更像高中戲劇老師，而不是職業自行車手。當天稍早，有人看到菲尼翁一直在試用一套空力把手，但最後選擇不使用。然而，菲尼翁的自行車本來就有項優勢：配備了兩個符合空氣動機的碟輪；葛瑞格則料想比賽中會遇到更多側風，所以在前面使用了輻條。

比賽剛過兩英里，葛瑞格突然偏離路線，自行車在一瞬間從左到右搖晃得很厲害。抬頭一看，他發現自己繞著 S 型彎道的長邊，嚇了一跳，整個人緊張不安。自行車選手手臂固定空力把手上時，絕對不會想轉向，因為高速時即使只是稍稍閃躲，都會讓前輪驟然歪掉。但葛瑞格是自行車運動數一數二傑出的選手，具有大無畏的冒險精神。他有時還會雙手緊握在背後，騎下陡峭的坡段炫技，活像個跳台滑雪選手。轉眼間，他便控制住個人反射動作，修正好方向，成功化解了千鈞一髮的險境。葛瑞格再度低下頭，剛才的危險關頭已拋諸腦後，他繼續踩動五十五齒鏈條上的巨大齒輪，這對於大多數騎士來說，簡直和舉重沒兩樣。

在他後方，菲尼翁自認體力十足、信心滿滿。他飛快地穿越維洛佛雷一帶，接近沙維爾（Chaville），沿途人群逐漸稀疏。在他騎過五公里後，車隊經理瑟西・吉馬（Cyrille Guimard）坐在後頭的車上大喊，附近攝影師的麥克風剛好錄到：

「六秒！」他大喊，「你現在慢六秒！」

他當時居然比雷蒙德慢了六秒，菲尼翁轉過頭來，難以置信地盯著吉馬。葛瑞格的速度每公里要再快兩秒成績才能超越菲尼翁，但菲尼翁自認騎得很順利，難以相信前面那名美國人的速度會快這麼多。

前方，葛瑞格也從何塞・德考威爾那裡得知了同一件事。賽前，葛瑞格曾告訴德考威爾不必說領先秒數，如今他再次扼要地提醒了經理。在剩下的計時賽中，他整副心思都要專注於拉開自己與後頭菲尼翁之間的距離，以及唯一重要的數字：五十秒。

經過塞納河西岸的塞夫爾（Sevres）後，葛瑞格騎到一座天橋前，把雙手移到外側把手上，開始站起身子踩車，以免爬坡時拖慢速度。假如騎著摩托車跟在他後方的警察此刻檢查他的時速表，就會看到指針固定在每小時五十四公里。

數分鐘後，葛瑞格穿過橫跨塞納河的塞夫爾橋，他在另一頭急速右彎，騎上喬治·高斯碼頭（Quai Georges Gorse），轉彎技巧大膽又精準，右肩再幾公分就要擦到靠著轉彎內側護欄的觀眾。

在十一點五公里處，葛瑞格通過了官方計時點，當時分段成績是十二分八秒，暫時當日第一，共領先二十秒。菲尼翁在二分二十一秒後來到同一計時點，當時已比葛瑞格慢了二十一秒。假如菲尼翁維持同樣的速度、繼續輸掉時間，就會比葛瑞格慢四十五秒完成計時賽，最後以五秒的優勢贏得環法賽冠軍。

喬治·高斯碼頭就是一條平坦的直線賽道。葛瑞格充分利用了這項優勢，找到了穩定的騎車節奏，進而再次提升速度；後頭使用手動變速的跟車駕駛，勢必都被迫要換到四檔才跟得上。

葛瑞格接近十四公里時，艾菲爾鐵塔出現在眼前。菲尼翁落後的時間增加到二十四秒，儘管葛瑞格的速度仍然不夠快，但並沒有因為拼命逼自己加速而覺得累，依然覺得體力十足；但菲尼翁的肩膀已開始不穩地晃動，這正是疲勞逐漸來襲的徵兆。而在家裡觀看電視轉播的自行車迷們會發現，兩人的相對速度有明顯的區別：每隔十或十五秒，鏡頭會從菲尼翁切換到葛瑞格身上，而葛瑞格身後風景移動的速度明顯加快。

最後一段賽道繞過了著名的杜樂麗公園（Jardin des Tuileries）——相當於巴黎的中央公園——把騎士全部帶到香榭麗舍大道，往終點線衝刺。葛瑞格的身影出現時，夾道的數萬名群眾莫不歡呼（他有著法國姓氏，加上出色的法語能力，又散發美式魅力，替他環法賽主辦國贏得了許多崇拜者）。他從標示距離終點線四公里的橫布條下經過，如今領先優勢累積共三十五秒。在先前的六點五公里中，葛瑞格每公里恰好比菲尼翁快上兩秒，他必須在香榭麗舍大道上，把時間差距幾近翻倍，才能拿下環法冠軍。

葛瑞格的最後機會就在自己前面，剩下三公里左右，一塊看似平坦的地勢從協和廣場（Place de la Concorde）緩緩往凱旋門上升。按照環法賽的標準，這根本稱不上是山坡，但對於精疲力竭的選手來說——像是快耗盡體力的菲尼翁——這感覺就像庇里牛斯山的髮夾彎。葛瑞格奮力前進，告訴自己職業生涯就靠它了。他接近最高點時，軀幹開始像台抽油泵連動機上下擺動，不再去想要維持良好騎姿——現在最重要的就是用盡全力，不惜一切代價。

到了凱旋門處，葛瑞格向右急彎，進入通往終點線的最後筆直道路。他騎下剛剛才登上的高地時，時速達到四十英里，接近香榭麗舍大街的車輛限速。他通過了標示著一公里的橫布條。比賽廣播傳來消息，葛瑞格還需要贏回十秒。

在前方道路上，葛瑞格看到比自己早兩分鐘出發的佩德羅·德爾加多搖搖晃晃的背影。此時他感受到一股強大的動機，不顧辛勞地更加拼命踩著單車，奮力衝向終點。他以二十六分五十七秒的成績衝過終點線，比當天最佳成績還快三十三秒。葛瑞格垂著頭，緩緩把車停下車，彷彿剛才得知了什麼壞消息；他兩條腿剛才明明感覺充血到快爆炸，現在卻又好像能再騎十英里。他的表現達標了嗎？

接下來是等待的時間。葛瑞格下了車，回頭看向賽道和終點線的時間，心想假如顯示的是二十七分四十七秒，菲尼翁又還沒完賽，就代表自己奪得環法賽冠軍。這份期待的心情實在難受，菲尼翁的身影出現時，葛瑞格下意識地遮住雙眼、撇過頭，但也就這一下子而已。

菲尼翁疲憊不堪，連保持直線前進都有困難，他奮力騎車衝向終點，一度差點要撞到七十公尺寬賽道邊緣的鷹架護欄。時間像是超現實般，一秒又一秒地緩慢流逝。但那個神奇數字終於出現了，但菲尼翁離終點還有一百公尺，最後他以二十七分五十五秒完賽。葛瑞格・雷蒙德以八秒之差獲勝。

葛瑞格在二十四點五公里計時賽的平均時速是三十三點八九英里——這是環法自行車賽計時賽史上最佳紀錄，遙遙領先第二名。葛瑞格（他後來在一九九〇年贏得第三次、也是最後一次環法賽）當時不知道的是，自行車運動正處於科技日新月異的年代，進步幅度史無前例。在之後數年內，自行車設新徹底翻新，採用更硬、更輕的材料，納入電腦與風洞輔助的空氣動機原理，以及更高效也更可靠的零組件，但這項運動同時也進入了禁藥愈發猖獗和複雜的時代。一九九〇年代與二〇〇〇年代大多數頂尖車手都會施打紅血球生成素（Erythropoietin，EPO）等藥物，藉此讓運動表現占盡優勢。然而，二〇〇五年以前，這些施打禁藥的選手，即使騎著太空時代的自行車，仍然無法超越葛瑞格・雷蒙德的計時賽紀錄。時至今日，除了在賽事首日，選手腿力仍強健的短程計時賽之外，沒有任何環法賽騎士可以騎得比葛瑞格更快。

由此可見，只要天時地利人和，光是正確使用老式的碼錶，對於耐力運動表現就會產生極大的影響力，連精密設備或強效禁藥都難以辦到，就算運動員回不到以往的顛峰狀態，依然能繳出無比亮眼的成績單。

第四章

放下之道

希莉・林里（Siri Lindley）二十三歲時，完全不會游泳、沒有自己的腳踏車，跑步也從沒超過一英里。僅僅一年後，正逢一九九四年夏天，國際奧林匹克委員會（International Olympic Committee）當時宣布，正式把鐵人三項運動列為奧運項目，預計在二〇〇〇年雪梨夏季奧運首次登場。一得知這項消息，她便馬上下定決心要盡其所能，加入美國首支鐵人三項奧運代表隊，代表有六年的時間把自己訓練成世界頂尖的游泳選手、自行車手和跑步健將。

不只有希莉懷抱這個夢想。在全球人居的五大洲上，成千上萬的男男女女對於國際奧委會的聲明有類似的想法，但鮮少有人面臨的難關比希莉還多。當時，她只參加過兩次短程的鐵人三項比賽，而且過去參與的運動都是團隊運動，像是曲棍球、冰球和袋棍球。她相當有天分，因此大學期間能從事這三項運動，但單純揮桿擊球，似乎不太適合用來準備鐵人三項中游泳一點五公里、騎車四十公里和跑步十公里（即奧運鐵人三項官方距離）這種考驗耐力的比賽。

一九九二年，希莉從布朗大學畢業，在麻薩諸塞州伍斯特市（Worcester）一家基督教青年會（YMCA）工作，某個週末看到朋友琳恩・歐斯基（Lynn Oski）參加一場小型鐵人三項比賽，內心就此播下鐵人三項這個遠大夢想的種子。她莫名受到這項運動的吸引，隔天還前往ＹＭＣＡ的游泳池，想克服自己對於浸在水中的恐懼。此後不久，她更買了跑鞋，以及一台老舊又生鏽、裝有籃子的十段變速自行車。她下定決心，自己一定要成為鐵人三項選手。

希莉當時完全不是這塊料。即使她學了游泳、不會溺水後，也常常跟不上游泳池內游著蛙式的長輩，而每次和歐斯基等友人出去騎車時，她老是在山坡路段落後大家。希莉深怕自己的首場鐵人三項比賽的過程中，會在朋友和熟人面前丟臉，還特意選擇了離家約兩千英里的科羅拉多州衝刺賽，這樣才可以放心在陌生人面前丟臉。

該場賽事以游泳開始。參賽者聚集在甲板上，主辦單位四處詢問他們的「百米時間」，以便把能力相近的選手排在同一水道。希莉甚至聽不懂「百米時間」，就隨意挑了一個數字，結果和八名身材結實的年輕人分到了同一條水道。他們游完八百公尺的時間是她的一半，她輸得一塌糊塗，之後更是慘不忍睹。

儘管如此，希莉仍對鐵人三項深深著迷。一年後，她回到科羅拉多州定居，並在鐵人三項盛行之地全心投入練習。她自己也不清楚為何如此渴望想駕馭這項運動，但她完全相信內在聲音的引導。

希莉的父母在她四歲時就離婚了，在她內心留下深刻的匱乏感。當時的她年紀幼小，心想一定是自己不夠重要，父母才會選擇分開。父母不久後都陸續再婚，讓希莉更覺得自己被拋棄。她的父親幾乎完全不參與她的生活，母親則把多數的心力和時間給第二任丈夫，忽略了自己最小的孩子。自然而然，希莉的姊姊麗莎也不想理希莉。希莉後來與父親、姊姊與母親艾絲翠（Astrid）的關係總算比較親近，但內心的疑慮仍如影隨形。

透過運動，希莉想尋求家中得不到的肯定，但老是沒有取得足夠的成績，可以填補內心的空洞。她雖然獲得了教練特別獎，卻沒能拿到MVP獎盃；她受邀參加世界盃袋棍球選拔賽，但最後沒有入選。鐵人三項之所以吸引希莉，主要是因為這是個人運動，不必依靠教練的判斷來獲獎或入選。雖然一開始她的表現很差，但不知為何，她就是知道自己能變厲害。希莉心底有股直覺，相信只要全副身心都投入鐵人三項的訓練，必定會獲得這輩子首次符合個人標準、真正獨一無二的成就，進而帶給自己前所未有的信心。

果真如此，希莉的表現只有一開始乏善可陳。她在一九九四年鐵人三項世界錦標賽中同齡組獲得第三名，隨後成為職業選手。她不斷進步，游泳技巧愈來愈嫻熟，跑步也逐漸成為她的拿手絕活。一九九八年，希莉贏得了在加州洋邊市舉行的美國鐵人三項錦標賽職業組冠軍。奪冠後，她臉上堆滿勝利的微笑——日後這個笑容讓她成為身價飛漲的當紅選手——她告訴記者：「這是我這輩子最開心的時刻！」

不過，希莉腦海中還有個更開心的時刻，也就是自己最大願景：雪梨奧運。她在鐵人三項比賽中，第一次嘗到了成就的滋味，只是加深了她的渴望，宛如長期禁食後一道簡單的開胃小品。

對於胸懷大志的奧運鐵人三項選手來說，一九九九年是關鍵的一年。他們在世界盃鐵人三項七場系列賽的成績，將決定是否獲邀參加隔年春天舉辦的奧運選拔賽。希莉在其中五場比賽都獲得前五名，成績超越其他美國人。昔日沒人看好的運動員，如今看來是穩操勝券了。

一九九九年鐵人三項賽季結束時，希莉做出了重大的決定：她收拾了部分行李、把自行車裝箱、搬到了澳洲雪梨，計劃先在當地生活和訓練四個月，迎接四月十六日雪梨世界盃，屆時美國表現最優秀的鐵人三項選手，會率先取得美國女子三個奧運名額之一。雪梨這座城市有數項優勢：首先，希莉到達時正逢亞熱帶夏季開始；此外，她的教練傑克・羅斯頓（Jack Ralston）就住在附近。同樣重要的是，雪梨距離她的親朋好友和其他「煩心事」很遠。希莉決心讓前進奧運的夢想，不僅僅是生活的重心，更要成為生活的全部，直到實現夢想為止。

她在陽光燦爛的濱海郊區克羅納拉（Cronulla）租了間一房一廳的公寓。每天早上，她獨自吃完早餐，再到泳池練習游泳，接著回家吃午餐，再出門進行下午的健身——騎自行車和跑步——種種活動盡量都是一個人完成。她在公寓內提早吃了晚餐，爬進一個氣泡狀的高海拔模擬艙內，一路讀書到睡覺時間。晚上睡著前，她會冥想著自己參加奧運鐵人三項比賽。這番冥想每次都是同樣的美好劇本：漂亮的開賽，接著平穩的中段，最後以勝利結束。一九九九年九月十六日開始，希莉每晚都進行冥想練習，那正好是比賽的整整一年前，她打算堅持到二〇〇〇年九月十五日——前提是她必須獲得資格。

希莉在這段期間自我隔離後，於《鐵人三項運動員》的專欄中說明了這樣的心態。她寫道：「我有許多機會可以過著多采多姿的社交生活，但我覺得自己現在必須過不一樣的生活，才能實現我的目標。我都會盡量保持獨處，才更有機會好好陪伴自己，真正關注自己的需要和進步。在某些方面來說，我好像是想把自己的人性『去人化』，不受痛苦、溫暖、愛和奉承的影響。在內心深處，我想念家人、朋友、寵物、老家和正常的『充實』的生活，但我刻意把這一切放下，逼著自己堅強，提醒自己要靠個人力量來辦到。這會讓我變得更強大，這樣才是真正的成就，進而達到向自己證明自己的終極目標。我覺得自己好像是在執行一項精神任務，要去尋找生存的祕密和本質，把個人信仰當成最棒的支持，我並不會覺得孤獨。我找回了自己的力量，知道自己所做一切是『對的』，從中獲得了強大的堅毅和安慰。」

希莉太過專注於個人近乎精神上的追求，沒有發覺這正讓鐵人三項運動本身的樂趣流失怠盡。在波德市的老家中，她養了兩隻狗，分別是聖伯納犬比利（Billy）和米克斯犬烏比（Whoopi）。希莉以往跑步都有烏比陪伴，甚至是田徑訓練也不例外。正是烏比對於跑步永遠熱情滿滿，讓希莉自己也愛上了這項運動，進而發現了的跑步天賦。烏比一直都很喜歡跑步，而且跑了就不想停下來；她對跑步這個單純活動無比狂熱、總是口水亂滴，希莉不知不覺中受到了感染。

在雪梨，希莉少了烏比開朗的陪伴。她刻意放棄了一切，看清現實，認為這是絕佳的辦法。她在澳洲最為充實的關係是一輛破舊的一九八〇年三菱 Colt 車款，這是她花了四百美元買來代步的交通工具。

儘管如此，她的訓練進行得十分順利。四月十六日這個關鍵日子來臨時，希莉一覺醒來，感覺自己比以往都來得強健。早上十點，她和四十位全球頂尖女子短程鐵人三項選手肩並肩站在大農場灣（Farm Cove）的浮橋上，後頭是知名的雪梨歌劇院。希莉覺得自信滿滿——至少自己認為如此。但她老是忘記好好呼吸，活像大理石般僵硬地站在平台上，四周的選手則甩著手臂和雙腿好保持放鬆。一聲槍響，希莉跳入翻湧的海水中，一下就找到兩屆世界冠軍米雪莉．瓊斯（Michellie Jones）的腳後跟，符合她每晚睡前冥想的畫面。

一個浮標標示著一千五百公尺的中途點。選手們經過此急轉彎全擠在一塊，比賽忽然變成全接觸運動。希莉被一名從她身上游過去的選手壓下水面。她再度浮上來時，整個人氣喘吁吁；更糟糕的是，她已落後瓊斯周圍的選手群兩公尺。驚慌失措的希莉在浪中拼命揮動雙手，想要趕上那群選手，但他們也拼了命往前游，而且技巧更好。希莉比他們整整晚了十秒才上岸。她衝向自己的自行車、繫好安全帽，把車推到轉換區鋪著的藍色海綿墊邊緣，騎上了車又拼命追趕。

希莉不必贏得這場比賽，只要在比賽中打敗其他四位美國選手，就可以獲得參加奧運資格，再度回到這條賽道上了。問題是，同為美國選手的芭芭拉．林奎斯特（Barb Lindquist）在前方領先一分多鐘，遠遠超越瓊斯等人。希莉竭盡全力追趕林奎斯特後方的選手群，因為她知道自己若能及時追上，就能順勢搭上他們的速度，進而把雙腿的力氣留給跑步，畢竟她跑步比林奎斯特來得強。但讓希莉無比氣餒的是，她發覺自己兩條腿宛如果凍般使不上力，彷彿先前做了五組槓鈴深蹲、一小時的網球比賽後，又得在泥濘中騎車一樣困難。由於希莉無法像往常一樣發揮實力，她不僅沒追上瓊斯那群選手，甚至被一群泳速較慢的選手超過了。

自行車路線是一條不到七公里的環形賽道，參賽者一共要騎六圈。第二圈開始時，希莉敬陪末座；她騎完第三圈時，天空飄起雨來，感覺是種徵兆。於是，她剎了車、解開踏板扣環，下車放棄比賽。

事後，希莉為《鐵人三項運動員》寫了一篇十足自虐的剖析文，坦誠地分析自己噩夢般崩潰的原因，她寫道：「我替自己的行為負上全責，不找任何藉口，真的就是成績很爛，我沒有發揮出平時的水準。」

不過，她仍有一線希望。美國奧運鐵人三項代表隊還有兩個名額：珍妮佛．古提雷斯（Jennifer Gutierrez）率先拿下第一個名額，因為芭芭拉．林奎斯特在雪梨濕濡的道路上打滑，把車子撞壞了。第二輪資格賽預計於五月二十七日在達拉斯舉行，前兩名美國選手會取得剩下的名額。

希莉最害怕的是大熱天，偏偏就讓她遇到了。早上九點比賽開始時，氣溫為攝氏二十七度，而且還在上升。不出所料，前奧運泳將席拉．陶爾米納（Sheila Taormina）游過了二十七名女子選手，芭芭拉．林奎斯特緊追在後。兩人比希莉和其他跑步健將等追兵（包括喬安娜．蔡格〔Joanna Zeiger〕和勞拉．里貝克〔Laura Reback〕）早了四十秒游完卡洛琳湖（Lake Carolyn）。

在這條四十公里、總計五圈自行車賽道上，陶爾米納和林奎斯特聯手擴大了領先優勢。追趕的選手群人數較多，理應帶有優勢，卻沒人願意拼一下。他們騎得毫無組織可言，每多騎一圈、差距就更大，來到自行車轉換到跑步的區域時，已足足落後領先二人組有三分鐘多。

希莉突然從轉換區衝出來，活像是十秒就引爆的炸藥。只有蔡格和里貝克能趕得上她那暴衝的步伐。太陽逐漸脫離雲層，赤裸裸地掛在空中。希莉穿越難受的熱浪，專注於追趕前方兩位女子，追上一個算一個。可惜的是，她專注到忘了在沿途護理站補充水分，結果脫水愈來愈嚴重。

蔡格往前衝刺時，希莉已無法跟上她的腳步。儘管如此，她還是緊緊追趕，暗自希望蔡格會後繼無力，就像前方的芭芭拉．林奎斯特，已耐不住高溫、搖搖晃晃地倒地。在比賽還剩兩英里時，希莉穩穩地暫居第三名，距奧運參賽資格僅差幾秒。但一切已結束了，希莉的身體無法正常運作。她拖著愈來愈力氣逐漸耗盡的身體，意識縮小到眼前一點，然後便是一片空白。希莉無意識地跑完了最後一圈，不曉得自己在哪裡、也不知道自己在幹嘛，只知道應該繼續拼命跑下去。

希莉以第三名的成績衝過終點線，然後倒在地上，夢想就此破滅。醫務人員緊急把她送往帳篷，幫她注射了三袋生理食鹽水，好讓她恢復意識。她醒來時，夢想再度破滅。

臨場失常（Choking）本身就是專業術語，心理學家尚未想出聽起來更像臨床用詞的名稱。這個領域首屈一指的心理學家希安．貝洛克（Sian Beilock）在個人著作《臨場失常》（*Choke*）一書中，把該現象定義為「面對感受到的壓力，相應而生的拙劣表現」。而感知到的壓力，則來自個人重視自身表現的程度——具體來說，就是達成某項結果有多重要。因此，說來諷刺，「臨場失常」其實是自己在扯後腿。追求最棒的表現、達到特定結果的渴望會帶來壓力，進而讓運動表現大打折扣，導致預期的結果也沒辦法達成。

有些人比較容易臨場失常，但每個人或多或少都有類似經驗。這項弱點普遍存在，顯示臨場失常有其用處：這是演化出來的因應技巧，有利人類生存。但在重要的情況下，屢屢失常哪可能帶來生存優勢呢？

「臨場失常」很可能和「懼高症」和「演講恐懼症」一樣自有用處。正如同臨場失常的症狀一樣，有些人的懼高症比其他人更嚴重，但一般人多少都有這種恐懼。懼高症的症狀之一是頭暈，更增加了高處失足的機率。這項本能似乎有點太原始，卻可以避免我們太靠近高處邊緣，進而有助提高生存機率。

說來諷刺，對於演講的恐懼其實也有助益。演講恐懼症的根源是害怕受到社會批判，現今對於演講的恐懼往往過大，出醜的下場則糟不到哪去，但社會生物學家認為，古時候當眾出醜引發的排擠效應通常攸關性命。無論如何，這份恐懼只會徒增一個人演講表現不好的機率，進而成為眾矢之的；但這個恐懼的真正目的，其實是要避免我們貿然地拋頭露面。

臨場失常也是類似的道理。這個現象最可能源自於高風險（即攸關生死）的狀況，用意是防止我們身陷競爭激烈的環境，以免我們技不如人而敗下陣來。但假如我們無法避免競爭或不顧風險選擇競爭時，這項因應技巧的用途就極為有限了。心理學家亞伯拉罕．馬斯洛（Abraham Maslow）把臨場失常稱為「約拿情結」（Jonah complex），認為其本質上是對於成功的恐懼；套用到運動脈絡中，這項描述可謂一針見血。

最近大腦科學的研究突飛猛進，顯示壓力本身不會導致選手在重要比賽中表現不佳，真正主要的因素是**自我意識過剩**（self-consciousness）。希安．貝洛克的研究顯示，選手在高壓運動環境下的表現不佳，但大腦自我意識相關區域活動卻增強。實際情況是，運動員感受到的壓力，把注意力導向身體動作、焦慮念頭等內在運作，而注意力轉移後在各方面都會弱化運動員的表現。

首先，自我意識過剩會分散運動員對當前任務的注意力，就像貝洛克在《臨場失常》一書中所說，他們「未能對當前任務投入足夠的注意力，反而依賴著單調或錯誤的慣性。」這正是當初希莉的經驗，她在達拉斯是拿下奧運參賽資格的最後機會，卻忘記大熱天要補充水分的最基本原則——這是初學者才會犯下的錯誤，甚至連大部分初學者都不會忘記喝水。

壓力引發的自我意識過剩，也會降低動作的效率，進而損害運動表現。運動員專注於周圍環境的關鍵特色，而不是專心想著自己的身體時，動作的效率會更高。二〇〇五年，內華達大學拉斯維加斯分校（University of Nevada-Las Vegas）進行了一項研究，發表在《大腦研究集刊》（*Brain Research Bulletin*）。該研究發現，大學生投籃若專注於籃框後方，比專注於壓腕（即「投籃要訣」重點之一）的命中率更高。心理壓力也有類似的影響，引發球員自我意識過剩，讓注意力從「籃框」轉移到「手腕」。

耐力運動不需要有籃球比賽的手眼協調能力，但眾所周知，在跑步、游泳等向前移動的活動中，自我意識過剩會降低運動效率。在二〇一一年實驗中，德國明斯特大學（University of Münster）的科學家們發現，跑者在定速移動時，思考個人身體動作或呼吸所消耗的能量，超過專注於外在環境時所消耗的能量。

然而，壓力引發的自我意識過剩導致表現失常，有個面向是耐力運動所特有，只能用耐力運動表現的心理生物模型來說明。簡單來說，自我意識過剩會增加感知到的辛勞。壓力引發的自我意識過剩後仍繼續比賽，就好像在過火儀式時把注意力全放在雙腳痛苦忍受的高溫上，而不是專注於前方的目標。運動員最好把注意力放在外在環境與當前的任務，這樣多少可以分散對於痛苦的注意力，讓自己更有拼勁一點。

英國邊山大學（Edge Hill University）學者拉斯・麥克諾頓（Lars McNaughton）進行了一項巧妙的研究，展示了專注於內在對於感知辛勞和耐力運動表現的負面影響，結果最後發表在《體育科學暨醫學期刊》（*Journal of Science and Medicine in Sport*）。訓練有素的自行車手在三種不同情況下，完成十六點一公里室內騎車計時賽。在第一次計時賽中，每位車手都要觀看一個螢幕影片，上頭顯示著代表自己的虛擬化身，與該角色往終點線前進的過程。在第二次計時賽中，他們要觀看螢幕上虛擬化身與虛擬對手比賽。在最後一次計時賽中，螢幕則什麼都沒播放。麥克諾頓發現，受試的車手觀看虛擬比賽時表現最好，螢幕空白時表現最差。

上述表現的差異，反映了運動員注意力的差異。受試者表示，螢幕一片空白、沒有視覺刺激時，他們的注意力集中於內在；而他們看到虛擬化身在較勁時，注意力多半集中於外在，因此渾然忘我、認真執行當前任務。無論是虛擬化身彼此對抗或空白螢幕的計時賽中，他們對於感知辛勞的評分差不多，不過能量輸出有三％的差異，這顯示注意力集中於內在時，同樣強度的踩踏感覺更辛苦，從而降低了表現，而注意力集中於外在的效果恰好相反。

在這項研究中，臨場失常不是一個因素，因為受試者幾乎沒感覺到壓力。但研究結果證明，自我意識過剩會降低耐力運動表現，而且我們從其他研究得知，感受到的壓力會強化過剩的自我意識，某些內心脆弱的人尤其如此。這份脆弱不一定是與生俱來，也可能是創傷經歷所造成。舉例來說，患有創傷後壓力症候群（Post-Traumatic Stress Disorder，PTSD）的人，承受壓力時背外側前額葉皮質高度活躍，這正是大腦內在批判的聲音。

希莉沒有創傷後壓力症候群，但她內在的批判聲音過度活躍，這可能與父母離異的創傷有關，幾乎可以肯定是她壓力下臨場失常的遠因。說來實在諷刺：希莉堅持不懈只為了成為當上奧運鐵人三項選手，因為她相信這有助擺脫多年揮之不去的自我懷疑聲音。但也正是這個弱點，讓她與奧運失之交臂。為了從失敗中站起來，並在未來的鐵人三項比賽中取得重大成就，讓內在的批判聲音閉嘴，希莉其實要先……停止對自我的批判。她想要達成的目標，其實是一開始的先備條件，或至少滿足部分條件，實在是令人進退兩難。

希莉錯過奧運而心碎之後，決定更換教練。她朋友蘿瑞塔·哈洛（Loretta Harrop）已獲得澳洲奧運代表隊的參賽資格，她鼓勵希莉與自己當時的教練布雷特·薩頓（Brett Sutton）合作。薩頓在瑞士萊辛（Leysin）一個山頂營地，訓練一批經過精挑細選的運動員。希莉只知道薩頓是出了名地嚴格教練，因為一樁涉及未成年游泳選手的性醜聞而逃離祖國澳洲，但他也有培養出世界頂尖選手的輝煌紀錄。希莉決定姑且一試。

二〇一三年，希莉在《競爭對手電台秀》（*Competitor Radio Show*）詳細說明了自己在薩頓訓練營的頭幾天經歷。她在二〇〇〇年七月飛到日內瓦，在行李提領處等了又等，但行李卻一直沒有來，只有自行車出現了。她填完必要文件後，開了兩小時的車前往萊辛。她才剛抵達，薩頓就命令她把自行車在訓練台上架好，直接練騎三小時。

「我現在沒有車衣啊！」她不滿地說。

「沒關係，現在這套就可以了。」薩頓說。

希莉不敢相信地低頭看著自己的牛仔褲和毛衣，薩頓點了點頭，希莉不再抱怨，架好自行車，接著上車踩起踏板；旁邊騎著另一輛自行車的是蘿瑞塔．哈洛，她默默低著頭騎車，對於被自己說服後大老遠跑來的希莉，一句話也沒說。

隔天早上，希莉（她的行李已在半夜送達）、哈洛與營地其他運動員會合，騎車二十公里來到山腳下最近的游泳池，薩頓就在那等著他們。他遞給希莉一張紙，上面列出她當天的游泳練習。她把各個部分加起來，發現總距離為六千公尺。希莉從沒有在單次訓練中游超過四千公尺。一個半小時後，她爬出泳池，肩膀瘦得無力。希莉用毛巾擦著身體時，四處張望想找薩頓，他卻不見人影。

「教練人呢？」她問哈洛。

「回營地啦。」

「什麼！他不是應該開車載我們回去嗎？」

哈洛眼神憐憫地看著希莉。

「沒這回事，我們自己騎回去。」

從昨天起，就希莉連飯都還沒吃，一口咖啡也沒喝。哈洛建議希莉和珍・法德爾（Jane Fardell）一同騎車上山，因為法德爾理應是這群人裡最弱的自行車手。結果在半路上，希莉就追不上她了，一個人蹣跚地回到營地，足足比其他人晚了二十分鐘。希莉踉踉蹌蹌地晃進家門，倒在床上便昏睡過去。感覺不過數分鐘，她在一陣敲門聲中醒來，門外站的是教練薩頓。

「要練跑了，」他說，「妳準備準備。」

希莉準備好以後，在外面和其他人會合。她發覺自己忘了東西，就把裝滿水的瓶子放在薩頓的車頂上，隨即衝回公寓。她回來時，看到瓶子裡只剩下一小口水，於是開口想要抗議，但話沒出口就被薩頓給打斷。

「這樣很夠了，」他說，「妳會沒事的。」

他們開車下山。到了山腳，薩頓叫運動員們下車跑回家。希莉目瞪口呆，她沒聽錯吧？她剛剛才完成這輩子最辛苦的游泳練習、又騎自行車二十公里爬上小山，現在居然還要跑上同樣一座小山？希莉把憤慨化為動機，勉強跑到山頂。

晚上，希莉打電話給母親，沒說幾個字就崩潰了。

「媽，我真的好害怕！」她大哭著說。

隔天，薩頓要希莉說出自己的目標。希莉逐一把目標列出來：她想贏得世界盃比賽、再拿下一座美國冠軍，以及獲得一面世界冠軍獎牌。她邊說邊感到身體繃起來、聲音變緊、呼吸愈來愈淺，而教練全都注意到了。

「希莉，妳知道嗎？」薩頓說，「忘掉這些目標吧，從今天開始，當成自己退役了。妳看待鐵人三項的方式，還有給自己的壓力都搞錯方向了。妳當初參加鐵人三項，是因為妳熱愛這項運動啊。我們先回到初衷，看看希莉．林里可以有多健康、多迅速和多強壯，同時要樂在其中。」

希莉的肩膀忽然落下無形的重擔，剩下一股許久沒有感受到的輕盈。薩頓鼓勵她放下一切，重新享受成為鐵人三項運動員，感覺十分自然又有道理。奇怪的是，希莉不再思考其他事，繼續前一天高強度的訓練好像就不大可怕了。

不過，訓練本身並沒有變得更容易，反而更加困難。實際是，儘管希莉渴望成為優異的鐵人三項運動員，但她以前並沒有進行太過辛苦的訓練，強度遠不如一些女性選手的訓練，其中包括薩頓營地的運動員，希莉想實現目標就得超越她們。希莉當時並不知道，大量的心理學研究顯示，一般人花愈多時間幻想自己渴望的成果——從考試及格到減肥種種目標皆然——真正付出的心力就愈少，實現目標的機率也愈小。不同於**心理演練**（mental rehearsal；即休息時在腦海進行動作練習）已證明有助改善表現，光是幻想自己渴望的結果是適應不良的因應技巧，可能與缺乏信心相關，覺得自己沒能力透過努力實現目標。希莉每晚對雪梨奧運的想像本應屬於心理演練，但由於她所想像的表現太過完美，最終變成了幻想。

在布雷特．薩頓的帶領下，希莉被迫把心力從夢想轉為行動。教練每天都指派一項她不相信自己能完成的挑戰，但每次她驚喜地找到了辦法完成。時間一天又一天、一週又一週過去，希莉的自信與日俱增，過往對於成就大事的渴望，慢慢轉變成了平靜又篤定的信念。

當年八月，希莉與哈洛飛往匈牙利參加世界盃比賽，這是希莉首度把薩頓的訓練方法發揮在實戰。她沒有抱持太多期待，比賽前也絲毫沒有減少訓練量，雙腿摸起來硬得像木頭一樣。她整天過得渾渾噩噩，老是覺得好想睡覺。比賽前兩天，希莉再度打電話給母親發洩情緒。

「蠢斃了，」她告訴艾絲翠。「我根本就不該來這裡，我累到快動不了耶。」

短短四十八小時後，希莉在比賽中獲得第二名，僅落後哈洛三十四秒。她不過參與薩頓六週的訓練，就快要實現自己的一大目標了——這也如同其他的遠大抱負，自從她來到瑞士後，就因為種種艱苦的訓練，早被她拋諸腦後。

希莉也學到了這一課。薩頓故意讓她拖著疲憊的雙腿去匈牙利，確保她在比賽時不抱任何期待——以免她尚未完全放下扯她後腿的目標執念。希莉一旦自在地專心比賽，而不是光想著獲勝，雙腿即使疲憊卻跑得更快，超越以往腿力滿滿、但自我意識過剩的比賽成績。

接下來的週末，希莉參加了另一場世界盃比賽，這次是在瑞士洛桑（Lausanne），她拿下冠軍，第二名是瑞士代表選手布麗吉特．麥克馬洪（Brigitte McMahon）；五週後，麥克馬洪獲得了奧運鐵人三項有史以來第一面金牌。

希莉在該賽季的最後一場比賽，是在坎昆（Cancun）舉辦的世界盃，她又贏了。至今，她完全折服於薩頓「心力超越肌力」的訓練方法。放假休息一陣子之後，希莉回到瑞士阿爾卑斯山脈，為二〇〇一年賽季做好準備。在日本蒲郡市的比賽中，她拿下了第六名，起步相對較慢；隨後，她在石垣島獲得第三名，接著發揮出應有的實力，贏得了接下來兩次世界盃。當時，希莉已是世界排名第二的女子鐵人三項選手。

然而，希莉如日中天的好運，卻在法國雷恩（Rennes）遇到絆腳石。她在沙灘上赤腳跑步，準備再進行另一圈的游泳時，右腳踩到一塊尖銳的石頭，造成筋膜撕裂傷。她雖然忍痛完賽，但之後兩週都無法參加比賽。這個時間點實在太糟糕了。雷恩世界盃三週後，輪到美國職業錦標賽在申里夫波特（Shreveport）舉行，即二〇〇一年世界錦標賽資格賽。希莉若要想入選美國代表隊，必須躋身前六名——她沒受傷的話只是小菜一碟，但她右腳尚未復原，只能一瘸一拐地跑完十公里的一公里，後來疼痛難耐，只好退出比賽。這次失敗又是重重的打擊。

希莉請了五週病假來養傷，七月七日才回到多倫多參加世界盃比賽。她游得出奇地好，從安大略湖游出水面時，距離芭芭拉・林奎斯特和席拉・陶爾米納只有咫尺之遙。這三名美國選手與德瑞莎・馬塞爾（Teresa Macel）騎著自行車，以巨大優勢領先後頭二十二名追兵。騎完自行車轉換到跑步後，希莉立即拋下領先群，接下來以三十四分三十七秒的成績完成十公里的賽跑，這個成績即使與當天稍晚的男子鐵人三項相比，也絲毫不遜色。她最後以兩分多鐘的領先優勢奪得冠軍，差不多沖好澡、準備吃午餐時，林奎斯特才衝過終點線，獲得第二名。

希莉在多倫多的表現震驚全球，讓鐵人三項世界錦標賽主辦單位——國際鐵人三項聯盟（ＩＴＵ）——面臨了一項難題。希莉．林里現在無疑是全球首屈一指的女子短程鐵人三項選手，但她卻沒資格參與非奧運的首要賽事。二〇〇一年鐵人三項世界錦標賽預計在加拿大愛德蒙頓（Edmonton）舉行，正好是多倫多世界盃後二十一天。ＩＴＵ部分官員贊成給予希莉外卡資格，但部分人士則引用那句老話：「規定就是規定。」距離比賽只剩幾天了，參賽資格仍懸而未決，希莉便先前往愛德蒙頓，以防萬一。

世界錦標賽的慶祝活動包括一場「水陸鐵人賽」（aquathon），即短程的游泳—跑步—游泳比賽，許多運動員把它當成主要賽事的暖身活動。希莉獲准參加水陸鐵人賽，最後還贏得第一名，這讓ＩＴＵ高層承受更大壓力，彷彿不得不讓她參加世界錦標賽。但在比賽前夕，主辦單位仍然猶豫不決。為了讓自己分心，希莉和母親出去吃了一頓豐盛的晚餐。希莉喝第二盃酒時，接到一通電話：她可以參賽了。

假如世界錦標賽的重要性，恐會讓希莉忘記自己所學的放下之道、再度回到過去的焦慮心態，那她最後百般曲折才站上起跑線的過程，無形中消除了這個風險。雖然她仍然希望獲勝，但在大賽開始前最後數小時內，她並沒有滿腦子抱持獲勝的希望，反而對於仍有機會參賽充滿了感恩。

比賽清晨潮濕又涼爽。希莉吃了一根香蕉、一片塗了花生醬的全麥吐司，整裝出發，前往霍拉克公園（Hawrelak Park）的賽場，按指示加入六十名穿著防寒衣的女性選手行列。選手逐一走到起始平台上，主持人對著濕透的觀眾介紹，廣播系統居然播放著毫無活力的音樂。身穿六十號號碼布的希莉最後出場，鳴槍前不久，她才找到自己在起跑線上的位置。

希莉跳入湖中，奮力向前游。她位於整批選手最右邊，不可能找到另一頭種子選手的腳。她抬頭看到轉向浮標時，驚恐地發現自己不僅落後於領先群，而且落後於第一批追趕群。不過，這一次希莉沒有亂了方寸，而是安住在當下，低頭加倍努力地游。到了第二圈時，她硬是來到追趕群的後方，最後比領先群落後四十秒上岸。

希莉跨上她那台黑白鈦合金公路車 Litespeed Vortex，馳騁在自行車道上，完全沒去想要把腿力留給跑步，而是在細雨淋淋的人行道上拼命踩車，追趕前方六名女子組成的領先群，其中包括擊敗希莉成為美國奧運代表隊成員的三名女子，以及朋友蘿瑞塔・哈洛。在六圈比賽第一圈進行到一半，希莉發現自己身旁有三名同樣拼命的選手相互配合：比利時選手凱瑟琳・斯梅特（Kathleen Smet）和德國選手喬勒・法蘭茲曼（Joelle Franzmann）和克莉絲汀・皮爾茲（Christiane Pilz）。四人一起慢慢地追上領先群。

此時，天空落下傾盆大雨，在賽道許多急彎處形成了危險的水坑，堪稱雪梨另一項典特色。希莉以最快速度與最大側傾來過彎，盡量重現她在乾燥天氣中的表現。

到了第二圈，四人追趕小組騎經了撞車現場：妮可・哈克特（Nicole Hackett）、席拉・陶爾米納和兩人的自行車，全都攤在閃閃發亮的街道上。這起意外打亂了領先群剩下四名成員的合作默契，等於給希莉她們絕佳的機會。她把單車切換成高速檔，鎖定前方女性選手背上的熟悉名字：林奎斯特、古提雷斯、哈洛、里貝克、蔡格。在下一圈結束前，希莉四人組已趕上哈洛她們，一舉加入領先群。在剩下三圈中，領先群少了加速前進的動機，隨著其他追趕群縮小差距，人數也增至十九人。

就在快到達轉換區時，希莉從後面擠到了前頭，她發覺自己的號碼布有個缺點，因為她必須推著自行車在轉換區奔跑，才能到達自己跑鞋擺放的地方，而像米雪莉・瓊斯等種子選手可以在入口處附近停放自行車，直接無縫接軌地開跑。希莉先下了車，推著自行車穿越轉換區的地毯，瓊斯、哈洛普與其他優秀跑者都連忙把腳塞進跑鞋。希莉好不容易抵達六十號的轉換位置，迅速穿上平底跑鞋、戴上印有 Polo RLX 字樣的遮陽帽。她抓起自己的號碼腰帶，邊跑邊繫起來，離開轉換區時甚至還比米雪莉・瓊斯早了半步，仍然是第一名。瓊斯簡直驚呆了。

希莉以雷霆萬鈞的速度開跑，只有瓊斯能與之匹敵。不過，十來公尺後，比賽就從十九人變成了兩名女子的對決。就在轉換區外，領先的兩人來到了一個補給站。希莉從桌上抓起水瓶就喝了起來，再把空瓶子扔向一個垃圾桶，正好命中目標。希莉心想：「今天說不定就是我的幸運日！」

隨著她的繼續向前跑，命中注定的直覺愈來愈強烈。希莉自認當下狀態出奇得好，源源不絕的力量從體內某處流出，是前所未有的體驗。與此同時，瓊斯也已達到極限了。按照希莉當前維持的步速，其實兩人都無法撐太久，但她深信瓊斯會提前到臨界線。果不其然，這位奧運銀牌得主緊跟在希莉後肩半圈就沒力了。

在跑完三圈中的第一圈時，美國代表希莉領先了十秒多，此刻她也許有放鬆了些，但依然賣力地跑著，好像瓊斯或其他對手仍在自己身邊。第兩圈結束後，她總共領先了三十秒，但仍然沒有手下留情。希莉堅持不懈地用每英里五分三十五秒的速度，加上握緊的雙拳、緊皺的眉頭和揚起的上唇，觀眾便知道她打算在這場比賽用盡全力。本來可以當成在繞場慶祝勝利，最後卻是她發揮不遺餘力的精神，讓人不禁敬畏。然而，儘管希莉已盡可能拼命地跑，她卻依然心情很棒。她的感受不是愉悅、甚至也不是慰藉，而是與無比的辛勞合而為一。

希莉不停地刺激她的側翼，直到自己要碰到終點線。此刻她突然停了下來，離冠軍還有兩英尺（約六十公分），雙手抓起那面塑膠橫幅，一把舉過頭頂，再跨過終點線，臉上的笑容既興奮又滿足。

數分鐘後，希莉向所有人宣告：「這是我這輩子最開心的時刻！」呼應了她三年前成為美國冠軍時所說的話。但這次希莉知道，沒有比這更美好的時刻了。

她說得沒錯。十多年後，希莉仍然認為愛德蒙頓那場勝利是個人幸福的顛峰，無法再超越。那一刻，她填補了從小內心深處的空虛。這段漫長又艱難的旅程最後，她不僅實現了鐵人三項的偉大目標，更找到盼望已久的平靜與自我接納。

這不是說希莉得有世界冠軍的頭銜才能愛自己；藉由把身心都投入於夢想，她早已成為理想中的自己。說來矛盾，希莉看似不得不先放棄夢想、在追逐過程的每個當下找到滿足感，以完成個人轉變，這才是她更深層的心願；正是**放下**這個行為讓她實現了外在的夢想，而率先衝過終點線只不過象徵了旅程結束。

若臨場失常是自我意識過剩的狀態，提高了感知辛勞、妨礙耐力運動表現，那把情況完全倒過來，即缺乏自我意識的心理狀態、感知辛勞降低、表現隨之改善，真的有可能嗎？當然。

心理學家米哈里・契克森米哈伊（Mihály Csikszentmihalyi）把這個狀態稱為**心流**（flow），定義是完全沉浸於具有特定目的之活動。耐力運動員形容心流狀態時，常說自己和運動本身合而為一。平時會監督大腦專注當前任務的意識消失了，讓運動員的意識由內轉外，感覺無比自在，產生卓越表現。希莉・林里臨場失常的問題本質上屬於焦慮的傾向，導致她無法高壓力比賽中進入心流狀態。

神經學家發現，大腦功能有數項變化往往伴隨著心流狀態。大腦電流活動都是以波形呈現，正常的意識是高頻 β 波相關。在心流狀態下，腦波下降到低頻 β 波和 θ 波之間。心流也與前額葉皮質活動驟減有關；前額葉皮質負責產生自我意識，這部分也包括背外側前額葉皮質——即大腦內在批判的聲音。就分子層面來說，心流過程會釋放數種神經傳遞物質，即傳遞大腦訊號的化學物質，其中包括提高專注力的正腎上腺素，以及造成眾所皆知**跑者快感**（runner's high）的腦內啡。

其實不必測量腦波或神經傳遞物質濃度，也可以判斷運動員是否處於心流狀態，直接問問他們就好。運動員知道自己何時處於心流狀態，因為這種感覺無比清晰——彷彿與自己當下的付出百分之百同步，就像希莉・林里在二〇〇一年國際鐵人三項世界錦標賽的經歷一樣。在心流狀態中，辛勞感知並不會消失，仍然讓人覺得很辛苦，卻能樂在其中，感受難以言喻。

部分研究的證據顯示，運動員在耐力測試中體驗到愈多心流，表現就愈好。艾倫．聖克萊爾．吉布森（Alan St. Clair Gibson）等人在二〇一二年就進行了上述研究，後來發表於《國際運動生理學暨表現期刊》（*International Journal of Sports Physiology and Performance*）。在實驗過程中，八名訓練有素的自行車手必須踩著健身車，分頭完成兩次二十公里的計時賽。運動員極不可能在連續計時賽中，以相同時間完成相同距離；果不其然，這些運動員兩次的時間都不一樣。有些人在第一次計時賽中表現稍好，有些人在第二次計時賽中表現稍好。吉布森團隊蒐集了兩次測試中的生理和心理數據，試圖研究為何自行車手在較快完成測試的那次表現較好。結果，他們沒有發現任何生理變因的重大差異，而是發現這些運動員表現較好時，正向情感的自評分數清一色較高——反映心流的跡象。

正如本研究所顯示，心流並不是完全可以控制，因此無法視為一項因應技巧。由此可見，想要進入心流狀態，必須有許多因素配合得恰到好處。不過凡是能幫助運動員比賽時降低過剩的自我意識，都能促進心流發生。心流正是避免臨場失常、自己扯後腿的最佳解方。因此，學習如何運用促進心流的因素，是所有耐力運動員的一大因應技巧。

體能就緒狀態（physical preparedness）就是因素之一。研究顯示，一般人在執行其精通的任務時，更有可能進入心流狀態；其他研究指出，訓練有素的運動員大腦與自我意識相關的區域活動減少；兩者有所關聯，訓練有素的運動員更容易進入心流狀態，正是因為對於身體的不自在感更少。

在比賽中，凡是容易導致自我意識過剩的因素，都會讓心流更難出現，其中一項因素就是負面的念頭。二〇一四年發表於《體育暨運動醫學暨科學》（*Medicine and Science In Sports and Exercise*）的一項研究中，薩姆勒．馬科拉帶領一支科學團隊，邀請受試者以高強度騎健身車到力竭為止，一共測試兩次，兩次中間隔了兩星期。在兩次測試之間，半數受試者參與正向自我對話的訓練，即許多運動員本能上會使用的因應技巧，以消除負面念頭、保持比賽當下的心流。其餘受試者則沒有接受正向自我對話的訓練。進行第二次耐力測試時，凡是接受了正向自我對話訓練的受試者，力竭前的時間拉長了十七％；兩項測試的強度一模一樣，但這些受試者在第二次測試後自評的感知辛勞明顯較低。相較之下，另一半受試者的兩次測試成績沒有進步，感知辛勞的自評也沒有改變。

有些運動員在比賽中特別容易負面思考。缺乏自信的運動員，例如過去的希莉・林里，比賽時常常難以壓下內心的批評。這些運動員冒出的許多負面念頭，都源自於過度關注自己想要的結果。所有運動員在比賽開始時，都想實現自己的目標，但缺乏個人信念的人，對於目標有著龐大焦慮，無法專注於當前的任務，以為只要達成目標，就會有自信進入下一場比賽。但事實並非如此，前提一定得先相信自己。

那要從哪裡獲得相信自己的力量呢？就是放下。希莉折服於布雷特・薩頓的訓練方法就是一例。雖然這看似有違直覺，但不要太在意比賽結果，通常會帶來更好的成績。一名相信自己的運動員，無論成功還是失敗，都能把目標拋諸腦後，專注於當下的比賽，而專注於當下的比賽——即心流的狀態——就可以跑得更快。自信不足的運動員可以透過覺察力，把目標和擔憂拋諸腦後，提醒自己在訓練過程中專注於眼前的任務，再參加下一場重要比賽。這樣埋頭苦幹、「做就對了」的方法，有助深植自信，而光是腦海想像著一場完美的比賽，絕對培養不了自信。

希莉與布雷特・薩頓的合作後學到了這一課，過度渴望並執著於個人目標，或想消除所有「干擾」，無法建立對自我的信心，真正的方法好相反：腦袋放空、完全沉浸於過程中，無形中奠定個人潛力，才是打造穩固自我信念的唯一基礎。

「真正的自信源自確定的結果和扎實的訓練，」希莉在二〇一四年對作家提摩西．卡爾森（Timothy Carlson）說，「而且必須對自己誠實。」

*

換作是其他運動員像希莉．林里一樣，在二〇〇一年七月成為鐵人三項世界冠軍，必定會繼續從事該運動，至少會再參與下一屆奧運。但希莉並沒有如此，她隔年確實又參加了鐵人三項比賽，但只是為了看看自己登上顛峰後，是否還能維持最高水準的表現，她知道已從中獲得當初想要的一切。

希莉在二〇〇二年十一月宣布退役時，仍然是世界排名第一的鐵人三項運動員。數個月後，她以教練的身分再度現身。希莉借鏡布雷特．薩頓的訓練模式，在波德市成立一座菁英訓練營。她訓練的第一名運動員是加拿大選手吉兒．薩維奇（Jill Savege），幫助她贏得了二〇〇三年泛美運動會（Pan Am Games）鐵人三項比賽；她另一名早期的徒弟是美國選手蘇珊．威廉斯（Susan Williams），獲得二〇〇四年雅典奧運銅牌。後來她訓練出愈來愈多頂尖選手，其中米蘭達．卡佛瑞（Mirinda Carfrae）兩度在鐵人世界錦標賽奪冠。如今，希莉已是舉世公認的優秀教練，比選手時期的她更為出色。

也許意料之內的是，希莉與其他教練的不同之處在於，她非常重視鐵人三項運動的心理層面。希莉克服了阻礙她運動表現的心理問題，相信自己有辦法幫助其他運動員度過難關。她兩邊手腕上都有刺青字樣：左手腕是「感恩」(gratitude)，右手腕是「相信」(believe)。這兩個詞彙反映了希莉擔任教練的最高原則。「感恩」就是放下內心渴望的結果，充分擁抱追求目標和夢想的殊榮和過程；「相信」則是指整個過程中自然產生的信心，即對於自我的信任感，這截然不同於希莉以前每晚幻想在二〇〇〇年奧運上跑出完美比賽、明明滿是懷疑卻又緊抓著對目標和夢想的執念。

希莉「鐵人三項推手」的美譽廣為流傳，吸引了許多難以突破的運動員。有個顯著的例子是英國鐵人三項選手琳達．卡芙（Leanda Cave），她原本已是極為優秀的短程跑者，但換成鐵人賽事的長距離卻遇到瓶頸。她最大夢想就是贏得鐵人世界錦標賽，該賽事卻讓她心生畏懼。二〇〇七年，琳達首賽獲得第八名時，看似前途大好，卻退出了二〇〇八年的比賽。經歷挫敗後，她問另一名職業選手迪迪．葛瑞斯鮑爾（Dede Griesbauer）：「之後會愈來愈輕鬆嗎？」琳達得到的答案是不可能，後來也證明確實不輕鬆。在接下來兩場鐵人賽事中，她分別獲得了第二十名和第十名，她便找上希莉幫忙。

琳達・卡芙是生性害羞的女生，連與人眼神接觸都很不容易。她的自尊心低落，朋友也很少。當然，害羞也是自我意識過剩，是把過度強烈的內在批評投射到他人身上。琳達內在批評的聲音，並沒有在她參加短程賽事時扯後腿，但到了更為痛苦、心理壓力更大的鐵人三項比賽就形成阻礙。她在接受 slowtwitch.com 網站採訪時表示：「有時候，你在與自己對話的當下，還要拼命保持專注、繼續比賽。腦袋都會有個聲音說『停下來吧！太痛苦了！』。」

兩人第一次聊天時，希莉對琳達說：「我相信妳參加鐵人賽會贏喔。」接下來數個月，希莉一遍又一遍地重覆著這些話。與此同時，她不斷在訓練過程中挑戰琳達的極限，一如布雷特・薩頓當時挑戰希莉的極限。

起初，琳達十分不解為何希莉一直堅持認為她有能力贏得鐵人賽，也不懂為何希利要求琳達進行如此嚴酷的訓練。然而，琳達逐漸發覺，希莉幫她背負了信念的重擔，這樣琳達就可以放下，專注於訓練過程。艱苦的訓練幫琳達培養出真正的內在自信。與希莉合作一年後，琳達在二〇一一年鐵人世界錦標賽中獲得第三名。不久後，一位記者問琳達新教練的訓練方式。

「希莉鼓勵我找回了自信。」她說。

二〇一二年，琳達又接受了相同的訓練，那年的鐵人賽是她參加的第七次鐵人賽。二〇一四年，希莉對我描述起那段回憶，就在那場比賽的前兩天，她和琳達坐下來進行最後一次策略討論，琳達在結束時說：「希莉，我現在相信自己了。」

希莉感到喉頭一陣哽咽，眼眶泛淚。兩天後，琳達贏得了二〇一二年鐵人賽，跌破許多人的眼鏡，但希莉一點也不覺得意外。

第五章

繞路效應

維吉尼亞州麥克萊恩（McLean）蘭里高中（Langley High School）一九八〇年畢業生之中，天才運動員特別多。在一九七九到一九八〇這個學年，男子越野校隊和女子網球校隊都贏得了州冠軍。但全校最頂尖的運動員莫過於威利．史都華（Willie Stewart），他主要從事的運動是橄欖球。想了解威利的橄欖球有多出色，只要看看他在次要運動摔角的表現就知道了：他在高中最後一年賽季有著摔角完勝的紀錄，以一百四十五磅（約六十六公斤）的體重奪得維吉尼亞州冠軍。

六月高中畢業後，威利暑假到一家屋面鋪設工程公司打工，他哥哥史蒂夫剛好在那擔任領班。這只是一份短期工作，威利可以繼續打橄欖球、做好升大學的準備，好再次投入摔跤生涯。他完全沒料到、也不打算讓這份工作改變自己的人生。

但命運另有安排。

那時，工人團隊剛開始華盛頓特區水門大廈屋頂的更換工程。事發早上，威利正在大廈巨大屋頂的冷卻塔下方工作，他和一名同事正在用繩子清除舊屋頂的碎屑。那位同事站在威利上方數英尺高的平台，向他扔了一個繩頭。威利伸手去抓，磨損的一端纏住他的左臂，剛好在手肘上方。

就在此刻，繩子另一頭被冷卻塔邊緣巨大風扇的葉片卡住，導致纏在威利手臂上的繩子被極大力量拉向風扇，把威利整個人都抬了起來。他撞到天花板時，身體停了下來，但手臂持續被拉走，纏著的繩結愈拉愈緊，硬生生把手臂的肉割下，活像咬緊的牙齒從串燒剔下烤肉。骨頭猛然折斷、筋腱撕裂，發出可怕的刺耳聲響，讓威利永生難忘。左手已完全截斷、前臂肌肉全被扯掉，只留下一支光禿禿的白骨。

威利倒在地上，側身著地。他看見一隻手套掉在附近地上，左手還塞在裡頭，上臂凹凸不平的截面噴出血液。他的二頭肌垂在下方，鬆垮地晃動著。他爬出冷卻塔，試圖用那不存在的左臂靠著屋面來支撐，卻應聲摔了一跤。他爬了起來，踉嗆幾步後又再次摔倒。這次，威利直接躺在地上。一名工人上前取下他的皮帶，緊緊地繫在威利殘缺的左臂上，但陽春的止血帶止不住噴湧的血流，反而加劇了威利的疼痛。威利本能地伸出兩根手指，把垂軟的二頭肌末端壓在皮膚管鞘下方。過了一會，出血才慢慢成了涓涓細流。

在整個事發過程中，威利的頭腦都很清醒——清醒到覺得自己應該主動求助，而不是默默等著救護人員到來。他站起身子，把斷手交給他哥，一顛一跛地走到屋頂邊緣，向地面的起重機駕駛打求救信號。接著，一個籃子吊到屋頂，威利爬了進去，慢慢降到地面。他沿著新罕布夏大道跑了數條街到喬治・華盛頓醫學中心（George

Washington Medical Center），穿著借來的襯衫來藏住自己駭人的傷口，以免嚇到路人——或自己。

到了醫院，威利被緊急送進手術室，但不得不先等胃裡的早餐消化完，然後才能接受麻醉開刀（外科醫師其實幫不上什麼忙，只能把肱骨切與剩下的肉齊平，再縫合傷口）。與此同時，威利頭上蓋了一張被單，以防他看到自己的斷肢。等到威利消化完早上的可可泡芙後，醫師才幫他全身麻醉。

三十四年後，威利向我講起這個意外，還能清晰地回憶起接下來所有細節。就在他等待自己睡著前，無意中聽見一名醫師和一名護理師的對話。

「他終於睡著了吧。」醫師說。

「還真久耶。」護理師說。

「我聽見囉。」威利從被單下方開口。

數秒鐘後，他再也聽不到兩人的聲音了；整整昏迷兩天後，他才醒來迎接嶄新的生活。

重生的威利．史都華看到肉就反胃。但比這股厭惡感更糟糕的是，他心頭籠罩著委屈的憂鬱。威利覺得自己沒有活下去的理由，深信自己再也交不到女朋友了，運動員的生涯也隨之告終。威利的親朋好友莫不向他保證，一定會有許多女生情不自禁地迷戀上眼前的年輕人，身材高大魁梧、堆滿著畢業舞王般的燦笑，渾身散發著班長的魅力，只是碰巧少了隻手臂而已。但一談到他未來的運動生涯，他們全都沉默下來，等於也認為獨臂的人不可能當上運動員。

但誰能怪他們呢？一九八〇年，社會對於失能（身障）運動員幾乎沒有提供支持或認可，少數難得的機會也得不到多少曝光，復健師也不會像現今這樣鼓勵身障人運動或積極參與體育活動。

威利領到了工殤賠償金，又與父母同住，因此沒有找工作的壓力，於是沉溺於到處參加派對。他高中時都極力避免與常惹事生非、逃避現實的同儕來往，如今卻只和這類人鬼混。與新朋友醉生夢死的生活，讓他暫時忘卻了憂傷。但威利夜夜笙歌到後來，都會和看他不順眼的人爆發肢體衝突。

這樣糜爛了數個月後，威利的父母說服他去找心理師諮商。威利雖然沒有抗拒諮商，但行為並沒有因此改變。最後，他父母受夠了兒子懶惰成性又放縱自我，叫他自己搬出去住。他便租了一間便宜的房子，每天繼續閒晃、飲酒作樂和打架鬧事。

斷臂意外兩年後，他母親有位朋友邀請當時二十歲的威利一起參加五公里的賽跑。他壓根沒想到要重新展開運動生涯，但他居然接受了這個邀請，連自己都感到驚訝。隔週六大清早，那位母親的朋友順路來接威利，不確定眼前這名小夥子是宿醉未醒還是酒意未消。然而，開跑的號角聲響起時，威利的比賽魂醒來了，用盡全力地奔跑。雖然他最後的成績並不出色，但衝過終點線的那一刻，他的胸口湧上一股久違的感受：激動人心的成就感。他真的太久沒有這般正向的情緒了。

儘管這件事的激勵作用很大，但真正燃起他動機去改頭換面的關鍵，是一九八二年二月二十一日週天下午發生的事。威利當時待在自己的老位子——租屋處客廳一張躺椅上，電視正播著美國廣播公司（ＡＢＣ）報導最近的鐵人賽。他驚奇地看著茱莉・莫斯（Julie Moss）穿著髒兮兮的運動短褲爬過終點線，獲得女子組的第二名。威利內心深處的熱情就此燃起。他大為感動（和衝動），馬上出門買了一套紅白條紋的史考特・廷利（Scott Tinley）鐵人三項服裝，穿上後就驅車直衝艾莎湖（Lake Elsa；現今的奧杜邦湖〔Lake Audubon〕），潛入水中。

光靠單臂游泳並非不可能；實際上，競技游泳選手向來都把單臂游泳當成一項技巧訓練。儘管威利沒當過競技型泳將，但他有好多年夏天都在開放水域中戲水，所以一點也不害怕。他只是低著頭，開始笨拙但實用的捷泳。儘管單臂游泳不是不可能，但對於零經驗的人來說，效率卻十分低落又耗費體力。在辛苦擺動一百公尺後，威利已筋疲力盡——此時距離岸邊還有約一百公尺。他慢慢地漂回到安全的陸地，接著跳上一台自行車，騎了兩三英里又扔下自行車，跑步半英里到最近的麥當勞，買了兩個大麥克漢堡，狼吞虎嚥地吃光。他好享受當下的感覺。

威利的態度開始有所轉變。他決定重新加入以前北維吉尼亞 RC 橄欖球俱樂部，但不是立刻加入——而是花了整整一年的時間來準備。在那段時間內，威利拿出前所未有的熱情訓練體能，大部分是練跑。為了測試自己的能耐，他參加了公路賽，從十公里開始，慢慢到全程馬拉松。他第一次參加橄欖球訓練時，已有了比以往還強健的體魄。

威利的新隊友和對手連禮讓他的機會都沒有。威利先下手為強，而且動作兇狠，展現出比高中更強的技巧和力道。當然，部分自我適應在所難免，但威利對於自己的適應力十分自豪。他有兩三個招牌角力動作是自己所發明，以往也都會用不同方式對付每個對手，按照已知的對方弱點來調整個人的摔角方式。威利運用同樣的方法發展出了全新的橄欖球風格。舉例來說，他無法像一般球員用手臂阻擋擒抱，而是改用自己的殘肢當成打擊武器。

不過，威利的祕密武器是剛培養好的耐力。他運用閒暇活動訓練出過人的耐力，讓橄欖球比賽對手在後頭追得氣喘吁吁。他首場比賽就贏得了MVP獎盃，後來迅速從北維吉尼亞D隊晉升到C隊，接著再晉升到B隊。

A隊的教練是脾氣乖戾的英國人，名叫克里斯．布魯克（Chris Brook）。威利從隊員間的八卦消息得知，布魯克教練發誓，威利休想到他隊上打球。威利大概猜到了原因，內心一陣刺痛。他在一場比賽中得分四五次，無疑是整支球隊的最佳球員。某次比賽結束後，威利仍因為布魯克而沮喪不已，這時友隊華盛頓州橄欖球俱樂部教練比利．史密斯（Billy Smith）卻把他拉到一邊，邀請他加入自己的A隊。威利接受史密斯的邀請，來到波多馬克河（Potomac）另一頭打球。華盛頓與北維吉尼亞兩隊在球場上再次交鋒時，威利打了一場這輩子最精彩的比賽，率領新隊友們奪得壓倒性的勝利。威利離開球場時，特地走到以前的教練面前。

「想我嗎？」他問道。

這次從北維吉尼亞跳槽到華盛頓，也帶來另一項收穫。威利在華盛頓的一名隊友給了他一份工作：在華盛頓特區騎鐵馬送信，每週私下給他五百美元。威利心想：「沒差啦。」威利買了一輛便宜的Ross登山車，數天後就騎在繁忙的市中心街道上，肩上斜揹著一袋信件。單手騎車最大的障礙是剎車。而萬無一失的停車方法就是撞車，威利也習已為常。有天，他撞上了一輛巴士後方，一名老婦人在路邊大喊：「你不可以騎到這裡啊！」

威利感到滿腔怒火，但忽然閃過一個念頭，抑制住這股憤怒。老婦人說不定沒說錯，也許他真的不應該騎車出門。雖然威利不在乎自己是否受傷，但他絕對不想害別人受傷，也不希望一出差錯或搞砸任何事，就怪罪於身體的失能。也許，他最好避開任何會提醒自己身體殘缺的窘境。但同時，他又不希望少了一條手臂，就成了逃避做事的藉口（例如安全地騎自行車），況且自己真的需要這份工作。因此，威利決定嘗試三十天。假如練習一個月後，他仍然會危及人車安全，就會主動辭職。

三十天後，威利就像其他騎單車送信的郵差一樣，可以翹起前輪從林肯紀念堂台階一路騎下來。他說自己的進步完全歸功於一股腦地嘗試錯誤——摔倒爬起來，再摔倒就再爬起來（但頻率不會太高），一再反覆，就像他當初學騎腳踏車一樣。如此一來，威利慢慢地掌握了一套單臂騎車的技巧，例如用右手按後煞車時要改變重心，這樣就不會整個人撞到手把。在練習過程中，他原本的畏懼逐漸轉為亢奮。威利完全迷上騎車的快感，有時晚上橄欖球訓練結束後，他還會跳上自行車，一路騎到馬里蘭州海洋城（Ocean City）沙灘欣賞日出。吃完豐盛的早餐後，他再原路折返騎回家，單趟就要十個小時。

威利的運動生涯浴血重生後，他也開始思考未來。在意外發生時，他完全不知道自己還能從事什麼工作。但他現在有股強烈的渴望，想要幫助其他身心障礙者。一九八六年，威利搬到科羅拉多州小鎮布雷肯里奇（Breckenridge），在美國失能者運動協會（Disabled Sports USA）工作。他的主要負責把孩子們吊到升降椅上，這不是光鮮亮麗的工作，但卻是他想從事職涯的開端。由於整天身處冰天雪地中，威利不禁開始學越野滑雪，想鍛練身體來為冬天的橄欖球賽做準備；但越野滑雪很快就成為他真心熱愛的運動。他在上班前和下班後都會滑雪，甚至偶爾還會參加比賽。

在一場比賽中，美國失能者滑雪代表隊（US Disabled Ski Team）總教練肯德爾・巴茲（Kendall Butts）找上威利，邀請他前往猶他州帕克市（Park City）參加最大攝氧量（VO2max）測試，威利答應了。測試結果是，他每公斤體重每分鐘最大耗氧量是六十毫升，對於威利這名近八十五公斤的橄欖球選手來說，這個數值高得不得了。巴茲難掩興奮之情，立即為威利擬定一套訓練計畫，還說只要他確實執行計畫，總有一天能參加帕拉林匹克運動會（帕運），說不定還有獎會奪得獎牌。在一年內，威利的最大攝氧量提高了十分，馬拉松完賽時間從三小時四十分，降低到兩小時四十二分（還減掉了近二十公斤，最終來到他高中時的摔角體重）。一九九八年，他獲得了日本長野冬季帕運的參賽資格。四年後，他在鹽湖城（Salt Lake City）的北歐項目接力賽中獲得銀牌。

儘管威利很珍惜這項成就，但他更想要與四肢健全的運動員競爭，難以滿足於「只憑單臂」已算表現出色的水準。他也想適用好手好腳的選手標準，進而取得優異成績。

威利常常回想起那命運攸關的一天：自己看著電視上茱莉．莫斯爬向鐵人三項賽的終點線。雖然在他發生意外之前，對耐力運動一直沒有多大興趣，但那個時刻太振奮人心，在他心中埋下了一顆渴望的種子，不僅讓他日後的運動生涯步步高昇，也把他推向一項終極目標：夏威夷的鐵人世界錦標賽。這場比賽每年共吸引一千六百名全球頂尖職業和業餘的鐵人三項選手，其中只有六個身障名額，他們得在嚴酷的環境中競爭。威利滿心期待要跨過終點線，象徵完成了重拾人生之旅。

威利在參加聖地亞哥身障運動員基金會（Challenged Athletes Foundation）活動時，距離自己的命運又近了一步，因為他遇到了吉姆．麥克拉倫（Jim MacLaren）這位曾憑著單腿參加鐵人賽的選手。麥克拉倫鼓勵威利不要把鐵人賽當夢想，直接放手一搏。這時威利已結婚，妻子琳西（Lynnsey）參加過一九八五年鐵人賽，一直盼望回到夏威夷。況且，這對夫妻住在南加州，當地居民對於鐵人三項十分熱衷。彷彿一切在冥冥之中有所安排，威利前往夏威夷參賽的時機成熟了。

不過，威利首先得看看自己的游泳能力——可不只是讓下巴露出水面游一百公尺，而是要認真游泳。他第一次游泳練習大感挫敗，不過在洛馬琳達醫學中心（Loma Linda Medical Center）的游泳池內游一圈，他就開始過度換氣，喝了滿肚子的加氯池水。但這突如其來的衝擊，反而加深了威利想克服難關的決心。

威利運用當初精熟單臂騎車的三十天法則，開始天天游泳持續一個月。他再度無人指導、單純嘗試錯誤來摸索能力，最終開發出一項個人技術，主要是踢腿與身體旋轉。一個月結束時，他有信心在官方規定的兩小時限定時間內，游完鐵人賽的二點四英里。二〇〇二年，他申請鐵人賽該年六個身障運動員名額之一，超過六人申請則要抽籤決定資格，但最後總共只有五個人申請。

比賽前六個月，當地一家電視台採訪記者在泳池邊堵到威利，他剛好完成當天訓練。記者立即轉達好消息，像是公布樂透得主一樣浮誇，但不是奉上一千萬美元的支票，而是鐵人賽號碼布三〇六號。

他腦海閃過的第一個念頭是：我還真會找自己麻煩啊！

*

威利．史都華的故事令人欽佩，但其實並不稀奇。現今，截肢選手參與耐力運動已屬司空見慣。醫師和物理治療師都大力鼓勵截肢者參加游泳比賽、自行車比賽或其他活動。但並不是這些醫療專業人員率先發現運動有助康復；早在他們把體能活動納入治療項目前，截肢者自己受到了耐力運動的吸引。

這股吸引力背後的心理機制不難理解。許多截肢者最煩惱的事，莫過於自己再也無法從事「正常人」的活動。所謂正常活動，並不限於打開瓶罐、開車等日常瑣事；參與馬拉松、鐵人三項和自行車比賽，對於特定族群也是再正常不過的活動。截肢者希望感到與正常人無異，最好的方法，就是克服四肢健全的人也覺得辛苦的挑戰。因此，許多男男女女在失去手腳前對耐力運動興趣缺缺，後來截肢後卻選擇投入比賽、奔向終點線。畢竟事故發生前，他們平時打開瓶罐、開車出門都很簡單，跑馬拉松對自己也不是難事，只是要與不要的問題；但意外截肢後，許多人反而內心有強烈的需求，亟欲向世人證明自己的能力。

威利．史都華在與身障運動員基金會創辦人鮑勃．巴比特（Bob Babbitt）的談話中，簡要地總結了這個心態，他說：「**運動讓我成為完整的人。**」

一九八五年，加拿大勞倫汀大學（Laurentian University）心理學者針對大量身障運動員和非運動員進行問卷調查，研究運動對身障者的心理影響，接著比較兩組的結果，完成的論文發表於《心理學報告》（*Psychological Reports*）。研究人員的結論是，身障運動員「比身障非運動員擁有更高的自尊心，對生活的滿意度和幸福感也較高、較能把問題外化，並且教育程度較高。」身障者也許可以積極參與體育活動，來提升社會心理功能。」

其他研究顯示，從事運動可以強化截肢者的身體自我形象和功能。有鑑於這類發現，醫學界基本上都會鼓勵截肢者多多參與體育賽事。失去手腳的軍人尤其如此，現今醫師都會鼓勵他們往運動圈發展，他們往往也欣然接受。美國現在有所謂「從沙場到賽場」的職涯轉換計畫，譬如「騎士復康之旅」（Ride 2 Recovery）和「傷兵專案」（Wounded Warrior Project）等組織，已幫助成千上萬負傷的美國退伍軍人成為耐力運動員。

不出所料，這些男男女女在受傷前都參加過體育活動。一九九三年，一項針對第五屆全美身障鐵人三項（Fifth National Triathlon for the Physically Challenged）比賽選手的調查發現，大多數人當運動員的時間比失能時間還要長。因此，這是先有雞還是先有蛋的問題。運動員失去手或腳，不僅能藉由運動改善心理健康，還因此培養了心理韌性——部分是透過參與運動賽事——得以隨遇而安、盡力而為。

許多運動員發覺，斷肢反而讓他們變得更優秀——至少心理上更加強健。威利・史都華憑著一隻手臂打橄欖球時，無疑比以往雙手健全表現得更好。凡是參賽選手莫不想證明自己的實力，但威利在發生工殤後回到橄欖球場，更是一心一意地想要證明自己。他說：「少了一條手臂，換來了超強的專注力。」他所言不假。在比賽中，「獨臂威利」（後來外界賦予的稱呼）無視周遭環境每個細節，只看得到自己可以用來得分的細節，例如兩名後衛之間的狹窄空間。

我們不能說威利因為少了一隻手臂而成為更優秀的耐力運動員，因為在事故發生前，他壓根沒嘗試過耐力運動。但毫無疑問的是，他的專注力讓自己在橄欖球的表現大放異采，如今更把專注力帶到耐力運動中，而專心致志的心態在橄欖球場或賽道上都是巨大優勢。在比賽中，威利的專注表現屬於抑制控制，即緒論提到的因應技巧之一，耐力運動員因而能專注於有益的刺激、無視負面的刺激，進而在同等的感知辛勞下提升速度。

許多受傷或身障的運動員，都在身上找到能建立心適能的契機。若比賽像過火儀式，那身體機能受挫就好比走在高溫炭床上，非但沒前進，還不斷倒退。喪失了身體的能力，等於運動員必須花更多力氣追趕，才能回到失能前到達的高峰。運動員自然會想要回到過去的高峰，儘管距離其實更遠了。追逐這個目標最明顯的方法，就是比以往更加努力。假如成功，運動員便可能在過程中發現，挫折發生前所享有的較佳體能，其實像是自己依賴的拐杖，阻礙自己充分發揮心理的潛力。

真相是，身體愈強壯或能力愈佳，腦袋就愈軟弱或懶散。在二〇一四年體育新聞媒體 Flotrack 的專訪中，美國一萬公尺前紀錄保持人克里斯・索林斯基（Chris Solinsky）坦承：「過去兩三年來，我發現我其實不確定自己是否有我想得那麼堅強。」這個體悟是來自索林斯基某次負傷後體能下滑，導致畢生首次在訓練中跟不上隊友，讓他驚覺以往的體能優勢，反而剝奪自己培養心理韌性的機會，所以無法因應逆境。

有些運動員在受傷後失去了身體機能，但後來不僅打造出**心適能**（mental fitness），還重新讓身體更加健康，這正是我所謂的**繞路效應**（workaround effect）。身體無法以習慣方式達到預期水準的表現時，大腦就會有所反應，尋找全新方法來讓身體恢復同樣水準，運動員在其他情況下卻可能永遠不會發現。這就是繞路效應。

這個現象並不僅限於運動。藝術圈也存在著繞路效應，例如傳奇爵士吉他手姜戈·萊因哈特（Django Reinhardt）。萊因哈特十二歲時，得到了生平第一把吉他。十八歲時，他已是吉他大師了。但後來，他按弦的中指和無名指在一場房屋大火中嚴重燒傷、形同癱瘓。萊因哈特沒有放棄音樂，而是重新學習彈吉他。他百般努力後有了成果，即所謂的熱爵士樂（hot jazz）的獨特獨奏風格。樂評人對於他全新音樂風格的評價超越以往的風格；但若不是當初喪失身體部分機能，迫使萊因哈特得善用剩餘手指的最大價值，新穎的演奏風格極可能永遠不會誕生。

繞路效應有數種形式。我會在後面的章節中討論其他形式，在此討論的是科學家口中的**神經可塑性**（neuroplasticity）。大腦具有高度的可塑性：幾乎具有無限的能力自行重組，以因應影響其正常運作的障礙。舉例來說，失去視力的人的大腦會自我適應，讓其他感官更加敏銳。運動員遭受足以影響長期體能的重傷後恢復訓練，也會發生類似的情況。由於無法像以前那樣刺激身體活動，大腦便開始探索其他選項，最後確定其中最有效的選項。

在二〇一四年一項實驗中，薩爾斯堡大學（University of Salzburg）的安妮塔・豪登（Anita Haudum）研究了跑步時的繞路效應。為了模擬影響腿部移動的傷勢，她在其中一組志願受試者的臀部和腳踝之間，綁上一條具彈性的軟管，指示他們這樣跑步。不出所料，受試者剛開始跑時，便覺得多了這條管子相當不自在。肌電圖（Electromyography，EMG）顯示，相較於毫無約束地跑步，帶著彈性軟管跑步需要活化更多肌肉。但豪登在《知覺與運動技能》（*Perceptual and Motor Skills*）期刊的報告中提到，使用彈性軟管進行七週訓練後，受試者展現的跑步效率大幅提高。透過神經可塑性的神奇作用，他們的大腦找到了全新的跑步方式，肌肉活化程度幾乎無異於不受束縛地跑步。實際上，這些受試者在無意識中習得的新步伐，看起來與受試者平時的步法沒有明顯差異，但卻是仰賴著大腦與肌肉活化的不同模式。受試者等於找到新方法來重現以前的跑步習慣。

威利・史都華在學習如何騎自行車和單臂游泳時發現，若要重新駕馭一項因受傷等外在限制而變得陌生的熟悉活動，唯有堅持不懈地反覆嘗試錯誤（即他口中的引導式發現〔guided discovery〕）。面對這樣的情況，運動員不可能有意識地憑著邏輯推理找出調整個人技巧的最佳方法、有條不紊地習得全新的運動模式，反而必須單純地創造機會，讓一切自然發生。

在耐力運動中，繞路效應的另一個例子是跑者瑟琳娜・布拉（Serena Burla）。瑟琳娜在威斯康辛州長大，小學三年級開始練跑。她從一開始就很討厭失敗，每當其他女孩比她先抵達終點時，她就會哭得傷心欲絕。上高中之前，她鮮少輸掉比賽。但在高中時期，她雖在州賽名列前茅，卻未能一躍成為全國矚目的跑者；在運動鞋零售商 Foot Locker 主辦的全國高中越野錦標賽（National High School Cross Country Championships）中西部地區資格賽中，她僅排在第十二名。

從二〇〇三年到二〇〇六年，瑟琳娜在密蘇里大學（University of Missouri）憑著獎學金繼續參加賽跑，她依然表現傑出，卻不足以脫穎而出，畢業季的 NCAA 錦標賽一萬公尺賽跑獲得第六名。眼見已無望展開職業跑者生涯，她在畢業後不再練跑了。豈料不久之後，她遇到了肯亞裔美國教練伊薩雅・奧克維亞（Isaya Okwiya），奧克維亞剛成立一支大學畢業生組成的路跑隊，說服瑟琳娜重新加入訓練。

瑟琳娜重新練跑進展相當順利，但右大腿膕旁肌開始出現疼痛點。常規治療並沒有緩解症狀，所以她接受進一步檢查，才得知膕旁肌三條肌肉之一的股二頭肌上，長了高爾夫球大小的惡性腫瘤。二〇一〇年初，瑟琳娜接受開刀，主刀的外科醫師是紐約史隆・凱特琳紀念癌症中心（Memorial Sloan Kettering Cancer Center）派屈克・博蘭（Patrick Boland）博士，他最後不僅切除了腫瘤，就連股二頭肌幾乎也完全切除。

博蘭向瑟琳娜說明，手術實屬必要，但她問起自己的跑步生涯是否劃下句點時，博蘭卻不願正面表示看法，只說：「我們只能拭目以待。」但私底下，他其實不抱希望。

博蘭後來告訴《跑者世界》（*Runner's World*）雜誌：「我當時覺得她還能走路，但很確定她沒辦法再賽跑了。」

假如瑟琳娜真有可能再度成為菁英跑者，她的大腦就必須想辦法繞路，運用替代方案來彌補失去的肌肉。透過密集的復健，加上謹慎但堅持地練跑，神經可塑性果然發揮了神奇的力量。她從復健中心「畢業」時，已能用「受損的」右大腿膕旁肌承受超越左大腿膕旁肌的重量。她右大腿後方僅剩兩條肌肉，卻得負責三條肌肉的工作。

瑟琳娜的教練第一次看到她手術後練跑時，注意到她右腿下半的慣性外翻消失了。在沒有意識干擾的情況下，她的大腦教會右腿全新的跑步方式。隨著訓練的進行，瑟琳娜開始注意到自己有些部位容易痠痛，這些部位以前從未痠痛過——這也是繞路效應的徵兆。

瑟琳娜也經歷了心理的變化，這與生理的變化相輔相成。雖然她對跑步的熱情前所未有地強烈，但她展現熱情的方式卻發生轉變。她不再對勝利有著殷切渴望，取而代之的是深深感恩自己還能跑步；運動員凡是從危及職涯前景的傷勢復原，都經常懷抱感恩的心。她不再為小事心煩，例如肌力訓練表現欠佳，也更能坦然接納賽跑伴隨的挑戰，例如在極度疲勞狀態下拼命跑步的難受感。癌症讓她想要不帶遺憾地活著，這也刺激她積極進行重要的肌力訓練，收穫遠比她開刀前來得多。總而言之，身為跑者，她的心理素質成為自身更大優勢。

手術八個月後，瑟琳娜參加了紐約馬拉松，這是她首次跑完全馬，以兩小時三十七分六秒的成績名列全美第四，跌破所有人的眼鏡。在比賽中，她跑過當初開刀的醫院，還指著自己的右大腿喊：「謝謝！」接下來三年內，瑟琳娜三度刷新個人馬拉松成績，最後一次是二〇一三年在阿姆斯特丹跑出了兩小時二十八分五秒。隔年，她更奪得全美半程馬拉松冠軍。

數字不會說謊。瑟琳娜右腿膕旁肌剩下兩條，比有三條肌肉時跑得更出色。這其實並不是神奇的事，許多運動員都找到方法，可以使用較少的身體機能，完成更多的壯舉。整體來說，這些例子在在證明，各種意外挫敗導致體能喪失——無論是暫時或永久——反而提供了絕佳機會，透過繞路效應讓生理獲得補償，並讓心理更為健全。舉凡重傷、輕傷、疾病、久未訓練後東山再起、身體老化等惱人的挫敗，最後都有可能因禍得福。

神經可塑性是固有的因應技巧：每當運動員受到額外限制、又得練習過去的技能時，神經可塑性就會自動發揮作用。但若要受惠於「繞路效應」，運動員必須先運用另一項心理因應技巧，這需要刻意加以選擇，也是威利・史都華本能仰賴的技巧：適應力。

對於身體受創的運動員來說，適應力源自這樣的信念：儘管現在多了生理的限制，練習一項固有技能依然值得。適應力就是即使失去手腳，仍然心想：「我相信自己可以騎自行車，也可以游泳——說不定還能比大多數人都快。」適應力就是即使膕旁肌少一條，依然「相信我還能跑，說不定跑得比以前都快。」適應力就是在身體遭遇挫敗時，拿出類似的心態應對逆境。這樣一來，你的身心就會隨之適應，身體會找到前所未有的效率，腦袋則會提升心適能，可能透過強化專注力或抑制控制（威利・史都華就是如此），更加感謝上天讓自己還能動（像是瑟琳娜・布拉），或其他正向改變。

身障運動也稱為適應型運動。威利．史都華便會說，所有運動都是適應型運動，或根本應該如此。

*

鐵人世界錦標賽除了為身障選手保留少量參賽名額外，並沒有額外提供特殊待遇。身障運動員和其他選手在同一時間出發、經過同一條路線，也要在規定時間前抵達終點，全程沒有任何輔助（唯一例外是從完成游泳後會被載到非步行選手的轉換區）。

威利．史都華自己也不會想要有特殊待遇。實際上，二〇〇二年十月十九日破曉時分，他充分利用自己普通選手的身分，站在凱盧阿灣（Kailua Bay）起始旗後面第一排選手的正中間。一小時前還下了一場季風型降雨，當時傾盆豪雨雖然停了，但伴隨陣雨而來的四英尺（約一點二公尺）高海浪滾滾而來，讓選手們在水中緩緩起伏。

每位鐵人三項選手都有各自的優勢與弱項。跑步是威利最強的項目，因為斷臂後對跑步的影響最小（一項研究發現，假如跑者雙手背在身後，效率只比平時少了三％）。對威利來說，騎自行車比跑步受到的影響更大，因為儘管騎自行車是以腿力為主的運動，但他無法像有兩條手臂的運動員以符合空氣動機學的姿勢騎車。游泳則是威利最弱的環節，因為單手游泳確實是一大難關。在鐵人三項中，全程二點四英里、屬於全接觸運動的開放水域游泳，對威利來說就是攸關生存。

七點整，傳統的鳴槍聲響起，大約一千六百名選手開始在太平洋中奮力前划，形成了一大片朝海上移動的白色水花。威利的盤算是盡量跟在前面游得較快的選手群後面，慢慢找到自己的節奏。但他一放鬆下來，就被後頭源源不斷的選手追上，其中不少人在經過時不經意地拍到他、踢到他或壓到他的腦袋。威利早就習慣身體接觸的運動，對此一點也不在意。他越過平靜的海灣，遇到鐵人賽二十四年歷史最大的海浪時，也沒有失去他的專注力。他每划幾下水，就被迫吞下一口海水，嗆得喉嚨發燙，但仍繼續往前游。

比賽時間來到一小時十六分五十四秒，威利的手指觸碰到科納碼頭（Kona Pier）邊緣船舶下水坡道的柏油路面。他游完泳時，前方有一千一百二十四名選手，後面有四百七十九名選手。威利拼命衝上坡道，超過了至少十二名對手，進入轉換區帳篷。這也是他計畫的一環，善用每個機會來爭取時間或有利位置。

威利用右手靈巧地繫上安全帽、騎上自行車，旋即離開轉換區，騎上長達一百一十二英里的自行車道。前一年，這條路線就改變了。過去，路線是從凱盧阿—科納，延伸到卡哈馬努女王高速公路（Queen Kaahumanu Highway），深入環繞夏威夷大島西海岸的熔岩地帶。現今，選手要先從凱盧阿北郊的舊科納機場國家遊樂區（Old Kona Airport State Recreation Area）繞一圈，再回到凱盧阿村，最後騎上卡哈馬努女王高速公路。騎行路線的變化包括加了數個急轉彎，以及又短又陡的上下坡——所需的騎車技術對於獨臂選手更是困難重重。

在往後的比賽中，威利就有義肢輔助，但那天他得靠自己。對於獨臂車手來說，最困難的還不是設法急轉彎和短陡上下坡，而是要在側風中前進。鐵人賽向來以高強度的側風著稱，威利穿越熔岩區時，他馬上就遇到猛烈的側風。不但要挺直身體騎車，又要保持時速二十英里的速度，可謂難上加難。威利深怕擦撞其他選手，害對方沒辦法比賽，反而不太怕被風吹倒。他知道屆時外界會責怪他身障，後果不堪設想。

為了盡量降低撞到側面對手的風險，威利停下來用擠壓式水壺喝水，而非不用手邊騎邊喝。他討厭因為喝水耗費時間，所以休息次數即少，大約每三十分鐘停下來一次，大約是單獨騎車休息頻率的一半。天氣漸漸暖和起來，威利愈來愈口乾舌燥。

儘管威利飲水量不足又停下來十來次，但他超過的選手比超過他的數量還多。他以五小時四十八分五十五秒的成績，完成了騎自行車的環節，名次上升了近一百位，快要躋身前一千名之內了。威利再次快速通過轉換區，只花不到兩分鐘把自行車鞋換成跑鞋，踏上二十六點二英里的跑步賽道。

賽前，威利曾大膽地發誓要在三小時內跑完馬拉松，每年鐵人賽只有少數選手——幾乎全都是專業運動員——才辦得到。威利開始跑步時，便一心想實現目標開始，覺得自己力量滿滿，超越一個個對手。他變得興高采烈，心想：「真不敢相信我真的在這裡！」他沿著濱海的阿里伊大道（Ali'i Drive）跑著，多年來都夢想自己可以參賽，如今是親眼看到過去只能在無數照片和影片中欣賞到的美景。

跑了八英里後，威利開始熱得難受，因為當時真的很熱，氣溫來到攝氏三十度。到了第十英里，他已精疲力竭，一想到還要再跑十六英里才能到達終點就好想哭。他的配速從每英里七分鐘先降到了每英里八分鐘，再從八分鐘降到九分鐘。威利超越的部分跑者，如今也對威利還以顏色。他自豪的內心專注力，也無力阻止自己速度不斷下滑。但他不願意用走的，暗自發誓自己跑得再慢都不能步行。然後，一位年長男士從威利身邊走過。過了一會，威利不再堅持下去，也走了起來，但只因為當時步行好像反而比跑步還快。

即將到十八英里時，威利看見前方閃閃發亮的卡哈馬努女王高速公路上，有一群車輛逐漸駛來，圍著女子組冠軍跑者娜塔莎．巴德曼（Natasha Badmann），她正準備拿下鐵人賽三連勝。巴德曼與威利四目交接時，她開朗地笑說：「嗨！」

威利並不會因為與名人擦肩而過就大驚小怪，他回憶起那一刻，彷彿有股能量就此轉移。巴德曼固然即將獲得榮耀和高額獎金，但她看起來光是能完賽就無比高興。這有著無比的感染力，威利就此打起精神。前面數英里的路程，他大多數時間都是步行、偶爾才跑個一小段，但現在他又能堅定地向前跑了。他再次開始超越其他選手，愈接近凱盧阿村就跑得愈快。他在阿里伊大道上進行最後衝刺時，覺得自己再跑五英里都不成問題。威利的整體完賽時間是十小時四十八分十五秒，以三小時三十六分四十九秒的成績跑完馬拉松。在馬拉松的環節中，他一共超越了近五百名選手，最後是第五百三十二名，成績排在前三分之一。此外，雖然他並不在意獲勝，但他也拿下了身障組冠軍。

威利三度參加夏威夷的鐵人賽後，才開始從事其他挑戰，包括一百英里登山車賽、一百公里越野賽、二十四小時探險越野賽，以及在大峽谷划輕艇。二〇〇六年，威利贏得了卡塔利娜馬拉松（Catalina Marathon）——不是身障組或年齡組，而是整個比賽的冠軍。

偶爾會有支持民眾或朋友對威利說：「哇，要是你還有兩條手臂，那該有多厲害啊！」

他的回答千篇一律：「那我什麼成就都不會有喔。」

第六章

失敗之禮

二〇一〇年環法自行車賽第九站在阿爾卑斯山聖讓德莫里耶納村（Saint-Jean-de-Maurienne）舉行，綽號「桑托」的毛羅・桑塔姆布羅吉奧（Mauro "Santo" Santambrogio）已快騎到終點線，卻沒有朝著前方看。這位身穿ＢＭＣ車隊紅黑制服的義大利籍成員，沒有盯著前面的比賽計時器來看有多少選手搶先完賽（當時已有四十人完賽），或自己比該站第一名慢多少時間（八分九秒），反而把頭轉向後方，眼神盯著滿臉痛苦的澳洲籍隊長卡德爾・伊凡斯（Cadel Evans）；該站全程二百零四點五公里的最後三十公里，桑托幾乎得陪伊凡斯慢慢騎完，因為伊凡斯在爬當天最後上坡時體力透支了。

完成該站比賽後，卡德爾騎到桑托旁邊，把瘦弱的手臂搭在他肩上，兩人定速前進，安全帽靠著彼此，慢慢停下車來，他疲倦地在桑托耳邊低語幾句感謝的話，接著他語帶歉意，說讓隊員失望了──但還來不及道歉就已鼻酸哽咽。突然，卡德爾把頭倚在桑托胸前，忍不住放聲大哭。桑托弓起雙手、緊緊抱著隊友，眼神流露著憐憫與苦楚。每一秒感覺都如此漫長，隨著一波波強烈情緒來襲，卡德爾的身體也不時顫抖。

見到張力如此飽滿的場景，一群攝影記者迅速圍了上來。其中不少攝影前輩看得目瞪口呆，因為這位澳洲騎士向來面無表情，居然會展現出如此原始的情感。實際上，他們不記得環法任何一站結束時，曾見過自行車手哭得這般淒慘。但他們也能理解。卡德爾不僅僅是輸掉全球最隆重的自行車賽其中一站比賽，還在騎往聖讓德莫里耶納村的路上，被迫看著夢想破滅。

現實世界很殘酷，每天都有夢想破滅，痛苦不在話下，但卡德爾格外讓人心疼。他大半輩子都自帶天選之人的光環，彷彿注定要贏得世界頂尖自行車賽的騎士。卡德爾還記得小時候從父親工具箱內拿出一個扳手，用它撬掉生平第一輛自行車的輔助輪；從那天起，他就一直朝著單車運動最高殿堂穩穩前進，一年比一年更接近看似命定的目標。這條軌跡持續不輟，卻在卡德爾離顛峰剩一步之遙時戛然而止。接著他就停滯不前，感到無比沮喪，然後不進反退，更是讓人抓狂；現今，他像自由落體般墜落神壇，實在不堪。

選手需要具備一定優勢，才有機會成為環法自行車賽冠軍。卡德爾集各種優勢於一身。他有沒有及早開始練騎？當然有。四歲的卡德爾拆下自行車輔助輪後做的第一件事，就是到自家簡陋屋子附近的泥巴路上騎車，在巴倫加（Barunga）這個小村落內「壯遊」一番。巴倫加是澳洲北領地與世隔絕的原住民社區。卡德爾固定會在吃完午餐後騎車出門，快天黑都還沒回家，害父母還得去找他。多年後，他當上職業自行車手，認為童年探險的經歷是自己成長為運動員的重要因素。他當初只覺得好玩，但到頭來都是替未來做準備。

他有沒有遇到機會？也有。卡德爾成年後，登山車賽在澳洲方興未艾，這項運動特別適合他。他駕馭胖胎單車的技術成熟，很快便獲得坎培拉（Canberra）澳洲體育學院（Australian Institute of Sport）的入學邀請。在該學院，卡德爾得以與頂尖教練合作，與其他才華洋溢的年輕運動員運用一流設備上訓練。卡德爾在學院就讀僅僅一年後，登山車賽就成為奧運比賽項目。卡德爾獲得參賽資格，在亞特蘭大奧運中獲得了第九名。當時，他還只是一名青少年。

他有沒有天賦？當然有。在體育學院，卡德爾接受了詳盡的健康檢查，包括有氧能力、功率體重比和肺容量檢測，結果出現該學院十四年歷史以來最漂亮的數字。卡德爾的最大攝氧量是健康年輕男性平均兩倍以上，功率體重比則超過環法自行車賽大多數的歷屆冠軍。

十年後來到二〇〇五年，卡德爾首次參加環法自行車賽；他開始參加公路車賽的契機，是有次騎著借來的單車參加世界青少年公路車計時錦標賽（World Junior Time Trial Championship）榮獲銅牌。彷彿命運安排，卡德爾首次參加的環法自行車賽，正好是藍斯・阿姆斯壯（Lance Armstrong）最後一次參賽（但四年後他復出了）。所有人都曉得，美國選手阿姆斯壯會創下七連霸的紀錄。但更值得玩味的問題是：誰會成為阿姆斯壯的接班人？三週後，這個問題有了明確的答案。卡德爾獲得第八名，領先所有其他環法賽新秀。更重要的是，他比前七名騎士都還年輕。假如他在未來的環法賽中名次繼續往前（一般在預料之內），那看來很可能至少會有一次贏得環法賽冠軍。

他也確實不斷進步。在二〇〇六年的環法自行車賽中，卡德爾在所有的高山站都名列前茅，還有兩次優異的計時賽成績，最終獲得第五名的佳績。冠軍佛洛伊德・蘭迪斯（Floyd Landis）後來因服用禁藥被取消資格時，卡德爾更晉升第四名。

幾乎沒有任何車評預測卡德爾會在二〇〇七年的環法比賽中，直接從第四名躍升至第一名，但這位天賦異稟的澳洲選手卻在所有人的最終名單中。他為自己訂定登上領獎台的漸進式目標，藉此來減輕心理壓力，這真是明智之舉。身為只往前看的明日之人，卡德爾決定最後一次參加環法賽，爬坡表現得前所未有地好，計時賽成績也大幅提升。在比賽第三週，領先群雄的黃衫騎士麥可・拉斯穆森（Michael Rasmussen）和暫居第二名的亞歷山大・維諾克羅夫（Alexander Vinokourov）因為未通過藥檢被迫退賽，卡德爾的總排名忽然就從第四名跳到第二名。

在第十九站關鍵計時賽開始前的早上，卡德爾仍落後當時的領先騎士阿爾貝托・康塔多（Alberto Contador）一分五十秒，但他已有資格站在領獎台上了。卡德爾可以在計時賽中採取守勢，保衛自己的名次，也可以主動出擊、機會渺茫也要求勝。他選擇了進攻，臨危不亂，繳出職業生涯最漂亮的一張成績單，完賽時獲得第二名，僅次於美國選手列維・拉菲默（Levi Leipheimer），但後來拉菲默（想也知道）承認使用禁藥，卡德爾因而成為該站冠軍。不過，這場勝利苦樂參半。卡德爾的總成績仍略遜康塔多，多出二十三秒，以第二名之姿抵達終站巴黎。

卡德爾差點奪冠一事，在澳洲家鄉引發轟動，立即成為國家英雄，甚至在一項大型媒體民調中，獲選為澳洲最受愛戴的運動員。生性典型內向的他沉默寡言，經常被誤解為陰沉或易怒，卡德爾習慣避開外界關注。如今澳洲人民都滿心期待，盼望他贏得下一屆環法賽，而卡德爾職業生涯也平步青雲；每年，他都離顛峰更近一步，而現在真的只剩一步了。卡德爾進步的不二法門，就是獲得自行車運動的最大榮譽。即使沒有外界各種眼光，他的壓力也夠大了。

卡德爾不僅僅背負著個人的期望和國家的希望，幾乎整個自行車界都盼著他在二〇〇八年環法自行車賽奪冠。而正如同每項大型運動賽事，環法賽也是博奕圈的重點；二〇〇八年比賽前夕投注截止時，卡德爾是大熱門，賠率三比一。在第十站結束後，卡德爾職涯首度穿上比賽領跑者的黃衫，押他贏的大筆金額看起來十拿九穩。他成功領先了好幾站，一直到五天後，他在第十五站最後的爬坡路段撐不下去了，黃衫也輸給了盧森堡的法蘭克・施萊克（Frank Schleck）。

接下來數天，卡德爾一路跌到第四名。在第十六站結束後，有名過分熱情的攝影記者，在卡德爾從終點線前往車隊巴士的途中，擋住了他的路，導致他挫敗感頓時爆發。卡德爾低下頭，用安全帽撞向攝影機。這段影片直接上傳到YouTube，替他圈了一些新粉絲，卻也招致更大批評聲浪。

卡德爾恢復足夠的鎮定，再次在第二十站計時賽表現英勇，讓他在巴黎獲得第二名，落後西班牙選手卡洛斯・薩斯特雷（Carlos Sastre）五十八秒。卡德爾連續第二年，以不到一分鐘的差距輸掉環法自行車賽。

一年的變化太大了。卡德爾在二〇〇七年奪得亞軍時興奮不已，二〇〇八年獲得同樣成績卻只感到噁心；三十一歲的他，已是參加過四次環法自行車賽的老將，不禁懷疑自己是否再也沒機會了。

又一年過去了。卡德爾以壯士斷腕的態度參加二〇〇九年環法賽。他後來說：「對我來說，目標就是贏得比賽，沒別的了，要是只有第二或第三名，二〇〇九年環法就不值得一提了。」

卡德爾．伊凡斯最後排在第三十名。對他來說，二〇〇九年環法賽還沒開始就結束了。在第四站的團體計時賽中，卡德爾隸屬的樂透車隊（Silence-Lotto）以兩分三十五秒的差距，輸給了阿斯塔納（Astana）車隊，後者陣容包括卡德爾的勁敵阿爾貝托．康塔多。這場慘敗完全出乎意料，全隊都要為此承擔責任。

然而在第十五站，卡德爾怪不了別人。該站是當年環法賽中最艱難的高山站，他又比康塔多慢上八十六秒。豈料他在第十六站輸掉了將近四分鐘，相比之下根本小巫見大巫。

批評聲浪毫不留情。不少車評選擇將卡德爾二〇〇九年崩盤的成績，解讀成上天的啟示，而不是單純表現反常。他們都說，卡德爾終究不是天選之人，而是代表了完全不同的原型：前途無量卻命運多舛的運動員，缺乏攀上顛峰的最後條件——「無以名狀」的特質。

「伊凡斯是一名了不起的騎士，」一名部落客寫道，「但對我來說，他老是少了某種特質，每次被迫要騎上坡時，可能是毅力不夠，或是弱點就跑出來了。」一般對於卡德爾的常見批評是，他太過小心翼翼，缺乏游刃有餘的自信。常言道，真正的贏家懂得放手一搏的時機。

所幸卡德爾後來扳回一城，在二〇〇九年九月的環西自行車賽（Vuelta España）中獲得第三名，後來更拿下世界自行車公路賽冠軍。但那時，他已下定決心要做出改變。比利時自行車製造商 BMC 贊助的一支美國車隊曾表示，有意把卡德爾從樂透車隊挖走，他也有心動，因為他知道若沒有更強車隊的加持，自己可能永遠贏不了環法賽冠軍。在世界錦標賽前兩週，卡德爾在蘇黎世一家飯店會見 BMC 車隊成員喬治・辛卡皮耶（George Hincapie）這位職業巡迴賽備受敬重的騎士。後來在二〇一一年一本類似卡德爾傳記的書中，辛卡皮耶描述了那次會面的情境。

「我真的覺得你會喜歡這支車隊，」辛卡皮耶說，「我也真的相信能幫你站上環法賽的領獎台。」

卡德爾怒視著辛卡皮耶。

「我早就上過領獎台了，」他不滿地吼道，「我有兩次站上環法賽的領獎台了，但是我最想要的是第一名！」

隔年七月，卡德爾排隊參加他第六度環法自行車賽開場時，身穿著BMC車隊紅黑制服。截至二〇一〇年賽季，他的成績一直很穩定——包括取得環義自行車賽（Giro d'Italia）以及瓦隆之箭（Flèche Wallonne）一日經典賽勝利——而且環法開賽就告捷。在第三站，主車群出乎意料地分裂成兩批，他順利加入速度較快的那批，最後當日總排名第三。五天後，儘管他不慎摔車，身體左側重重著地，他還是奪得了領騎黃衫。

然而，這場勝利的代價慘痛，因為摔車導致手肘骨折。隔天，卡德爾忍著劇痛開始了高山站的比賽。由於無法將全力踩著踏板，他只能靠隊友毛羅·桑塔姆布羅吉奧拉著他完成最後一段爬坡，最後比領先群整整落後了八分鐘多，完全大勢已去。穿過終點線後，卡德爾把臉靠在桑塔姆布羅吉奧的肩上，不禁啜泣起來，畢竟此生最大的夢想硬生生被奪走、付之東流。他最後以第二十五名的成績完成該屆環法賽。

夢想就此破滅，但果真如此嗎？

二〇一三年，紐約州立大學水牛分校（State University of New York at Buffalo）心理學家馬克·席里（Mark Seery）測試了大學生對於疼痛的耐受力，方法是要他們把單手浸入冰水中，看自己能忍多久不抽出水面。之後，學生都填寫了一份問卷，其中包括童年面臨逆境的問題。研究發表在《心理科學》（*Psychological Science*），結果顯示成長過程中負面經歷最少的學生，對於疼痛的耐受力偏低，但經歷了一連串童年創傷的學生耐受力也差不多。手放在冰水裡最久的學生，成長過程反而既非養尊處優也非命運多舛，而是介於兩者之間。

席里的同事對於這些發現並不意外。針對韌性的研究也得出了類似結果：韌性是所有因應技巧的源頭，定義是應對逆境的整體能力。韌性這項特質，讓人身處難關一段時間後，發展出足以克服難關的特定因應技巧。就像前文的疼痛耐受力一樣，童年經歷過少數逆境的男女展現最大的韌性。整體來說，對於韌性的研究顯示，疼痛耐受力高的人面對失業或罹癌的壓力，可能會有優於平均水準的因應能力，也更有可能曾經歷不大不小的心理創傷。由此可見，適度的不幸是加強心理素質來忍受磨難的必要條件，但過量的創傷則會留下深深的瘡疤。

菁英運動競賽的既有難題，就是運動員得具備強大韌性，而韌性又需要過去的逆境來養成。無怪乎在許多運動的最高殿堂中，多半是人生曾烙下心理創傷的運動員。二〇一二年，運動心理學家戴夫·柯林斯（Dave Collins）和艾尼·麥克納馬拉（Aine MacNamara）在《運動醫學》期刊上，發表了一篇題為《通往顛峰的崎嶇之路：為什麼天賦需要創傷》（*The Rocky Road to the Top: Why Talent Needs Trauma*）的論文，他們主張：「運動員從『人生』創傷中累積的知識和技巧，以及把其中收穫運用到全新情境的能力，明顯會影響他們投入運動的發展和表現。」若此言屬實，那人生順境可能反而會讓成長中的運動員有顯著劣勢。

部分專家提出，韌性可能對耐力運動員特別有益。每項運動都有難關，但相較於籃球賽等運動，自行車賽更像把手浸入冰水中。所有運動員都經歷過失敗，要有韌性才能捲土重來。但耐力運動員的韌性在每場比賽中都受到考驗，在極度痛苦的時刻，運動員內心似乎在問：「**你有多想贏？**」

耐力運動冠軍在童年經歷過嚴重心理創傷的例子不勝枚舉。為美國贏得一九七二年奧運馬拉松冠軍的法蘭克．肖特（Frank Shorter），小時候曾被父親殘忍家暴。後來，肖特坦承，可能正是這段經歷讓他比其他跑者優秀。在二〇一一年某次專訪中，他表示：「我發現，你只要知道痛苦即將來臨……然後知道情況會多糟糕、持續多久，就會培養出度過難關的能力。我覺得，或許這個能力轉移到跑步了。」

至於這種轉移如何發生，科學家們還有太多不了解的機制，但已從腦部造影研究中，獲得了很有意思的線索。舉例來說，針對二〇一一年引發災難的日本海嘯與地震倖存者的研究顯示，凡是大腦前扣帶皮質較大（意味著功能較強）的人，發生創傷後壓力症候群的機率較低。在發生內在衝突時，大腦前扣帶皮質發揮著至關重要的作用，例如賽跑時在放慢速度和繼續衝刺中之間拉扯。耐力運動已知可以強化大腦前扣帶皮質，而一個人克服創傷經驗所獲得的因應技巧，可能也會強化這個部分，培養出更具韌性的耐力運動員。

無論冠軍選手過去是否比其他人經歷了更多逆境，他們多半都認為自己是被苦難給打磨出來。二〇一二年奧運，格洛斯特郡大學（University of Gloucestershire）心理學家穆斯塔法·薩卡爾（Mustafa Sarkar）和同事訪問了八位金牌得主，再從他們的回答中尋找主題，研究結論發表在《內省實踐》（*Reflective Practice*）期刊中。研究人員指出：「參與者遭遇了各式各樣的逆境，運動與非運動相關皆有，他們認為這些是贏得金牌的關鍵，其中包括一再遭到淘汰、輸掉重要賽事、嚴重受傷、政治動蕩和親人去世。參與者說明了這些經歷對於心理和運動表現的影響，特別著重於隨之而來的創傷、動機和收穫。」

值得注意的是，這些運動員列舉的許多逆境，都是發生在運動情境中的挫折。這個發現顯示，運動員不需要在日常生活體驗到重大創傷，也可以鍛練自己的韌性，運動本身就能培養強健的內心。但這也意味著，凡是童年相對較無創傷的運動員，可能真的仰賴運動挫折的考驗，以培養一流水準的韌性。具備絕佳天賦與好運的運動員——像是卡德爾．伊凡斯——想要培養韌性，可能就處於雙重劣勢。這並不是說他們必然心理素質弱——認識卡德爾的親友沒說過他不夠堅韌——但可能就缺乏拿下環法賽冠軍（而不是亞軍）所需具備的韌性。

這些運動員是否注定了差一步就能攻頂卻停滯不前呢？綜觀歷史，並非如此。有些「過於幸運」的運動員仍然足夠堅韌，找到那一點必要的額外韌性跨出最後一步。值得一提的是，許多被各種優勢「寵壞」的運動員，多次未能達成夢寐以求的目標，深深的挫敗感令人氣結，最後卻也促成職涯中期的嶄新突破。

美國中長跑運動員尼克．西蒙茲（Nick Symmonds）就是這個現象的有趣案例。尼克的父母分別是外科醫師和教師，他在愛達荷州首都波夕市（Boise）接受典型的美國教育，不僅當上象徵最高榮譽的鷹級童軍（Eagle Scout），還多次獲得全州田徑賽冠軍。儘管運動上的成就斐然，尼克仍然拒絕了名校的高額獎學金，選擇進入威朗美特大學（Willamette University）就讀。威朗美特大學屬於ＮＣＡＡ第三級別（Division III），沒有為運動員提供任何經濟支持，但西蒙茲家族財力雄厚，讓尼克可以按照喜好選擇大學，不需要考量其他因素。二〇〇六年畢業後，尼克與運動品牌 Nike 簽約，後來接連五次獲得全美八百公尺冠軍。在每次比賽中，他都不斷優化急起直追的跑步策略，第一圈故意維持在主要跑者群後方，然後在第二圈追過所有人。

但儘管尼克在美國所向披靡，他卻無法在主要國際賽站上領獎台。在二〇〇七年世錦賽和二〇〇八年奧運上，他都沒能取得八百公尺決賽的資格；在二〇〇九年和二〇一一年世錦賽上，他只分別獲得了第六名和第五名。每次他都離顛峰只有一步之遙，卻硬生生地卡關。

戴夫．柯林斯和艾尼．麥克納馬拉寫了一遍探討運動員韌性的論文，他們指出，「低潮」往往成為韌性成長的「轉捩點」。尼克的低潮出現在二〇一二年奧運八百公尺決賽，這是公認史上最精采的半英里賽跑。肯亞選手冠軍大衛．魯迪沙（David Rudisha）打破了世界紀錄，尼克則跑出了自己職涯最快成績，也是史上成績名列前茅的美國選手。但他最終拿下了第五名，甚至不是排名最前面的美國人，因為第四名是美國選手杜安．所羅門（Duane Solomon）。

比賽一結束拍下的尼克照片顯示，他雙手抱頭、滿臉吃驚地難以置信。在那悔恨表情的背後，蘊藏著強烈的心理變化；那一刻，尼克覺得自己真是輸夠多次了，不想再與獎牌無緣了。

下個賽季開始時，尼克發誓要放棄慣用的「急起直追」策略，改為直接全力以赴。履行這一承諾很簡單卻也可怕，就好像直接從飛機上跳下來，相信未用過的降落傘會打開：都是孤注一擲的問題。在二〇一三年美國田徑戶外錦標賽上，尼克輸給了恐懼。他不但起跑慢了，還被困在護欄邊，最後又輸給杜安・所羅門。

僅僅一週後，尼克在倫敦再次與所羅門交手。這次尼克對自己發誓，不會讓這名年輕對手溜走。原則上，尼克要跟著所羅門的步調輕而易舉，所羅門老是在比賽開始就飆高配速，比賽初期只要尾隨他即可。但要真正做到這一點，尼克必須克服一般半英里跑者最大的恐懼：後繼無力。

「我知道，如果自己耗盡體力、玩完了，就只能把它當成學習的經驗囉。」他在倫敦那場對決後表示。

比賽開始後，所羅門全速跑到領先位置，尼克緊隨其後，臉上露出浮誇的堅決眼神。

電視賽評提姆・哈欽斯（Tim Hutchings）表示：「這是尼克・西蒙茲罕見一開始就發動攻勢，實在很不尋常唷。」

尼克一直跟在所羅門後面，直到兩人跑過最後的彎道。尼克非但沒有耗盡體力，還發現自己有足夠力量加快步伐，便輕鬆地超越所羅門，以一分四十三秒六七的成績贏得比賽，締造他職業生涯上第二快的成績。

在二〇一三年世錦賽上，尼克表現得更加積極，在八百公尺決賽還剩一圈時他便領先群雄，腦海中迴響著不同的念頭：不要浪費大好機會。他一直保持領先，直到將衝過終點線那一刻，衣索比亞選手穆罕默德．阿曼（Mohammed Aman）才超越他。儘管如此，尼克還是獲得自己的首面國際賽獎牌——銀牌——他要感謝先前的失敗。他在比賽中屢次未能拿出最高水準，正好賦予他在這些失敗中所缺乏的成功要素。

不斷的失敗就像走在燒熱的煤炭上，走向一面不斷後退的牆——宛如薛西弗斯一再重覆的噩夢。最終，這種挫敗感的循環，會讓運動員感到氣餒或憤怒。而憤怒的反應比氣餒更可能打破循環，促使運動員能達到目標。《彈性：堅韌的生活》（*Bounce: Living the Resilient Life*）一書作者暨心理學家羅伯．威克斯（Robert Wicks）把這類憤怒幻化的決心稱為**美好的反感**（sweet disgust）。這個詞恰當地傳達了一個觀點：在受夠了的心理狀態中，存在著有益健康的憤怒因子，足以點燃正向的改變。美好的反感其實是挫敗的反面、是反擊的決心；若缺乏憤怒，便難以有效反擊。在其他條件相等的情況下，打架中較為憤怒的一方往往會獲勝。若用心理生物學的術語來說，美好的反感藉由提升了潛在的動機，或運動員願意忍受的最大感知辛勞，來提高整體表現。

二〇〇一年，荷蘭萊頓大學學者薩賓・詹森（Sabine Janssen）和同事們先引起志願受試者的憤怒情緒，再對他們進行疼痛耐受力測試；同時，對照組志願者則在普通情緒下進行同樣的測試。詹森的研究團隊把結果刊登於《心身研究期刊》（*Psychosomatic Research*），指出受試者在生氣時，對於疼痛的耐受力明顯更強。九年後，烏特列支大學（Utrecht University）學者漢克・阿爾茲（Henk Aarts）與同事在《心理科學》期刊發表一篇報告，表示在一項握力測試中，受試者被引發憤怒後，表現也顯著提升。疼痛和感知辛勞不太一樣，力量和耐力也不盡相同，但相似度夠高，故可預料憤怒會以差不多的方式影響感知辛勞和耐力運動表現。

這是否意味著，耐力運動員得想方設法來生氣呢？當然不是。但這確實顯示一件事：我們可以把失敗當成一種動機，只不過是帶有憤怒色彩的「陰暗面」動機。這類具備效益的憤怒是很實用的因應技巧，凡是經歷過多次失敗的耐力運動員都內建此技巧。

卡德爾・伊凡斯連續六年未贏得環法自行車賽冠軍，他覺得受夠了。二〇一〇年，他完賽成績是第二十五名，讓他無比崩潰，日後更難以釋懷，這是他在運動圈或人生中從未體驗過的心魔。但卡德爾隱約覺得，這次失敗——以及之前遭遇的種種失望——說不定其實是再好不過的事了。他在提及贏得二〇〇九年世界自行車公路賽時，對魯伯特．吉尼斯（Rupert Guinness）說：「一次又一次與冠軍擦身而過，反而讓我維持在不滿足的狀態。我愈去回顧自己職業生涯的發展，就愈慶幸自己沒有太早贏得比賽，這樣我才不會自滿。」

對於環法自行車賽，他也說得出同樣的話嗎？

*

在二〇一一年環法自行車賽的備賽過程中，卡德爾不僅善用多次累積失望，在心中激起的美好反感，還藉助自己在前六次環法賽中學到的慘痛教訓。這類行為也常見於受夠失敗的運動員身上，他們的創造力和努力不懈，都可看到從失敗培養出來的韌性。「受夠了」的心態會促使運動員嘗試新事物，例如尼克．西蒙茲就改變了比賽策略。換句話說，失敗也激發了繞路效應，只是這是不同於神經可塑性的繞路效應；神經可塑性是與生俱來的因應技巧，運動員在面對體能下降時，便會運用神經可塑性來展現適應力，可再參照第五章的內容。

卡德爾正視失敗蘊藏的一線希望，也肯定失敗伴隨的激勵效果。他在《接近飛翔》（*Close to Flying*）一書中說：「在這些時候，你變得更堅強，也學到更多東西。你必須重新檢視自己的基本功；即使只是手肘骨折後騎車，你也得改變姿勢，而這個改變說不定對你是好事，像是出乎意料地提升騎車效率。」

卡德爾學到的教訓之一，就是開賽時務必要保有充足的腿力。他覺得自己在二〇一〇年環法賽前就消耗過度了，於是在義大利萊加諾（Legano）與BMC車隊教練和經理們會面計劃二〇一一賽季時，把這個看法告訴他們。於是，眾人商定好一個時程表，讓他抵達法國前，最多只能累積三十到三十三天的比賽，比前一年少十天左右。

這個計畫最後奏效。當年六月，卡德爾參加了為期一週的環多菲內車賽（Critérium du Dauphiné），許多頂尖環法賽選手都把它當成「小環法」，藉此進行最後調整。他的成績僅次於英國人布拉德利・維金斯（Bradley Wiggins），完賽的感覺比開始的體能狀況更好。

儘管小環法的表現優異，環法賽前投注結束時，卡德爾獲勝的賠率為二十五比一。網路媒體 roadcycling.com 的編輯認為，他最後會拿下第五名。短短數年內，媒體給他的稱號從「無敵先生」變成「卡德爾是哪位？」」畢竟他當時三十四歲了，過去只有一位這個年齡以上的騎士贏得環法賽，更何況沒有任何選手連輸六次後還能奪下冠軍。

二〇一一年環法賽第一站全長一百九十一公里，大部分是平地賽，起點在大西洋岸，一路向內陸延伸，最後騎上短坡才是終點。在距離終點還有八公里時，發生連環追撞事故，領先群被一分為二。卡德爾當時位置剛好在前面，不受意外的影響。外界普遍看好、投注賠率四比六的阿爾貝托・康塔多落後時，BMC車隊立即加快速度，盡量拉大與他的時間差距。卡德爾長期壓抑的挫敗感最佳宣洩對象，莫過於康塔多了，畢竟康塔多才是他攀頂之路的最大障礙。在往終點線的短暫爬坡上，卡德爾發動了一次猛烈的突襲，得以比其他數名對手快上寶貴的三秒，包括法蘭克・施萊克和亞歷山大・維諾克羅夫。在過去的環法賽中，卡德爾不常表現出如此明顯的投機心態。由於在二〇〇七年環法賽中，他只落後了不到半分鐘，因此他決定這次要分秒必爭。

第二站是團體計時賽。為了避免重演二〇〇九年環法賽卡德爾前車隊的慘烈成績，卡德爾與BMC隊友在二〇一一年環法賽開始前一個月，在一級方程式賽道上練習團體計時賽。儘管進行了演練，就在該站全長二十三公里的兩公里處，曼紐爾・

昆齊亞托（Manuel Quinziato）和馬庫斯・布格哈特（Marcus Burghardt）這兩名隊友落隊，只剩下七名騎士分擔重任。儘管如此，其餘隊友還是重整旗鼓，以並列第二的成績完賽，比康塔多的阿斯塔納車隊快二十八秒。卡德爾在積分總排名上升到第三，僅落後領先的索爾・胡修夫（Thor Hushovd）一秒。

第三站發生了更多摔車事故，這站全長一百九十八公里，由濱海奧洛納（Olonne-sur-Mer）到勒東（Redon）。卡德爾騎在大隊最前面，四周都是隊友，因此未被事故牽連。卡德爾在BMC的副將堅持要讓自家主將在比賽中名列前茅、不受任何意外干擾，這激起部分頂尖選手的怒火，他們各有自己的理由，力求在平坦賽站保持領先。喬治・辛卡皮耶提醒BMC成員，他們來此的目的可不是交朋友，而是要贏得環法自行車賽；辛卡皮耶也許是回憶起二〇〇九年與卡德爾在蘇黎世的談話，才會說出這番叮嚀。

在第四站，意外就來臨了。在比賽還剩十五公里時，一名車手撞上了卡德爾車子後方變速器，導致無法完全正常作用。卡德爾繼續騎下去來克服問題，但辛卡皮耶依據個人經驗，這樣只會每下愈況，堅持要他暫停一下來換自行車。換好車後，卡德爾遠遠落後比賽中其他一百九十五名選手。馬庫斯・布格哈特在團體計時賽中表現欠佳，急著想彌補自己的疏失，於是放慢速度到後方，護送主將騎到前面。不出數分鐘，卡德爾跟著布格哈特的節奏，便追上了前方的勁敵。如同第一站，這一站的終點位於陡坡。康塔多亟需縮短數秒的差距，選擇在終點線前發動猛攻。卡德爾也毫不客氣，拼命追上對手，最後兩人差距之近，得靠照片判定才拿下這站勝利。在不到十英里的距離內，卡德爾從最後一名躍升為第一名，這是他首次當下獲得環法自行車賽站的勝利。

接下來三站是為競速型選手量身打造，但即使如此，卡德爾在那數站平均排名第十五——對於既不參加競速賽、也不輔助競速型隊友的人來說，這是非常高的排名。該車隊讓卡德爾保持領先的策略顯然奏效了。

第八站共有四次分級爬坡，包括第三級（Category III）爬坡到山頂終點，讓一流爬坡型選手有首次一爭高下的機會。卡德爾在騎向終點線的衝刺中，擊敗了康塔多等數名選手，獲得了當日第三名，落後第一名十五秒。媒體終於開始正視卡德爾不容小覷，記者巴里．萊恩（Barry Ryan）在 cyclingnews.com 直播報導中坦承：「卡德爾．伊凡斯可能是在那次爬坡賽中最令人欽佩的選手。」隔天的路線中，選手們則要通過八個分級爬坡，卡德爾再次率領眾人到達終點，可惜沒有搶到時間。

七月十一日星期一，環法賽在位於中央高地（Massif Central）聖佛盧爾鎮（Saint-Flour）稍作休息。在BMC車隊下榻飯店所舉行的新聞記者會上，卡德爾滿臉愉悅又放鬆，他告訴記者：「我和教練為了這次環法賽非常努力，先前訓練了好幾個月，加上好多年來的經驗，我們規劃得非常仔細，所以我對現況非常滿意。」他當時的態勢確實很理想：穩居第三名，尚未承受穿黃衫的壓力，也知道自己完全有能力在接下來的高山站中，狠狠地給前兩名騎士顏色瞧瞧。

不過，卡德爾精神充沛的泉源，不只來自他當時的有利地位。記者們發覺，這位兩屆環法亞軍得主，散發著以往沒有的平靜氣質。競爭對手也注意到，卡德爾舉止更放鬆了，甚至比過去環法賽顛峰時期的他更自在。他們不曉得的是，這股平靜的源頭是憤怒——確切來說，是二〇一〇年環法賽結束後，卡德爾內心滋生的美好反感，他把這個感受帶到了今年的賽事中。一般不會認為憤怒是讓人安心的情緒，但這種把失敗轉化為韌性的厭倦感就有此效果。運動員若擁有成功所需的一切條件，卻缺乏最高水準的韌性，心理就會高度依賴比賽順利進行，即不想面對太多逆境；而這樣的依賴讓他們容易緊張、出現情緒反應。另一方面，受夠挫敗的運動員不再指望受益於控制不了的事物，而是決心為比賽負起全部責任，對抗過去和未來的逆境。這份不斷醞釀的決心，賦予運動員能動性與主控權，也因此感到安心。這就是卡德爾參加二〇一一年環法自行車賽的心態，他如今看起來根本不像是會頭捶攝影機的人；他現在懂得控制情緒、積極主動，不再張牙舞爪、落入慣性。

賽事休息一天後，車隊花了兩天沿著中央高地向庇里牛斯山前進，選手們料將會有精采的火花。目前在總排名中，康塔多落後卡德爾超過一分半鐘，必須主動進攻。法蘭克和安迪·施萊克分別只落後三秒和十一秒，但兩人的計時賽表現都沒有卡德爾來得出色。因此，他們也有壓力要積極往前騎，以免在第二十站計時賽開始時，缺乏所需的緩衝來阻止卡德爾贏得環法自行車賽。但預期中的激烈交鋒卻未出現。在第十二站到第十四站的八大爬坡，選手們頂多只是互相試探實力，如此裹足不前的競賽態度招致車迷批評，卻也加深外界對第十八站的期待，即二〇一一年環法自行車賽「女王站」（Queen Stage）：全程長達兩百公里的死亡之旅，一路穿越阿爾卑斯山，從皮內羅洛（Pinerolo）到加利比耶·塞爾舍瓦利耶（Galibier Serre Chevalier），其中包括三大「級別破表」的終極爬坡路段，現在看似從卡德爾·伊凡斯奪取比賽掌控權的最後良機。

BMC車隊對於女王站的計畫，是讓卡德爾的兩位副將馬庫斯·布格哈特和布倫特・布克沃特（Brent Bookwalter）率先突圍，希望能幫助卡德爾完成當天最後一段爬坡——二十二點八公里的雄偉加利比耶山（Col du Galibier）。但布克沃特在倒數第二座山——險峻的伊佐德山（Col d'Izoard）——體力不支，被迫提前撤退，導致計畫失敗。更糟糕的是，三名ＢＭＣ護衛卡德爾的隊友——辛卡皮耶、昆齊亞托和麥可・沙爾（Michael Schar）——在同次爬坡中後繼無力，而伊凡・桑塔羅米塔（Ivan Santaromita）先前摔車膝蓋傷勢發作。安迪・施萊克原本在第十六站落後卡德爾的時間從三秒增加到一分十八秒，眼見ＢＭＣ車隊出現弱點便發起進攻。卡德爾決定先不追趕，畢竟距離終點還遠，他不想像施萊克冒著孤注一擲的風險。

這一切終究是數字說了算。卡德爾在該站最多可以輸給施萊克七十七秒，但依然保持在總排名領先。在最壞的情況下，他可能最多比施萊克慢三分鐘，但仍有機會在第二十站個人計時賽中超越他。這是根據兩人過去計時賽的個人表現差異來判斷。但他當然不會希望差距如此接近。

在伊佐德山的山頂上，施萊克領先卡德爾車隊兩分多鐘。這位身材瘦長的美洲豹隊（Leopard Trek）主將在隨後騎下坡時冒著巨大風險，試圖趕上隊友麥克西姆・蒙福特（Maxime Monfort），他先前與布格哈特和布克沃特都在突圍選手群。施萊克成功追上蒙福特，兩人共同拼命往前騎，接近加利比耶山腳時，已把優勢擴大到比卡德爾車隊領先近三分半鐘。該座山較低的山坡並不特別陡峭，但對卡德爾最後一名隊友——法國籍選手莫納德（Amaël Moinard）——仍然太過辛苦，他跟不上愈來愈稀少的追趕群手配速，導致卡德爾孤立無援。

卡德爾環顧四周，尋找身處同樣窘境的選手——若施萊克到達加利比耶山頂終點前，依然保持領先優勢，那其他人贏得環法賽的希望就會破滅——可能的話就組成追兵群。他問穿著領騎黃衫的湯馬斯・維克勒（Thomas Voeckler）能否幫忙，但維克勒搖了搖頭，他的速度已快到極限，不打算在追趕群前方衝鋒陷陣；康塔多似乎也撐得很辛苦，而法蘭克・施萊克當然不會去追趕自己的弟弟暨隊友。

卡德爾的耳機傳來BMC體育總監約翰・勒朗格（John Lelange）急切的聲音。安迪・施萊克已領先超過四分鐘，卡德爾現在非衝不可，他必須靠自己了。

沒有人生來就能贏環法自行車賽，卡德爾早已想通了。但他強烈地感受到這輩子都是為了這一刻準備。卡德爾距離他人生最重要的終點線有十一公里、垂直高度一千八百英尺（約五百四十八公尺）。若他比施萊克快兩分鐘跑完這段距離，他的大夢就會成真。若他未能如願，便無法贏得環法自行車賽——不但今年贏不了，以後也沒機會了。此刻，無論是團隊合作、使詐、注意細節等任何環法賽奪冠的要素，都派不上用場。卡德爾的命運，完全取決於自己是否有足夠韌性脫離當前困境。卡德爾還是二〇一〇年在毛羅・桑塔姆布羅吉奧肩上大哭的自己，他必定會再次失敗，內心痛苦不已。若他真的因為上次失敗脫胎換骨，他就還有奪冠機會。

卡德爾站起身子，從團隊前面衝了出去，就像一隻杜賓犬硬把庭院鍊子扯斷。皮耶・羅蘭（Pierre Roland）迅速反擊，追到卡德爾的後方，身後緊跟其他數名選手。卡德爾重新坐回座墊，但繼續拼命踩著踏板。雖然在公路上騎了多年，他仍然像登山車手一樣騎著車，向前弓著腰，軀幹幾乎與地面平行。他的臉上鮮少出現表情，但他下拉的嘴角可以清楚看出他的努力。

卡德爾暴露在陣陣來襲的山風中，背後騎士們都不願意幫他分擔。那就罷了，卡德爾又從座墊上站起身、設法再拼一下，自行車平穩地左右搖晃，他幾乎用盡肩膀和腳趾之間每條肌肉，設法借用車子的動能。這樣騎車的姿勢讓股四頭肌承受最大壓力，一股灼燒感遍布肌肉，每踩一下踏板就更為灼熱，卡德爾被迫再次坐回墊上。

卡德爾經過標記著剩十公里到山頂的橫布條下方，得知自己將與施萊克的四分鐘差距才縮小僅僅十秒。這樣一來，這位美洲豹車隊騎士總排名仍會領先卡德爾兩分多鐘。他現在僅存的希望，就是把施萊克逼到騎車節奏紊亂，但前方的施萊克看起來仍然體力充沛，甚至剛剛甩掉緊追的最後一名突圍車手，即阿斯塔納車隊的麥克西姆・英格林斯基（Maxim Inglinskiy）。施萊克如今不僅在該站處於領先地位，更暫居環法自行車賽總排名第一。

為了提振卡德爾的精神，約翰・勒朗格從後方隨行車輛中，逐一說出每名無力跟上的車手名字：首先是當天起始總排名第五的薩米・桑切斯（Sammy Sanchez），再來是卡德爾先前登山賽勁敵萊德・海捷達爾（Ryder Hesjedal）體力不支；片刻後，出色的爬坡型美國籍選手克里斯汀・范德・維德（Christian Vande Velde）也不見蹤影。這些男子選手全都騎在卡德爾車尾形成的真空帶（slipstream）中，消耗的力氣至少比卡德爾少上十％，但他的超高配速實在是太可怕了。

施萊克從五公里橫布條底下通過，來達了最陡峭的爬坡路段，路面坡度高達九％。他九十分鐘前發動攻勢以來，首次從座墊上站了起來，他只有開始覺得費力才會如此。與此同時，施萊克把目光投向山頂，不知不覺間，動能開始慢慢流失。

在他身後三分八秒處，卡德爾也抬頭望向山頂。他經過一個髮夾彎時，看到了前方道路的遠景，發現了施萊克周圍擠了一堆車輛，立即感到一股腎上腺素湧現，因而再次狂飆起來。後方辛苦追趕的選手們愈來愈少，二〇〇七年環法賽以二十三秒擊敗卡德爾奪冠的阿爾貝托・康塔多，如今灰心喪志地搖搖頭，決定放慢速度不追了。勒朗格把這個消息告訴卡德爾，刺激他再次全力加速，多年來累積的挫敗感，此刻從腿部轉移到踏板上。

那些不看好他的車評現在無話可說了，也許他們沒說錯，卡德爾確實少了某種特質，但當下他找回來了。他們想看到爆棚自信嗎？現在正是時候。

施萊克疲憊到快睜不開眼，宛如幽靈騎士，自行車在公路上瘋狂左右迂回前進。在只剩下一公里時，他還差點撞到一個臨時路障，路障另一頭有一大塊岩石，底下高低差數百英尺，掉下去必死無疑，好不容易來到了終點線。安迪・施萊克穿越終點時，揮舞著右拳，那副德性簡直兇狠大過喜悅——爽翻的表情彷彿在說「吃驚了吧」。他確實騎得很猛，但遠遠沒有後方那名窮追不捨的澳洲選手受夠。

卡德爾奔向終點線時，法蘭克・施萊克——卡德爾唯一沒有甩掉的三名車手之一——搶先一步衝過終點，獲得第二名，落後他弟弟兩分七秒，卡德爾則在八秒後完賽。安迪・施萊克的總排名超越卡德爾，但總共僅快了五十七秒，他若想在第二十站計時賽中擊敗卡德爾，需要更大的時間優勢。卡德爾勇敢地窮追不捨，挽救了自己的

環法賽。

不過，環法賽還沒有結束。安迪・施萊克在計時賽前，還有一次機會擴大對卡德爾的領先優勢。第十九站又是阿爾卑斯山區的艱難路線，特色是三次級別破表的爬坡，終點是知名的阿爾卑斯杜艾山頂。卡德爾在第一次和第二次爬坡之間發生嚇人插曲，機械問題迫使他停下來換自行車。然而，這個驚魂記只是讓他重新燃起鬥志。卡德爾對手們利用了這起意外，下一次爬坡時迅速拉開距離。卡德爾活像在打電動，不只有一條命，從山另一邊衝刺而下，在最後的爬坡開始前趕上施萊克兄弟和康塔多一行人。卡德爾一路盯著施萊克兄弟騎上杜艾山頂，甚至自己還額外發動一次攻勢，騎完該站時，半秒都沒輸給可能構成威脅的對手。

當天晚上，BMC車隊住在該站終點附近的連鎖度假村Club Med。卡德爾的隊友們緊張不安，同樣引頸企盼他贏得環法賽，只是他們都已盡力從旁協助了。現在只能指望卡德爾實現夢想，他當時積分總排名第三，落後安迪・施萊克五十七秒、落後法蘭克・施萊克四秒。在隔天的計時賽中，卡德爾共有四十二點五公里把時間追回來。壓力無比龐大，但到了晚餐時分，他與隊友聊天的態度，彷彿只是在替例行練騎做準備，而不是要比這輩子最重要的賽事。他小啜一口紅酒，一副無憂無慮的樣子，隊友則再次目睹了美好反感所伴隨的平靜。

大約十六個小時後，卡德爾的計時賽成績極其振奮人心，飆上山坡、衝下斜坡、急速轉彎，活像障礙競速選手，最後完賽時間為五十五分四十秒，創下當天第二快的成績，僅次於德國選手東尼·馬丁（Tony Martin），馬丁也在兩個月後贏得了世界計時錦標賽。安迪·施萊克慢兩分三十四秒，哥哥速度再慢一些。卡德爾已穿上了領騎黃衫，領先優勢來到一分三十四秒，足以讓第二十一站——騎往終點巴黎的路線——邁向奪冠的榮耀。

卡德爾·伊凡斯在香榭麗舍大道騎完最後一站，成為了環法自行車賽首位奪冠的澳洲選手，也是史上第二年長的冠軍。但其他耐力運動員務必記得，他在贏得環法自行車賽前，失敗的次數其實比任何人都多。

第七章

今日弱點即明日優勢

二〇一二年倫敦夏季奧運有張吸睛照片是在賽外所拍攝，當時正舉辦男子雙人雙槳決賽後的頒獎典禮。在這張照片中，這六名獎牌得主——分別代表三支參賽隊伍——並肩站在剛結束的比賽場地多尼湖（Dorney Lake）畔鋪著地毯的碼頭上。

這張照片最值得注目是運動員的相對大小：與左右兩對的選手相比，中間兩位看起來很小，幾乎是迷你版本。照片最左邊的是義大利選手羅馬諾・巴蒂斯蒂（Romano Battisti），身穿黑色熱身服。他像其他選手一樣，脖子上戴著一面穿著緞帶的勳章，腰間別著一束五顏六色的鮮花。巴蒂斯蒂是一名高大男子：一百九十公分高、九十公斤重。他身旁是更高大的隊友阿萊西奧・薩托里（Alessio Sartori），像巨人般高達二百零三公分、一百公斤重。這群人最右邊站著來自斯洛維尼亞的伊茲托克・科普（Iztok Cop），他身穿藍綠相間的連身運動服、白色汗衫參賽，身高一百九十公分、體重九十公斤。伊茲托克左邊站著隊友盧卡・斯匹克（Luka Spik）這位一百九十五公分高、九十四公斤重的大塊頭。夾在這兩對魁梧巨漢之間的是紐西蘭隊，全隊身穿黑衣，身材相形見絀。內森・科恩（Nathan Cohen）身高一百八十公分出頭、體重八十七公斤，隊友喬瑟夫・蘇利文（Joseph Sullivan）也僅一百八十公分高、八十公斤重。

紐西蘭隊排在正中央，加大了這張照片的力量，而且不僅僅是凸顯他們相對矮小；根據奧運規定，唯有金牌得主可以在頒獎典禮上站在中間。這項有利大隻佬、不利小隻馬的運動中，內森・科恩和喬瑟夫・蘇利文擊敗了站在兩旁的兩對巨人。

*

九歲的喬瑟夫（喬伊）・蘇利文，在紐西蘭南島東海岸北坎特伯雷（North Canterbury）家中觀看一九九六年亞特蘭大夏季奧運。在奧運結束之前，喬伊滿腦子都是奧運選手的夢想，只是還說不準自己想參加哪項運動。他當時最大天賦就是精力過剩。

喬伊十三歲時與家人搬到了海濱小鎮皮克頓（Picton），進入當地高中夏洛特女王學院（Queen Charlotte College），把過剩的精力投入越野跑步和田徑運動中。喬伊身材修長、身高一般，體格正好適合這些運動，成績也相當不錯。

喬伊還是新生時，運動能力吸引到划船隊一名高年級成員的注意，他鼓勵這位學弟入隊。不到一週，喬伊每日與新隊友們在皮克頓港進行划船訓練，雙手都長出繭來。皮克頓港是十分繁忙的漁場，人力船艇經常被過往拖網漁船尾流給淹沒。喬伊看上去不像槳手，厲害的槳手除了又高又重之外，往往手臂也十分長。喬伊不僅身材矮、手臂也格外短，這項身體結構的特點，讓划船隊友都叫他「暴龍」。

儘管身材矮短「不適合」划船運動，喬伊卻極為出色。對於夏洛特女王學院槳手來說，年度最大賽事是儼然像紐西蘭全國中學划船錦標賽的瑪迪盃（Maadi Cup）。該賽舉辦時間是三月底，剛好是喬伊生日的兩週前。二〇〇三年，喬伊還未滿十七歲，就與搭檔凱伊藍・高汀（Kieran Gaudin）共同獲得十九歲以下青少年組雙人雙槳在內等三項賽事的冠軍。

二〇〇三年瑪迪盃菁英賽事——十八歲以下青少年組單人雙槳賽——冠軍則由喬伊未來的奧運搭檔內森・科恩所拿下。科恩比喬伊大一歲半，當時是紐西蘭南島最南端的詹姆斯・哈吉斯特高中（James Hargest High School）代表選手。這場勝利是內森的人生轉捩點，他的體形和喬伊一樣都比其他槳手來得小。多年後，他表示：「這件事告訴我，**如果你真心想得到某個東西，也願意突破你感受到的各種限制，就沒有不可能的事。**」

數個月後，內森畢業了，就讀坎特伯雷大學。在二〇〇四年的瑪迪盃上，輪到喬伊成為全場焦點。惡劣的天氣狀況導致賽程被壓縮，喬伊不得不在一小時內完成三場決賽——十七歲以下和十九歲以下雙槳賽，以及十七歲以下單槳賽。他三場賽事全都奪冠，最後一場比賽後，他欣喜若狂地仰面朝天。至今，那場賽場仍然是瑪迪盃歷史上最精湛的表現。

二〇〇五年，喬伊最後一次參與這場盛會，再度贏得三場比賽。他已成為全紐西蘭同齡運動員中最優秀的槳手。但紐西蘭划船隊（RNZ）官員為二〇〇五年世界青少年划船錦標賽（World Junior Rowing Championships）挑選雙人雙槳隊員時，喬伊卻遭到了冷落。划船國家隊的選拔是出了名的武斷，受政治、偏見和個人立場的影響。喬伊的問題則出在身材。他只是看起來不像划船選手，所以審員委員未多加考慮，反而選擇了成績較差的選手。日後，划船官方單位仍常因為喬伊的身材，而忽略了他在水上的出色成績。但若他們認為這樣就會令他打退堂鼓，那就大錯特錯了。

「大家老是說我長得太小隻了，」喬伊在二〇一二年接受雜誌《世界划船》（*World Rowing*）採訪時如此表示，「我就想證明他們錯了。」

喬伊所屬的馬爾波羅划船協會（Marlborough Rowing Association）針對他被排除在國家青少年隊之外一事提出申訴。紐西蘭划船隊監察使（該隊顯然十分需要）推翻了原本的決定，喬伊獲准代表該國在德國布蘭登堡（Brandenburg）參加比賽——前提是他能拿出一萬美元支付旅費。其中一半費用他自掏腰包，另一半則來自一名贊助人。在青年世錦賽上，喬伊證明了當初委員沒有眼光，他和搭檔（前夏洛特女王大學隊友）丹尼爾・凱瑞納（Daniel Karena）在雙人雙槳比賽中獲得了銅牌。

國際划船比賽分為四個組別：十八歲以下的青少年組、二十三歲以下的青年組、輕量組（男子未滿七十二公斤與女子未滿五十九公斤）、資深組（任何年齡的頂尖選手）。在布蘭登堡展現實力後，喬伊的目標是進入資深組別，也許就能及時獲得二○○八年北京奧運的參賽資格。他從未考慮屈就於輕量組，也很快就讓任何膽敢提此建議的人士噤聲。

喬伊的第一次機會出現在二○○七年夏天。當時，內森・科恩已經和馬修・綽特（Matthew Trott）在紐西蘭全國雙人雙槳比賽中占有一席之地。但就在阿姆斯特丹世界盃比賽前幾天，綽特病倒了，喬伊獲派去頂替他的位置。他立刻搭了最快離開奧克蘭的飛機，在第一輪分組比賽前數小時到達目的地。科恩—蘇利文的組合輕鬆贏得比賽，晉級準決賽。在準決賽中，喬伊和內森從兩千公尺比賽之初排名倒數第二，一路挺進拿下第二名，取得進入決賽的資格，最終奪得第五名。

如此優異的結果前景可期，尤其是這兩人先前幾乎沒在同一條船上訓練過，更不用說一起參加比賽了。但馬修・綽特很快就康復了，重新和內森搭檔，導致喬瑟夫只能加入二十三歲以下的組別，等待下次與大塊頭們比賽的機會，只不過這個機會來得好晚。

阿姆斯特丹奧運後的一週，喬伊在世界二十三歲以下划船錦標賽上獲得了單人雙槳比賽金牌，成為該年齡組全球最優秀的划船選手。但這項成就幾乎未撼動紐西蘭國家隊教練和選拔委員，喬伊固然有優異的划船成績，但他們卻更在意他沒能比對手在健身房舉起更大重量，或無法讓划船機產生更大功率。

隔年，喬伊成功衛冕了世界冠軍，但選拔委員仍然有所顧慮。同時，內森也獲得資格代表紐西蘭參加北京奧運，最後與二〇〇〇年奧運金牌得主羅布．瓦德爾（Rob Waddell）在雙人雙槳比賽中並列第四。喬伊甚至不在最後六名可能參賽選手之列。

在二〇〇九年，現在二十二歲，喬伊再度衛冕世錦賽金牌，這次是雙人雙槳項目。即使如此，他也沒有獲得任何參加資深組比賽的機會。他的教練設法合理化這件事，直說他的身材「和其他划船選手格格不入」，但這些大塊頭選手明明難以跟上喬伊的節奏。

這種解釋並非完全站不住腳。二〇〇七年，由希臘和塞爾維亞運動科學家組成的一支團隊，探討了菁英青年划船運動員的人體計測特徵（例如身高和臂長）和划槳特徵（即划槳率和划槳距離）兩者之間的關係。他們觀察到，特定人體計測足以預測槳手的自然划槳模式。值得注意的是，四肢較長的槳手往往划槳時間更長，而四肢較短的槳手划槳率更高。研究結果最後發表於《塞爾維亞運動科學期刊》（*Serbian Journal of Sports Sciences*），研究人員宣稱：「我們的資料顯示，槳手若手臂長度、大腿長度和坐姿高度相同，划槳率和長度可能也相同。因此，擁有相同手臂長度、大腿長度和坐姿高度特徵的划船選手應該可以構成一支優秀的划船代表隊。」

唯一能與喬瑟夫．蘇利文搭配的紐西蘭划船運動員就是內森．科恩，畢竟兩人身材相近。二〇一〇年四月，喬伊終於能與內森同船比賽了。然而，這次兩人並沒有直接投入比賽，而是在卡拉皮羅湖（Lake Karapiro）上完成了一段毫無間斷的訓練，想找到兩名划船選手首次合作時難以完美的加乘作用。他們立即發現，兩人全力衝刺的速度超快，很可能成為他們的比賽王牌。但他們卻難以找到有效的划槳節奏，至少用固定速率完成兩千公尺比賽的一半，才能有衝刺奪冠的可能。

內森在接受奧克蘭新聞的採訪時說：「我們得各自做出一些改變，才能讓彼此划槳的默契更好，成為高效率的搭檔。適應彼此的節奏需要時間，進而把速度找回來，才能前進得更快。」

在划船時，比登頂更困難的事就是待在上頭，地位不可能永遠穩固。喬伊和內森在二〇一〇年的目標是參加世界錦標賽，必需在慕尼黑和琉森（Lucerne）的世界盃比賽中表現出色，他們才有機會參加。在慕尼黑奧運上，他們在十二艘划船中排名第七，但在琉森的比賽前進到第三名，這足以代表紐西蘭參加在兩人主場卡拉皮羅湖舉行的世錦賽。

喬伊和內森不負眾人期望進入了決賽，對手是上屆世界冠軍德國隊、衛冕銀牌法國隊和稱霸二〇一〇年世界盃系列賽的英國隊。結果紐西蘭代表隊力退強敵，以壓倒性的勝利震驚了整個划船界。在五百公尺標記處，喬伊和內森仍在第三名苦追，但在最後五百公尺的衝刺中比其他划船快上兩秒，漂亮地伺機反攻，這也成為了他們的招牌戰術。

「我現在還抖個不停，」內森事後告訴記者，「真的扯到難以置信，完全是夢想成真啊，你訓練了一輩子就是為了這一刻。我真的難以形容這種感覺。」

狂喜的兩人當下都忘記一件事。其實，他們訓練了一輩子並不是為了贏得世錦賽冠軍，真正的目標是取得奧運獎牌，而他們在卡拉皮羅湖上大獲全勝，也無法保證奧運同樣順利。

實現這個偉大夢想下一個墊腳石，便是二〇一一年在斯洛維尼亞布萊德（Bled）舉行的世界錦標賽。喬伊和內森抵達時，已贏得了本賽季三個世界盃其中兩場賽場。他們在琉森又是一次反敗為勝的傑出表現。他們在五百公尺左右還卡在第五名，但最後他們卻以三公尺的優勢勝出。在布萊德的比賽剛開始時，喬伊和內森落後領先的德國隊兩秒半以上，最後卻以零點零六秒的微幅差距擊敗德國隊，獲得了第二個世界冠軍頭銜，兩人因此聲名大噪，成為「技驚全場的划船男孩」。

這對紐西蘭組合在二〇一二年二月奧運選拔賽上繼續發光發熱，但比賽過程令人七上八下、有夠不直接，十分符合該運動的保守傳統。喬伊在選拔賽開始前告訴一位記者：「選拔賽開始之前，我們完全不曉得會有什麼內容，從來就不知道選拔委員會幹嘛。」

三月四日，在魯塔尼瓦湖（Lake Ruataniwha）湖邊新聞記者會上，紐西蘭宣布二〇一二年奧運划船代表隊名單。喬瑟夫．蘇利文和內森．科恩的成績不證自明，獲提名為男子雙人雙槳賽代表。

內森在記者會上對一名記者說：「看也知道，我們在這項運動中並不具備先天身體的優勢，我們只知道自己必須努力超過對手，畢竟身材沒有像人家那麼大塊頭。所以，我們都會設法喚起彼此的最大潛力，這就是我們要努力實現的目標，讓體能狀況能夠超越自己以為的極限。」

代表十三個國家的二十六名槳手取得資格，得以參加二〇一二年倫敦夏季奧運男子雙人雙槳比賽。這些選手中個子最小的是喬瑟夫·蘇利文，個子第二小的是內森·科恩。整體來說，紐西蘭隊選手比身材第二小的德國隊選手矮三十公分、輕七公斤，而比塊頭最高大的立陶宛選手足足矮九十公分、輕三十二公斤。

菁英划船槳手又高又重有其原因。如上所述，四肢較長的槳手划得更長，因此每次划槳前進得更遠。對於槳手來說，體重本身並不是優點，但力量卻是優點。力量來自於肌肉，而肌肉本身不輕。

體型較大的人不僅有更大機率能成為優秀的划船選手，而且是優秀的划船運動員中，體型愈大往往反映會表現更出色。在二〇〇四年一項研究中，澳洲研究人員量化了十五名世界級男子單人雙槳划船選手身體質量，以及兩千公尺比賽時間之間的關係。結果兩者的「相關係數」非常高：〇·八七。完美的相關係數是一·〇〇，代表完賽時間進步與體重的增加完全成正比。身高與成績也密切相關，相關係數為〇·八六。

不僅僅是划船而已，在所有耐力運動中，人體計測決定了一切。從來沒有體重九十公斤的男選手贏得過環法自行車賽，身高一百五十七公分的女選手也八成拿不到奧運兩百公尺蝶式的金牌。身高、體重和手腳長度等人體測量指標，對於耐力運動的表現有顯著影響，因此這些變因限縮在菁英族群。這點如今更是血淋淋的現實，因為菁英級的耐力運動的競爭無比激烈。

一九五〇年代初，世界上最厲害的跑者是捷克斯洛伐克人，名叫艾米爾．哲托貝克（Emil Zátopek）。他有粗壯的股四頭肌和結實的小腿。這種腿型在當今菁英跑者中極為罕見，原因其實不難理解。科學研究已指出，膝蓋以下重量對跑步效率有重大影響。因此，現今世界上一流跑者，像是東非大裂谷（Rift Valley）一帶的肯亞人和衣索比亞人，往往有著異常纖細的小腿，這並非偶然。

然而也有例外：在現代競技環境中，有耐力運動員身體結構比例，先天就難以出眾，卻仍能達該運動的菁英水準。以游泳為例，這項運動往往由身材魁梧、腳呈鰭狀的泳將稱霸（目前女子四百公尺自由式世界紀錄保持人凱蒂．雷德基〔Katie Ledecky〕身高一百八十公分，鞋子都穿美國尺寸十一號）。但卻仍有像珍妮特．艾文斯（Janet Evans）的選手，身高一百六十五公分、穿六號鞋，如此非典型的世界級泳將。然而在她的職業生涯中，珍妮特總共贏得了八面奧運和世界冠軍金牌（還打破了七項世界紀錄）。

有鑑於自由式比賽的獲勝規定，這些成就更令人吃驚。和挺拔的划船選手一樣，高個子游泳選手每次划手都能游更長距離。在國際比賽中，自由式冠軍往往是划手次數最少的選手。珍妮特通常划手次數最多，但還是贏得比賽。她是怎麼辦到的？

珍妮特克服了她的身材劣勢——應該說，她把這個劣勢轉化成優勢——她發明了一種非傳統的划手方式，其特點是高頻率划手和手臂打直，這後來稱為**風車技巧**（windmill technique）。

這是第五章中描述的繞路效應另一個例子。有些運動員儘管「身體不適合」，卻仍在自己的運動中達到最高水準，就是透過這種繞路效應。回想一下，繞路效應（或這個版本的繞路效應）是由神經可塑性所促成。運動員因為受傷或挫敗而失去體能，大腦可以重新「連線」，運用較少的身體資源做更多的事，來恢復她的表現能力。現今已有證據顯示，使用「不適合的身體」運動，可能會以類似的方式刺激大腦。更具體地說，運動員努力想追上具身材優勢的競爭對手，可能會刺激自己發揮創造力、改變慣性動作，改用更有效率的技巧來彌補身材的劣勢；而這項技巧可以在同等努力下，產生更高速度（發明風車技巧的珍妮特・艾文斯，確實是史上划手效率名列前茅的泳將）。

套用過火（fire walking）的概念來說，透過繞路效應（workaround effect）來提高效率，就好像搞清楚如何讓步伐更輕，這樣就不會感受到太強烈的炙熱，便可以在超過高溫疼痛的最大耐受度前，在高溫炭床上走得更遠。

賽跑可以找到很有意思的證據，支持這類特定形式的繞路效應。在所有的耐力運動中，強大的有氧能力是賽跑獲勝的關鍵。然而，一些跑者在有氧能力較低的情況下，仍能最高難度的比賽中獲勝，他們的方法就是找到出色的跑步效率。換句話說，他們想方設法在任何耗氧量下都能跑得更快，以彌補自己無法消耗和對手相同氧氣量的缺陷。

值得注意的是，高效率菁英跑者的有氧能力向來都不是最佳，而有氧能力最佳的跑者向來跑步也不是最有效率。史上已知數一數二高效率的跑者是一名肯亞男性中長程健將，他一千五百公尺個人最佳成績是三分三十五秒，但步行時最大攝氧量卻僅有每分鐘每公斤六十三毫升（這個攝氧量理應出現在完賽成績四分二十秒的跑者身上）。

極高的有氧能力提供生理上的支持，讓有幸具備此能力的跑者避免效率低下，而最大攝氧量較低雖然可能是限制，卻能帶來提升效率的解決方案（即繞路效應），這就好像缺乏身材優勢一樣。

然而，並非所有身體條件遜色的運動員，都能利用神經可塑性讓身體更有創造力，進而提升效率。真實的證據顯示，運動員成功地透過繞路效應與身體條件優越的對手競爭時，其實背後有項特定的因應技巧在發揮作用。我把這項因應技巧稱為**公布欄效應**（bulletin boarding）。

團隊運動的運動員經常會提到「值得貼公布欄的素材」——即A隊成員對B隊成員所說的侮辱、嘲諷、挑釁和難聽的話，張貼在B隊更衣室中，成了對手動機的來源——這樣通常效果良好。耐力運動也有所謂的「值得貼公布欄的素材」，不過方法較常是質疑運動員實現目標能力。運動員把外界的質疑當成動機、證明自己沒問題，因應技巧便誕生了。

這項因應技巧其實是面對自我威脅的保護反應。神經心理學家發現，一個人的自我受到攻擊時，非但沒有畏縮或裝聾作啞，而是團結起來自我防衛，大腦腹側前扣帶皮質（ventral anterior cingulate cortex）和中側眼窩額葉皮質（medial orbitofrontal cortex）**會亮起來**（light up）。這個大腦活動模式是公布欄效應的基礎，而耐力運動員凡是「身體不適合」該項運動卻仍表現優異，公布欄效應必定是他們最明顯的因應技巧。

珍妮特・艾文斯身為年輕的游泳選手，多次因為身材遭受外界懷疑的眼光與歧視。這一切都貼在她內心的公布欄上。珍妮特十二歲時參加某場比賽中，有位官方人員想強迫她去和十歲的孩子比賽，畢竟她身高當時才不到一百五十公分、體重三十公斤出頭。但珍妮特的志氣可高了，堅持要和同齡選手比賽。最後官方妥協了，她也贏得比賽冠軍。

同樣的心態幫助珍妮特研究出**風車技巧**，她雖然繞了點路，卻因此變得出類拔萃。與她較量的女性泳將莫不身材出眾，這對珍妮特想要「追上對手」的心願來說，確實是不言而喻的挑戰，但她找到從 A 點到 B 點的不同方法來克服難關。她在一次受訪時表示：「我小時候就發明了（風車技巧），那時只想用最快的速度下水。我心想，游到另一頭最快的方法，就是划手速度愈快愈好。」

一如珍妮特・艾文斯的心情，喬瑟夫・蘇利文和內森・科恩偏喜歡去證明別人錯看自己了。他們都因為深受身材偏見之害而備感委屈，但這正好刺激他們努力克服自己的身材劣勢。結果，兩人都找到高速率的划槳風格，以規避體型不如人的問題。

然而，他們的划槳方式卻大不相同。在找到適合個人的風格後，喬伊和內森必須運用神經可塑性把風格加以融合，創造出不同於其他隊伍、卻又更厲害的風格。經過三年共同密集訓練和比賽後，這對身材矮小的隊友發現了補強彼此弱點、結合各自優點的方法。喬伊是比賽開始與結束時表現較好，內森則是比賽中段表現最好，所以兩人便依此分配責任。

在比賽過程中，兩人很快便意識到，無論他們配合得再好，都不大可能在兩千公尺比賽的一千五百公尺處保持領先，比賽結果取決於他們在最後五百公尺的力氣；在這段賽程中，他們的高划槳率尤其有利。原因在於，雖然長距離划槳的能力通常比快速划槳的能力更重要，而且人高馬大的槳手自然划槳的距離最長，但前文提到希臘－塞爾維亞研究作者發現，無論體型大小，槳手在衝刺時都傾向縮短划槳距離、提升划槳率，他們指出：「這或許是因為在水上划槳率高時，槳葉在水中移動頻率也高，導致划船的推進效率更高、速度也更快。」喬伊和內森身材矮小、划槳率較高，因此在比賽前四分之三階段比不上人高馬大的對手，但最後階段所有人都在衝刺時，他們便躋身有利位置。

喬伊和內森很清楚這個優勢。內森在奧運前的一次受訪中說：「我們的動作更有效率了，所以才能在比賽尾聲加快速度。」但他們的競爭對手也明白這一點；到了倫敦，對手肯定會利用這對紐西蘭槳手的弱點、削弱他們的優勢，目的是在比賽第一部分就遙遙領先，這樣除非天外飛來奇蹟，否則兩人必定無法在抵達終點前縮小差距。

*

紐西蘭奧運划船隊於七月二十三日星期一抵達英國，並下榻於倫敦西郊的皇家霍洛威大學（Royal Holloway University），該校附近就是多尼湖，即奧運划船比賽場地。喬伊和內森當時剛重新燃起信心，他們五月底離開紐西蘭前往瑞士琉森參加當年首場世界盃前，最後一階段的訓練進行得並不順利。儘管他們比以往更加拼命，每週划船總里程高達一百二十五英里，但在水上速度卻異常遲緩。國家代表隊選拔委員公開表示，後悔將喬伊和內森選入奧運名單。兩人的教練也感受到壓力，逼他們改變坐姿和位置，尋找突破瓶頸的解方。

在琉森，訓練情況變得更糟。喬伊和內森排在最後一名，甚至輸給了沒有奧運資格的一對埃及選手。兩人開始互相指責，無數小時共同奮鬥後建立起來的情誼逐漸被失敗和高壓瓦解。紐西蘭代表隊從琉森出發前往比利時，展開奧運前最後一次艱苦訓練。喬伊和內森遇到的瓶頸仍然未解決。

六月中旬，該隊前往慕尼黑參加下一場世界盃，這是他們在倫敦奧運前最後一次比賽機會。喬伊和內森現在處於近乎恐慌的狀態，接著突然有了新的發現。比賽前兩天，純粹是偶然的機會，他們注意到右槳微幅彎曲，這便是一切問題的根源：這個肉眼幾乎看不見的小彎曲，害得世界頂級雙槳划船隊被迫在菁英划船界中墊底。問題很快就解決了，喬伊和內森輕鬆獲得參加慕尼黑世界盃決賽的資格，並在決賽中贏得第二名，僅次挪威隊。兩人再度意氣風發。

到了英國，他們的第一件事就是到多尼湖，熟悉一下路線與湖況。喬伊和內森抵達後隔天早上獲得首次機會，當時是男子雙人雙槳比賽的四天前。湖上滿是備賽的隊伍，無不以快速短程進行划船訓練。兩名紐西蘭代表感覺體能絕佳、準備就緒。那天稍晚，喬伊甚至可以和《紐西蘭先驅報》（New Zealand Herald）記者笑談槳葉歪掉的慘事；他後來接受《馬爾伯勒快報》（*The Marlborough Express*）約翰．亞歷山大（John Alexander）的訪問時重申：「就戰術來說，務必要先有好的開始，避免讓對手領先太多。」

當時湖況近乎完美，很適合週六早上的預賽。比賽時間想必會很快，喬伊和內森預計排在三場預賽的第三場，對手是奪牌熱門英國、阿根廷和愛沙尼亞代表隊。內森按照習慣，一絲不苟地研究著其他預賽，喬伊則戴上耳機，專注於內在狀態。他們只要避免墊底，就能挺進準決賽。儘管如此，兩人熱身練習到一半，喬伊還是焦慮到反胃，直接吐在雙腿間的船板上。

以他們的水準而言，開賽的狀況還不錯，抵達五百公尺時暫居第三，比領先的英國隊落後不到一秒。內森坐在前頭主導，喬伊則坐在划槳位子上，無視周圍其他划船，只專注於內森的指令和自己的努力。在一千公尺標記處，阿根廷隊看起來已領先英國隊，而紐西蘭隊仍在第三名，如今稍微落後了一些。最後五百公尺時，內森下令衝刺，划船立即加速，最後以六分十一秒三〇的成績，超過了後繼無力的阿根廷隊和英國隊，拿下預賽冠軍，同時刷新奧運紀錄。

準決賽在三天後，七月三十一日星期二中午一過便舉行。預賽結束後，湖況漸漸惡化，天空半布著烏雲，空氣涼爽，水面泛起波紋。大多數選手在連身衣底下穿了一層內衣，但喬伊和內森只有連身衣。在兩場準決賽中，他們的強敵環伺，對上阿根廷、德國、義大利、澳洲和烏克蘭代表隊。紐西蘭隊必須贏得前三名才能挺進決賽。

開賽的號角響起，阿根廷隊衝到了最前方。在起初二百五十公尺內，各隊選手互不相讓、緊追彼此，但隨後便拉出了距離。喬伊和內森跌至第五名，僅快過後方一對烏克蘭選手。到了五百公尺處，紐西蘭隊比領先隊伍慢上一點七秒。接下來，阿根廷選手阿里爾・蘇瓦瑞茲（Arial Suarez）和克里斯提安・羅索（Cristian Rosso）繼續擴大領先優勢。喬伊和內森超越義大利隊晉升至第四名，但比賽進行到半程時，他們仍落後領先選手三秒，距離決賽最後名額還差整整一秒。

內森十分冷靜。他喊了兩聲，指示喬伊在比賽進入後半時穩住陣腳。但阿根廷隊無比振奮，維持住較快的節奏，又與其他隊伍拉開一秒的差距。除非蘇瓦瑞茲和羅索在後段嚴重失常，否則無論喬伊和內森後來表現得多亮眼，幾乎無望贏得比賽。

最後，兩位紐西蘭青年展開他們招牌的最後衝刺，辛苦地一點又一點追上義大利隊，再來是德國隊；不久後，喬伊和內森與阿根廷隊之間，已沒有任何阻礙了。羅索朝右後方偷偷瞥了幾眼快速逼近的紐西蘭隊，一時大意導致右槳沒完全拉起就擦到水面，打亂了船隻前進的動機。假如這場比賽全程是兩千零二十公尺，這個失誤就會害自己丟掉勝利。最後，蘇瓦瑞茲和羅索以〇點三九秒的極小差距，擊敗了喬伊和內森。

紐西蘭隊沒有在比賽中發揮出最佳水準，但畢竟他們仍進入了決賽，更甭提划船運動只要槳葉微微翹起，就可能毀掉一生夢想，兩人成功也是很了不起的成就。況且，身為奧運前冠軍的澳洲隊、奪冠熱門德國隊僅分居第四和第五名，落後喬伊和內森與義大利隊，只得提前打包回國。在另一場準決賽中，斯洛維尼亞、立陶宛和英國三隊成功晉級。

多尼湖——二〇一二年夏季奧運重新命名為伊頓・多尼湖（Eton dorney）——是專門為划船運動設計的人造水域，形狀是長二點二公里的完美矩形，固定看台位於中間點和終點區附近，但額外設立了臨時座位區供奧運使用，總共可以容納三萬名觀眾。二〇一二年八月二日星期四上午十一點五十分，全場已座無虛席。

「各位女士、各位先生，奧運男子雙人雙槳決賽開始了。」廣播系統裡傳來洪亮的男聲，帶著優雅的英式口音。

三萬人響起了熱烈的歡呼聲。英國人對於自己的划船傳統十分自豪，對於代表隊也寄予厚望。

當時天空幾乎是烏雲密布，但卻安靜得沒有起風。六艘魚叉形小船靜靜地浮在水面上，船尾剛好碰到起始的碼頭。每站都有一位工作人員趴著，把船固定在原位。紐西蘭隊占據了五號水道，一邊是義大利隊，另一道是阿根廷隊。

主播逐一介紹了十二名運動員，當說出東道主國家代表選手比爾・盧卡斯（Bill Lucas）和山姆・湯森（Sam Townsend）的名字時，又引起了一陣歡呼聲。喬伊和內森的名字從廣播系統播出來時，兩人正戴著墨鏡，面無表情。

兩人與準決賽一樣，是全場唯二連身衣底下沒有再穿一件的運動員。

電子號角發出「預備」的聲音，一秒後，所有船隻同時出發。六隊選手都非常拼命，其中五隊決心把紐西蘭代表拋在後頭，而紐西蘭隊同樣決心不讓對手得逞。喬伊和內森以每分鐘三十八下的穩定速率划槳，明顯比其他選手來得快，但過了兩百公尺後，他們卻開始落後。

一小群重要人士騎著休閒自行車，沿著湖邊一條狹窄小路前進，想要掌握比賽戰況，就得穩定保持每小時近十二英里的速度，這對部分人來說毋寧是項挑戰。

盧卡斯和湯森藉助觀眾支持的力量，以些微的優勢領先，但這持續不了多久，因為斯洛維尼亞隊更能維持開賽的強勁態勢，以一分三十三秒八七的成績通過五百公尺標記處，比英國人快上零點八秒，喬伊和內森則暫居最後一名，落後領先隊伍兩秒、落後暫居第三的立陶宛一秒。喬伊全神貫注於自己的表現和內森的聲音，完全沒有注意到名次。內森曉得他們落後了，但不知道落後了多少。

斯洛維尼亞隊奮力拉開差距。前槳手盧卡．斯匹克每往下划就滿臉猙獰，活像舉重選手臥推達到極限。在每次划槳之間，他偶爾會朝左邊瞥一眼紐西蘭隊的船隻，目前在後方將近四公尺處。

但這個距離還不夠大。

斯洛維尼亞人划得更猛了，在七百五十公尺標記處時，他們比緊隨其後的隊伍整整多了一艘船的距離，比喬伊和內森多了將近兩艘船。

BBC電視主播蓋瑞・赫伯特（Garry Herbert）表示：「第五水道的科恩和蘇利文有得拼了。」

六艘船這下分成了三大組，斯洛維尼亞隊在最前面，英國隊和阿根廷隊爭奪第二名，紐西蘭隊、義大利隊和立陶宛隊墊底。盧卡・斯匹克和伊茲托克・科普以三分十三秒〇九通過了比賽中點，在最後五百公尺的比賽中，與紐西蘭隊的差距又擴大了零點四秒。

內森的心跳每分鐘兩百下，喬伊是每分鐘兩百零二下。兩人都處於極度缺氧的狀態，盡量吸進身體所能吸收空氣，但仍不足以滿足緊繃肌肉的需求。他們肩膀和大腿極度痠痛，肺和氣管有幾近窒息的感覺。

內森眼見二號水道的立陶宛隊愈划愈近，而在四號水道的阿根廷隊船尾逐漸顯現。但是其他隊伍在哪裡呢？內森提醒自己要保持冷靜，心想：「我們是過來人了。」

眾船隻來到湖右側第一個觀眾看台區域，四周傳來一陣如雷的歡呼聲。就連通常專注到忘我的喬伊也聽到了喧鬧，進而吸收了其能量。儘管喬伊和內森划得很賣力、意識被身體的煎熬給支配，但兩人腦袋都有個小空間仍然伺機而動。喬伊等著內森下達最後的衝刺指令，內森等著直覺告訴他何時做出決定。他們最後的衝刺總是一千五百公尺標記處附近展開，但數字本身不代表確切位置。內森相信經驗所培養出的深層身體智慧。

但由阿萊西奧・薩托里和羅馬諾・巴蒂斯蒂組成的義大利隊卻有出人意料之舉。剛過比賽的中點，兩人的船就疾馳在前面，彷彿忽然有陣狂風推動著隱形風帆。每完成一次划槳，薩托里的肺部清空、臉頰像風箱般抖動，而巴蒂斯蒂的臉則凍得齜牙咧嘴。兩人飛躍般取得領先，抵達最後五百公尺旗桿時，已超前紐西蘭隊兩秒半以上。

喬伊和內森在比賽剩四分之時排名第四，與速度慢下來的英國隊平手。內森終於喊出衝刺的指令。每次划槳完成，兩人背部會更深地擺動，表示突然發揮更多拼勁，完美同步的動作結合了生猛的蠻力和優雅的效率，讓人想起純種馬的疾馳。他們身體各個部位和划槳各個動作融合為一體，無縫地起伏，就像快速捲動的布料。

喬伊更擅長划船衝刺，內森感受得到坐在後面的他力氣倍增。他迫不及待地奮力划著，想要趕上搭檔的優異力量，強到幾乎快壓過兩人漂亮的同步動作。兩人身心都承受巨大的痛苦，卻持續替這種痛苦的根源——他們的辛勞——添上柴火，彷彿這是無上的愉悅感。

眾船來到了觀眾最稠密的地方，人群注意到紐西蘭隊最後向前衝刺，歡呼加油聲愈來愈大、震耳欲聾，近乎歇斯底里。比賽還剩三百公尺時，紐西蘭隊的船首與暫居第二的斯洛維尼亞隊船尾平行。

「真沒想到，科恩和蘇利文划得可辛苦了。」BBC主播赫伯特說，這名前奧運划船運動員的聲音中帶著同情。

喬伊和內森又提高了划槳速率，開始超越斯洛維尼亞隊、朝領先的義大利隊進逼，但速度逐漸放慢，他們的精力也快用完了。

紐西蘭隊逼近義大利隊、義大利隊逼近終點線時，歡呼聲變成了尖叫聲。在一千七百八十公尺左右，喬伊和內森如今是準銀牌選手了。數秒鐘後，薩托里和巴蒂斯蒂開始沒力，他們在一千公尺就加速是場豪賭；若不是因為喬伊和內森，他們絕對是金牌落袋。

內森發覺左邊那隊後繼無力，便要求最後再加把勁。紐西蘭隊現在每分鐘划槳四十三下，硬是比薩托里和巴蒂斯蒂多出關鍵的三下。喬伊和內森以彈道般力量猛划著槳葉，每次用力拉起時，臀部都幾乎要離開座位。划槳十五下後，他們從落後義大利隊半個船身，轉為領先對方一點點距離。內森左右擺動著頭，就像準備衝過川流不息高速公路的逃犯，定睛確認往來車輛的位置。原本的愁眉苦臉，如今已露齒而笑。

紐西蘭隊船在六分三十一秒六七衝過終點線，領先義大利一秒出頭。喬伊和內森最後五百公尺的成績是一分三十三秒九十。不可思議的是，這項成績與比賽前五百公尺的最快成績相當，比最後那段的第二名快了近四秒。

比賽成績在巨大螢幕上顯示後，喬伊才曉得自己拿下了奧運金牌。看到結果的當下，他站了起來，僅一百八十公分高，把暴龍的短手臂舉過頭。整整十六年的夢想終於實現了。內森仍然坐在船中，張開疲憊的雙臂，胸部劇烈起伏著。

在隨後的頒獎典禮上，獎牌得主整齊地站成一排，金牌得主站在正中間。一般情況下，運動員要站在三階頒獎台上，由奧運冠軍站在最高階，這樣無論身材高矮，一律高於銀銅牌得主，但這場典禮少了這種頒獎台。不過這樣也好，階梯只會掩飾這場勝利的特殊之處，對於曾被嫌棄身材不適合某項運動的選手來說，這樣的畫面才別具意義。

第八章

答案就在自己心裡

一群被太陽曬得焦頭爛額的觀眾，在阿里伊大道兩側被壓得下凹的藍色護欄後方喧鬧推擠，態勢像要打破看台和賽場之間的界限。汗流浹背的人群停在臨時搭建的拱門前；拱門橫跨燠熱的大道，中央垂掛著巨型電子鐘，上頭瞬間顯示了漂亮的整數——九點整——時間繼續流逝。目前為止，已有九位鐵人三項選手通過了電子鐘，最近一位是名不見經傳的日本職業選手宮塚英也（Hideya Miyazuka）。不耐的觀眾焦急地等著，想看看誰會成為一九八八年鐵人世界錦標賽第十名。

阿里伊大道彎彎曲曲，加上凱盧阿－科納村商家餐館稠密，因此看不到逐漸跑來的選手，直到他們非常接近才露出身影，進而增加了眾人期待的張力。沒多久，一名跑者繞過最後一個轉彎，進入了觀眾視野。他穿著 Speedo 泳褲和搭配的連身衣，比賽號碼（10）顯示他是芬蘭鐵人三項新秀鮑里．基烏魯（Pauli Kiuru）。圍觀的人群爆出熱烈的掌聲，但不是為了基烏魯歡呼，而是為了他身後那位跑者：他穿著水藍洋紅相間的鐵人三項服裝，戴著好多副耳環，齊肩的長髮用鬆緊帶束著。

這名選手是寶拉．紐比－佛雷澤（Paula Newby-Fraser），她在九點〇一分〇一秒衝過終點線，只落後基烏魯十二秒。這位二十六歲的辛巴威僑民三十四分二十四秒的成績打破了女子紀錄，在這場世界上競爭最激烈的鐵人三項比賽中，她距離第十名只有一步之遙，令人瞠目結舌。寶拉擊敗了眾多男性菁英鐵人三項選手，其中包括未來的鐵人冠軍葛瑞格．威爾奇，他那次落後寶拉五分鐘。

寶拉不是忽然崛起的新星。一九八五年，她首次在世界鐵人錦標賽中獲得第三名；隔年，她拿下了冠軍。一九八八賽季開始時，寶拉已公認是世界上最優秀三名女子鐵人三項運動員之一。但她先前的成績再出色，都沒人料到她在一九八八年鐵人賽會表現得無比驚人，奠定了她是全世界最優異鐵人三項選手之一的崇高地位。她的完賽時間勝過一九八三年以前每屆鐵人世界錦標賽的冠軍，而且在接下來二十年間，沒有其他女性選手可以超越這項紀錄。

寶拉的成就到達顛峰後，宛如打造了自己的王座。一九八九年，她三度贏得鐵人賽冠軍；一九九〇年，她輸給勁敵艾琳．貝克（Erin Baker）獲得亞軍，之後表現一直很出色。一九九一年，寶拉以十七分鐘的優勢擊敗了貝克。隔年十月，她刷新個人紀錄，完賽時間降低到八小時五十五分二十八秒，比第二名足足快了二十六分鐘。一九九三年，她再度繳出了不到九小時的成績。一九九四年，她連續第四次贏得鐵人賽，也是生涯第七次奪冠。

然而，寶拉累積愈多成就，自己就愈不滿意。她技壓全場的勝利曾激起鐵人三項支持群眾與記者驚嘆不已，但現在興奮感不再，只剩下冷靜地欽佩點頭，畢竟實屬意料之內的事。她獲得「科納女王」的封號，這雖然本質上是讚美，卻讓寶拉覺得自己有點不受重視，好像贏得鐵人賽不再是項成就，而是與生具來的權利，就連她周遭親友都把寶拉視為所向無敵的生化人。

寶拉在二〇一〇年的訪問中回憶道：「朋友們都會說，『我也不必幫妳加油了，妳根本輕輕鬆鬆就贏了』。」

他們認為勝利十分容易，但其實不然。一九九三年，寶拉腳踝受傷，跑步訓練嚴重受限。她拼了命才贏得那年鐵人賽，但她展現的毅力幾乎沒有獲得肯定，外界反而歸功於她無人能比的天賦、歸功於她投胎時中了基因樂透這種愚蠢的好運。

一九九四年鐵人賽後，寶拉決定有所改變。她渴望回到六年前，發揮出令人驚嘆的實力。她想要刷新——其實想要大幅超越——自己的鐵人賽紀錄，同時再度挑戰這項運動的頂尖男子選手，畢竟他們的進步遠超過一九八八年了。但為了實現這些目標，寶拉決定自己不能仿照以往的訓練模式，必須有不同的嘗試。

在她離開非洲、前往美國開始職業鐵人三項選手生涯前，寶拉受到開普敦大學（University of Cape Town）著名運動科學家提姆．諾克斯的影響。諾克斯建議她採取極簡訓練方式，僅付出最低限度的必要努力來贏得比賽。寶拉當時謹記在心，這個建議也確實發揮很大的效果。

她的「少即是多」訓練方法與當年多數職業鐵人三項選手格格不入，一般運動員都不斷提升訓練量，活像軍備競賽。一九八四年，兩屆鐵人冠軍史考特．廷利告訴《鐵人三項運動員》：「訓練門檻似乎每年都在增加。幾年前，我們（每星期）騎車三百英里（約四八三公里）就已經夠多了，去年增加到四百英里（約六四四公里），現在看來，五百英里（約八〇五公里）似乎是勢在必行。每個人都覺得自己要比別人更勤勞地訓練，可是我不確定這是不是訓練或進步的正確方法，也沒有人真的曉得。」

寶拉開始為一九九五年賽季訓練時，寶拉放棄了過去對自己有用的方法，開始和其他選手比拼訓練量。她告訴《深入鐵人三項》（*Inside Triathlon*）雜誌：「我心想，如果我要像男子選手般比賽，就要模仿他們的訓練方式。」她還決定，接下來的鐵人世界錦標賽將是她的告別賽，何不義無反顧投入一切呢？

寶拉在前幾年的奪冠訓練包括每週游泳一萬一千到一萬三千碼（約十至十一公里）、騎車兩百到兩百五十英里（約三二〇至四〇二公里）、跑步五十到五十五英里（約八十至八十九公里）。一九九五年，她把騎自行車的訓練量增加到每週三百七十五到四百二十五英里（約六〇三至六八四公里），跑步量增加了二十%。她騎車每次距離最長可達一百五十英里（約二四一公里），但不是獨騎或與實力相當的運動員同行，而是找馬克・艾倫陪騎，艾倫當時已五度獲得鐵人賽冠軍，最佳完賽紀錄是八小時七分四十五秒，比寶拉最佳成績整整快了四十八分鐘。儘管寶拉騎在艾倫後方的真空帶中，她體感上仍然遠比艾倫辛苦。

寶拉的全新訓練計畫第一次實測，就是在一九九五年的野花鐵人三項比賽（Wildflower Triathlon）這場半鐵人賽，她的強敵是三次衛冕冠軍暨賽道紀錄保持人唐娜・彼得斯（Donna Peters）。寶拉最後贏得這場較量，又在蘭薩羅特鐵人賽（Ironman Lanzarote）和德國鐵人賽（Ironman Germany）取得壓倒性的勝利。媒體再度預測寶拉在科納可以輕鬆奪冠，但她這次並不在意媒體的事先加冕。鐵人賽賽評認為，她不可能會有讓人吃驚的表現了，結果大錯特錯。

比賽前數天，寶拉接受了NBC運動頻道（NBC Sports）電視採訪，她狡黠地笑著說：「今年我打破以往所有的訓練原則，所以，結果要嘛就是我冒險一試、感覺超讚，要嘛就是自掘墳墓，再也出不來了。」

比賽當天早上，寶拉在黎明前就到達「愛我海灘」（Dig-Me Beach）開賽區域，戴著一頂超大型白色畫家帽，身穿一件寬鬆的無袖亞麻上衣。NBC攝影記者拍著一名年輕女志工在寶拉前臂寫下三十三號，即她的比賽號碼，這恰巧也是她當時的年齡。她的微笑不帶一絲緊張的神色。

接著，寶拉走了一小段路，來到濱海水泥碼頭上的VIP區域，她的陪訓夥伴馬克・艾倫已先抵達。兩位傳奇人物共同完成了最後一刻的賽前準備，但大部分時間都保持靜默，無視護欄另一邊拍照的兩名攝影記者。寶拉脫下便服，露出裡頭黑色兩件式鐵人服。她把一頂印有開特力（Gatorade）品牌的黃色泳帽戴在頭上，並在泳帽上頭繫了一雙泳鞋。

旭日東升，寶拉離開了碼頭，進入凱盧阿灣攝氏近三十度的海水中放鬆。七點整，一聲砲響，比賽開始。寶拉在二線職業男子選手和頂尖業餘男子選手之間，游到自己平時的位置，但最靠近她右側的泳將戴著相同的黃色泳帽，代表這位也是女性職業選手，原來是去年鐵人賽中輸給寶拉的亞軍凱倫・史邁爾斯（Karen Smyers），也是奧運短程賽衛冕冠軍。與寶拉一樣的是，史邁爾斯也把自己的成就歸功於極簡的訓練，但差別在於她始終堅持對自己相同有效的訓練。

史邁爾斯的計畫是在二點四英里（約三點九公里）的游泳賽段尾隨寶拉，而在一百一十二英里（約一八〇公里）的自行車賽段從頭到尾跟著寶拉的後輪，在二十六點二英里（約四十二公里）的跑步賽段前數英里保持緊跟寶拉後面，後面再試圖把她甩開。在游到中點時，可見擠滿記者、比賽官方和特別嘉賓的派對船，史邁爾斯仍然如影隨形地跟著寶拉。兩人游近岸邊時，寶拉加快了速度，史邁爾斯也跟著上前，準備做最後衝刺。在最後數公尺，史邁爾斯拉開了距離，全速超過這名七次鐵人賽冠軍，搶先到達離水坡道，但寶拉連忙站穩腳步，在坡道上超越了史邁爾斯。

兩名對手從塞滿的金屬架子上，抓起標有數字的自行車裝備袋，奔進女子選手的更衣帳篷。史邁爾斯率先出來，向工作人員接過她的自行車。但她花了好一番工夫，才把雙腳綁在事先夾在踏板上的車鞋。但寶拉早在騎上自行車前就已穿好了鞋，再度於轉換區出口超越史邁爾斯。短短三分鐘內，兩名女子就四度交換了領先地位。

寶拉踩著踏板騎離海岸，衝上一座陡峭小山，路程四分之三英里（約一點二公里），再左轉騎上卡哈馬努女王高速公路，接著進入科納海岸灼熱的熔岩區。她把前臂靠在空力把手上、低著頭，開始追趕比自己先游完泳的五十一名選手。自行車賽段不過三英里，寶拉就超過了德國選手尤特．穆可（Ute Mückel），即兩名游得較快的選手之一。兩英里後，她超越了同樣住聖地牙哥的溫蒂．英格拉姆（Wendy

Ingraham），成為女子組的領先選手。

凱倫．史邁爾斯緊跟在後，但沒過多久。他們離開凱盧阿村地形的保護，進入裸露的熔岩區時，騎士們被右側一陣猛烈的強風重重拍打。穆穆庫風（Mumuku）令人聞之色變，幾乎是每屆鐵人世界錦標賽都得面對的變數，但這天的風速異常強勁，高達每小時六十英里。史邁爾斯突然覺得自行車比平時重了快十公斤，但寶拉卻看起來面不改色，想跟在寶拉後頭實在太過吃力了，史邁爾斯不得不放棄追趕。

其實，寶拉並不是不受強風影響。她知道這會毀掉自己刷新紀錄的渴望，但仍阻止不了她用前所未有的優勢贏得比賽，因此她一心只想盡可能拉開自己與史邁爾斯等追兵的時間。每過一英里（約一點六公里），寶拉的領先優勢就增加十到十二秒。史邁爾斯抵達二十四英里處的懷科羅亞海灘度假村（Waikoloa Beach Resort）時，寶拉已成了前方柏油路上一個小點。寶拉從女王高速公路左轉上二七〇號公路時，早已從史邁爾斯的視野中消失了。

寶拉現在展開一段高低起伏的漫長爬坡，朝著隱蔽的哈維（Hawi）小鎮的折返點前進。她奮力與地心引力搏鬥，她的臀部又離開了座墊，她的目光眨也不眨，穿透了此蓊鬱島上一隅初落的小雨。在哈維，一個巨大開特力充氣瓶標出折返點。寶拉受到了民眾的熱烈歡迎，彰顯她在鐵人賽的榮耀地位。她繞著超大的行銷道具敏捷地轉了一圈，展開重返凱盧阿的回程。她當時領先史邁爾斯五分鐘，穆可和英格拉姆則被甩在更後頭。

寶拉騎到凱盧阿郊區九十九英里標記處，領先優勢已翻倍至十分鐘。但她並沒有鬆懈，再次起身離開座墊，衝上女王高速公路上最後一個爬坡，然後俯衝回到海岸自行車賽段的最後直線沿著阿里伊大道向南，直達科納衝浪飯店（Kona Surf Hotel），位於愛我海灘以南七英里處。寶拉抵達飯店時，又將領先優勢擴大了九十秒，開始跑馬拉松，已領先史邁爾斯十一分四十五秒。

寶拉的男友保羅．哈德（Paul Huddle）當時正在為當地電視台報導這場比賽。他得知寶拉的領先優勢時，立即告訴觀眾：「在鐵人賽中，不到最後關頭不曉得結果。但是寶拉大幅領先，考量到她過去的表現，結果應該底定了。」

氣溫愈來愈高，來到攝氏三十二度，而且十分潮濕。寶拉到達跑道第一個補給站時，頭上戴著印有 T 夫人波蘭餃（Mrs. T's Pierogies）品牌標誌的棒球帽，抓起了每個遞來的杯子，活像要把杯子全都囤積起來。但這些補給立即派上用場，清涼的礦泉水從頭澆灌、流進賽服底下，開特力則直接灌進她的喉嚨。

寶拉既冷靜又精明，考量到當前的高溫，選擇了每英里七分二十秒的保守速度，不超出她所認知的體能極限。她累積了很多緩衝時間——在這種情況下當然要好好利用一番。而在距離她身後一點五英里的科納衝浪飯店，凱倫．史邁爾斯可沒餘裕依據氣溫放緩腳步。若還想要有獲勝的機會，她就必須承受風險，於是放手一搏，迅速從自行車轉換為跑步，以三小時跑完馬拉松的配速出發。

史邁爾斯畢業於普林斯頓大學，數學很好。她知道，想要在終點線之前超越寶拉，就必須每英里比她快三十秒。史邁爾斯跑到阿里伊大道凱盧阿村郊區的六英里標記處時，她還落後寶拉八分鐘，每英里快了三十七秒。假如她能繼續以這個配速追趕，就會在二十英里標記處超過七次冠軍寶拉。但她進入熔岩區時，女王高速公路表面溫度將近攝氏四十五度，史邁爾斯被迫放慢速度。即使如此，她仍在繼續追回時間。在十六英里處，寶拉的領先優勢下降到五分二十五秒。照這樣看來，阿里伊大道最後的直線衝刺一定會很有看頭。

就在史邁爾斯開始擔心自己追到寶拉前會先累垮時，她得到消息說寶拉正在步行。確實如此，儘管寶拉採取了預防措施，她的體溫已開始飆高，身體正苦苦哀求她放棄。在過去十次的鐵人賽中，她從沒在距離終點線如此遙遠的地方這般疲憊。但沒多久，她就重新跑了起來，對於勝利的渴望強烈到無視生理的煎熬。

馬拉松還剩四英里，寶拉只領先三分鐘。她的思緒已無比混亂，不知道自己得跑多快，才有機會不被史邁爾斯追上。她只能避免再度步行，下一英里的路程本身就像馬拉松般漫長。

不久，寶拉瞥見了左邊有個宛如綠洲的補給站，忽然離開了公路，把手伸進一個冰水桶，裡頭泡著冰涼的海綿。她拼命想多抓幾塊海綿，悉數把水擠在頭上，旋即衝回女王高速公路。寶拉低著頭，直接撞上一名壯碩男性志工，他正在反方向的選手遞海綿。她猛然往後一彈，臀部重重跌在地上，震得肩膀跟著晃動，整個人蜷曲成球狀。這名志工伸手想拉她一把，但隨後又立即收手，因為他想起自己不得提供協助。

這其實也沒必要。寶拉自己也彈跳了起來，剛才激烈的碰撞已拋諸腦後。她那昏沉的腦袋進入了做夢般的狀態，即使發生再離奇或可怕的事，她也不會感到訝異。

在距離終點剩不到一英里、領先不到兩分鐘，寶拉突然停下腳步、彎下身子，雙臂無力地垂向滾燙的柏油路，看起來像是在伸展腿後肌，也可能是昏頭下的投降舉動（或兩者皆是）。然而，她又突然站直了身子，整個人轉過去尋找史邁爾斯的身影。

這是個畫面實在奇怪：這位鐵人世界錦標賽的領先選手暨七屆冠軍，居然在全長一百四十點六英里比賽的一百四十英里標記處停了下來，面對著相反的方向。一台摩托車駕駛載著一名NBC攝影記者，見狀大感意外，便催促寶拉繼續往前跑。

「妳沒問題的！」他說。

「沒問題？」她問，發音宛如喝醉般含糊。

她開始拖著步伐向前走。

寶拉再次停下腳步時，已快看到比賽最後一個彎道了。她步履蹣跚，好像下巴被狠狠地打了一拳。史邁爾斯如今就在她身後，寶拉向天空舉起雙臂，彷彿在懇求兩側納悶的觀眾，告訴她自己究竟怎麼了。就在此時，史邁爾斯超越了她，那瞬間還把一手放在寶拉背上，幫她保持平衡。

史邁爾斯衝向她生涯首次鐵人賽冠軍，寶拉在後頭搖搖晃晃地走了幾步，然後彎下了腰，雙手放在膝蓋上。

「跑起來，寶拉！妳可以的！」圍觀的民眾大喊。

她又努力走了起來，眾人喊起如雷般的口號：「寶～拉！寶～拉！寶～拉！」

但寶拉無動於衷，直接坐在路邊，僵硬地脫下鞋襪。有人遞給她一瓶開特力，她一飲而盡。

寶拉很快就被工作人員、醫務人員和支持群眾給圍住，許多人仍在催促她站起來跑完比賽。

「等一下！」她煩躁地說。

接著，寶拉從路邊晃回賽道，整個人平躺在地上，雙臂大字型張開。

保羅．哈德從終點區臨時搭建的電視攝影棚飛奔而來；不過三小時前，他還在那宣告女友必定獲勝。現在他看到寶拉時，卻嚇得睜大了眼睛。

「馬上叫救護車！」他大喊，嗓子都啞了。

「快打九一一！誰有大哥大？」

站在旁邊的一名女子把行動電話遞給保羅。

「我覺得我要死了。」寶拉說，而保羅正忙著使用這個櫛瓜大小的裝置。

這時，寶拉周圍的人潮幾乎擋住整條路。現場工作人員沒有設法恢復賽道的邊界，全在看史上最強女子鐵人三項選手躺在地上的奇觀，而鐵人賽終點線就在前方不遠處。寶拉的腦袋漸漸清醒過來，她與醫護人員持續穩定對話，一度告訴他們她還是想要完成比賽——只要給她一點時間就好。

「我可以耗一整天。」她說道。

寶拉坐著二十分鐘，又站了起來。圍觀群眾莫不鼓掌，寶拉微微一鞠躬，動作頗為諷刺。

她開始步行，依然光著腳。眾人陪她走在道路中央，擋住數名選手的去路。寶拉距離終點線十五英尺（約四點六公尺）時，費爾南達．凱勒（Fernanda Keller）衝過她身邊，獲得第三名（第二名早就由伊莎貝爾．莫敦〔Isabelle Mouthon〕奪下）。凱倫．史邁爾斯在終點線後迎接寶拉，兩人抱在一塊。寶拉揚起淡淡的微笑，史邁爾斯的眼眶都是淚水。

*

一九九五年鐵人賽剛結束，寶拉．紐比—佛雷澤提起自己不支倒地一事，把原因歸咎於比賽最後階段營養補充不足。她告訴聯訪的記者，史邁爾斯步步進逼時，自己驚慌失措，衝過多個補給站，完全沒有喝夠水。但後來她坦承，其實早在比賽開始前，自己在心態上就先輸了。

「我變得太貪心了，」她告訴一名記者，「這是人性的老毛病，只要嘗到成功的甜頭，就會想要達到更多目標，一心想著愈多愈好，而不是回頭看對自己真正有效的方法。我原本明明有自己的風格，也知道對自己有用的訓練方法。但是，我周遭的人都用另一套方法。一九九五年出現的那套訓練觀念很適合自行車賽，可是最後我卻沒力了，簡直被自己害慘。」

耐力運動員很早就學會把努力和進步劃上等號。這算是普世的經驗：初學者開始付出一點努力，便會帶來較好的表現，而再努力一點就會產生更好的成果。但運動員從努力的獲益有其限度。許多人因此悶著頭努力，超越了自己的極限。他們把努力當成進步的不二法門，一旦輸掉比賽或沒有達到目標，就反射般地加倍努力。若他們因為過度努力、訓練效果不彰，就會更加拼命努力。努力成了安全感的來源，也是每個問題和疑惑的慣性解方。

問題在於，若把努力和進步劃上絕對等號，只會促使運動員忽略自己的感受。別忘了根據耐力運動表現的心理生物模型，運動員唯有改變自己與感知辛勞的關係，才能可以帶動成績的進步。想要透過訓練產生進步，就得減少運動員在既定速度下的辛勞。因此，假如運動員要訓練跑步，就該要發覺在同樣的感知辛勞下，自己能跑得愈來愈快。當然，運動員難免會有覺得一切都不順遂的日子，就連短暫的艱苦訓練都困難重重，但整體趨勢理應是在相同配速下，減少感知辛勞。假如趨勢剛好相反，就代表運動員訓練過頭，反而變得長期疲勞。若運動員無視身體的警訊，還拒絕減少訓練量，競賽成績就會下滑。

在二〇〇二年發表於《應用生理學期刊》上的一項研究中，英國伯明罕大學（Birmingham University）運動營養學者艾斯可・朱肯卓（Asker Jeukendrup）讓一組自行車手進行了六週的不同訓練。前兩週，運動員以正常強度進行訓練。第三週，他們的訓練量大幅增加，持續到第四週。第四週結束時，車手在兩百瓦（對這些人來說是相對低強度）輸出功率下的感知辛勞，比三週前高出八・九%，顯示重度疲勞。不出所料，他們計時賽的成績在同一時期內下降了六・五%。

凡是蠢到突然自行增加訓練量的運動員，都可以觀察到感知辛勞飆高，進而發現自己的錯誤，然後讓身體有復原的機會。朱肯普研究的第三部分中也證明了此點：連兩週的訓練量減少後，兩百瓦輸出功率的感知辛勞下降，比第一週結束時低了九・五%。

在現實世界中，運動員鮮少會把一週訓練量加倍，但他們確實經常有些訓練過度，甚至在低強度訓練中，也會忽略感知辛勞上升。每名運動員都有各自的最佳訓練計畫，這取決於個人的生理極限。想要從訓練過程中獲得最大益處，就必須考量到個人極限。若運動員不傾聽自己的身體和直覺，反而開始擔心對手的策略，還想設法比他們更拚命，那就等於自找麻煩。運動員平時追求進步時，所面臨最迫切的問題(「我應該再拼一點嗎？還是應該稍微放鬆？」）其實都能從內在找到答案。

對於這種憑感覺訓練的方法，教練有可能從旁協助（鼓勵運動員分享內在感受或提醒運動員不要埋頭若幹），也可能造成阻礙（強迫運動員採用一體適用的訓練方法）。但即使是一流的教練，也無法完全取代運動員的直覺。

伯納德．拉加特（Bernard Lagat）就是很棒的例子。他在家鄉肯亞展開了跑步生涯，前途看好的年輕跑者幾乎都得接受嚴酷又制式化的訓練，導致不少人迅速感到倦怠（這種制度多少削弱了第九章所討論的團體訓練好處）。但伯納德不甘任人宰割，於是選擇了移民，進入華盛頓州立大學（Washington State University）就讀，接受李犁（James Li）的訓練。李犁和提姆．諾克斯一樣，主張運用低訓練強度達成目標。伯納德參與華盛頓大學哈士奇美式足球校隊最後一年，憑著李犁按部就班的訓練，拿下了三座NCAA冠軍。

畢業後，伯納德跌破許多人的眼鏡，繼續接受和李犁的訓練，按照菁英標準進行溫和訓練。不同於大多數同齡跑者的是，伯納德每天只跑一次，每年秋天還會休息五週。這個均衡的訓練計畫造就了十分輝煌的紀錄，包括二〇〇一年至二〇一四年間十一面世界冠軍獎牌，以及二〇〇〇年與二〇〇四年的奧運獎牌。伯納德在沒有提升訓練量的情況下，年復一年都有進步；他三十六歲時，參加五千公尺賽跑，締造了職涯最佳成績：十二分五十三秒六〇。三年後，他在室內三千公尺賽跑中獲得銀牌，是世界錦標賽最年長的獎牌得主。

在二〇一一年網路媒體 Flotrack 的專訪中，伯納德把自己長期的成就歸功於訓練不過量。他說：「教練都告訴我『我們不需要無謂地累積跑步里程，只會跑對你有益的距離』，我的身體狀態對訓練適應良好。在整個過程中，我都感覺自己很有力氣。賽季結束時，我甚至覺得自己能繼續跑下去，因為我沒有任何倦怠感。」

伯納德．拉加特這類運動員，是如何避免「努力就會有安全感」的陷阱，而寶拉．紐比－佛雷澤等人，卻被陷阱害得很慘？加州大學（University of California）學者麥可．馬奧尼（Michael Mahoney）和其他心理學家的研究顯示，某些性格（或因應）特質在容忍過度訓練的運動員身上更常見：其中之一就是強迫行為（這也許在意料之內），另一項就是完美主義。

心理學家將完美主義分為兩大類：適應良好（adpative）的完美主義和適應不良

的完美主義。適應良好的完美主義是永不滿足的心態，對於表現可以產生正面的影響；相較之下，適應不良的完美主義經常導致運動員出現自暴自棄的行為，例如過度訓練。這種完美主義已知與自卑和缺乏安全感有關。總覺得自己不夠優秀的運動員，在不斷證明自己價值的過程中，容易過度訓練。自信的運動員則往往更能憑理性的內在觀察，塑造自己的訓練方式。

伯納德．拉加特和寶拉．紐比－佛雷澤都服膺這項模式。凡是見過伯納德的人都可以證明，他散發著自信的光芒。然而，寶拉畢生都在與不安奮戰。正是因為缺乏自信，她一九九五年才會實驗不同訓練方式，最後結果證實慘烈，她自己也明白這點。

二〇一〇年，她在接受 slowtwitch.com 的專訪時表示：「家庭和學校教育把我塑造成典型的高成就學生。我來自完全不同的文化。回到南非的學校，種種缺點都展露無遺。你被超高的標準檢視。我母親是非常有成就的人，我卻一直有不安全感，覺得自己不夠好，也覺得無法像父母那般優秀。如果我表現得好只會心想『好煩，我下次還要維持這個成績』，我不認為自己優秀的鐵人三項成績是僥倖。我不是曇花一現的選手，但是內心卻有個小小的聲音一直說，也許我真的是曇花一現。」

避免過度訓練所需要的因應技巧就是自我信任。運動員必須根據覺察到的身體狀態做決定，而不是盲從其他運動員，或對於休息心存恐懼。內心缺乏篤定的運動員可能難以做到，但了解過度訓練的心理生物機制——根本原因與解決方法——就能讓過程更加容易。假如寶拉．紐比—佛雷澤希望以鐵人三項運動顛峰之姿引退，就必須從職涯低潮汲取正確的教訓，開始信任自己的直覺。

＊

一九九五年的鐵人賽後，寶拉想盡量遠離鐵人三項運動。這代表她也要遠離聖地亞哥這個鐵人三項聖地與她的第二故鄉。十年前，寶拉曾在倫敦住過一年，對於那段時光記憶猶新。她決定回到倫敦，在市區租了一間公寓，花一個月的時間坐地鐵、看劇、欣賞芭蕾，完全把訓練放一邊。

這段獨處的時光——遠離平時習慣的生活——給了寶拉內省的空間，而內省又把她的心緒帶到全新地方。倫敦並沒有治好寶拉內心的不安全感（她說至今這仍是她要面對的課題），但確實給她足夠的自我覺察力，讓她曉得自己下一步的計畫——相信自己的直覺。寶拉發覺，自己真的很幸運能成為職業鐵人三項選手，這個機會難得又稍縱即逝，她還沒有準備好要放棄，但她不會再為了爭取別人認同而比賽，也不會再讓內心的不安影響訓練。

一九九六年初，寶拉宣布她會回到科納，但「不抱任何期待」。她重拾極簡主義的老派訓練方法，也找到了更合適的平日訓練夥伴——朋友希瑟・富爾（Heather Fuhr）。這位年輕的加拿大職業選手騎得比寶拉慢，但寶拉並沒有強迫富爾追上她，反而自己放慢速度。因此，跑步實力較強的富爾練跑時也會為了寶拉保留實力。

這些變化與寶拉長期參與佛教實務的深化相輔相成。雖然她沒有每天進行打坐，但她會閱讀禪宗公案，並在養花蒔草等單獨活動時進行不帶評價的自我覺察。她開始意識到，運動生涯的發展與個人的成長緊密相連。

寶拉對佛教季刊《三輪》（*Tricycle: The Buddhist Review*）撰稿編輯說：「看起來，我還沒有準備好靜靜地坐著思考生命中的重要問題。我通常會坐一小段時間，處理比較外在的事情，但是還有其他問題需要更深入探究。」

藉由精神上的探索，她變得更專注於自己的狀態，對於外界的評價和期望，並不多做回應。她深信，這個轉變對於她的人生大有助益，也希望這也能幫助自己的運動生涯。

雖然寶拉針對這點所採取的行動可能很小，但她的公開聲明反映她愈來愈懂得自我覺察和自我接納。在夏威夷，她坐在攝影機前接受賽前採訪，該訪問會在ＮＢＣ的一九九六年鐵人世界錦標賽專題報導期間播放。她的語氣與前一年截然不同。她表示：「我覺得自己對於鐵人運動長了點智慧、態度也更柔軟了。我覺得自己不必與比賽硬碰硬，不必非得要九小時內完賽，或是一心想刷新比賽紀錄，或是想要所向披靡。沒有贏也沒關係。」

比賽當天早上的日出，照亮了凱盧阿灣的白浪。開賽炮聲鳴起時，一千四百多名選手躍進了翻湧的水中，鐵人賽從未見過這等浪頭。史邁爾斯回鍋參賽為了衛冕，她比寶拉更會應對波濤的水面，寶拉則晚了三十多秒才到達游泳賽段的折返點。游完泳後，兩人差距擴大到一分十九秒。

在轉換區，寶拉戴上一頂印有美國國旗圖案的安全帽，紀念自己正式有了美國公民的新身分。儘管她得知勁敵領先，仍毫不匆忙地移動。寶拉騎著自己的 Felt B2 公路車還不到十英里時，一名比賽工作人員揮旗，因為她離一名男性選手太近，命令她暫時下車才能繼續比賽。寶拉不得不在自行車與跑步轉換區的違規區內多坐三分鐘。但她對挫折不以為然，繼續前進。

在二十英里標記處，史邁爾斯取得領先。在哈威轉彎後，她與寶拉正面相遇，她很高興——也頗為訝異——發現她在自行車賽段開始時的七十九秒優勢略有增加。

然而，寶拉一直在保留實力，在返回凱盧阿的路上，她開始加快速度。史邁爾斯靠近七十英里標記處時，聽到直升機從後面愈來愈近，便曉得寶拉逼近了。寶拉這名科納女王在超車時加快速度，想要挫挫史邁爾斯的士氣，但史邁爾斯知道這個伎倆，面不改色。

寶拉騎進科納衝浪飯店的停車場時，她把自行車交給了工作人員，然後平靜地走進了違規區，喝了瓶開特力、伸展一下身體，甚至回答了NBC體育記者數個問題。寶拉在「違規區」內放鬆時，史邁爾斯來到轉換區。寶拉進到轉換區時，史邁爾斯還在換衣服的帳篷內，兩人沒有交談。

史邁爾斯比寶拉早二十秒起跑，但她已不是領先跑者。一位名叫娜塔莎·巴德曼的新秀在一分鐘多前就衝過轉換區，創下了當天女子自行車賽段最快紀錄。當年二十九歲的巴德曼曾有菸癮，養著一名十幾歲的女兒，以往沒有任何運動背景。她跑步時面帶少女般的微笑，經常朝著觀眾和其他選手豎起大拇指或比衝浪手勢。寶拉完全不熟悉這名選手。

在前一年的鐵人賽中，史邁爾斯在跑步時覺得有如神助，這天卻沒如此幸運。寶拉在四英里處便超過了她。又過了兩英里，寶拉超越了巴德曼，發覺這位瑞士新秀回應她善意的點頭時，露出反常的不自然微笑。寶拉穿過凱盧阿村，重新進入熔岩區時，已領先巴德曼四十五秒、快撐不下去的史邁爾斯四分鐘。

一切似乎都在掌控之中。但在馬拉松的中間點，巴德曼從寶拉身旁跑過，態度泰然自若，就像寶拉先前騎車超越史邁爾斯般輕鬆。在鐵人賽的跑步賽段中，領先地位一旦換人，通常就是改變不了的事實了。實際上，在寶拉前十次的鐵人賽中，她從未從在馬拉松中，奪回被其他選手搶走的領先地位。深知這點的她，必須做出職業生涯中最重要的決定。腦中那個聲音告訴她，她最好緊跟著巴德曼——假如讓她跑走，就別想追到了。但她最深刻的直覺本能告訴她，要按照辛勞感知的引導，繼續跑自己的比賽——堅持自己認為能維持的最高速度跑到終點。她便讓巴德曼跑走了。

在接下來數英里內，巴德曼把領先優勢拉到整整一分鐘，瘦弱的身體跑在炎熱的道路上，還一度低聲唱著歌。巴德曼和寶拉在賽跑路線一個來回支線上面對面遇到。巴德曼的笑容現在顯得輕鬆自如，寶拉見狀也提醒自己，她參加比賽不是為了取勝，而是盡力就好。然而，盡力就是**在能力所及範圍**努力得勝，所以她加速追趕巴德曼。

巴德曼的領先優勢不再擴大，反而漸漸開始縮小。寶拉在距離終點線五英里處趕上她，巴德曼加快腳步、負隅頑抗。老將寶拉在接下來三英里衝刺了好幾次，卻還是無法擺脫那名年輕對手。寶拉即使很擔心，也沒有表現出來。賽道最後一座小山位於凱盧阿村的邊緣，距離終點一點五英里。寶拉卯足全力再次衝刺，終於擊潰了巴德曼。

數分鐘後，寶拉來到了一年前那個地點，當初充滿恥辱、挫敗滿滿地癱坐在路邊。她經過時舉起雙手，一年前的心情是「我在搞什麼鬼？」但這次卻是帶著自嘲的笑容。她以九小時六分四十九秒的成績衝過終點線，獲得了第八座鐵人賽冠軍。

這也是她最後一次參賽。一九九六年後，寶拉的運動重心擴大到其他領域，包括越野跑和登山車運動。二〇〇一年，她在鐵人賽上鞠躬向觀眾道別時，只是想看看自己四十歲時的能耐，她當時拿下第四名，成績值得肯定，但遠遠落後於後起之秀娜塔莎·巴德曼，巴德曼當時三度獲得鐵人賽冠軍，後來生涯共拿下六座冠軍。

二〇〇九年，寶拉所保持的鐵人賽輝煌紀錄終於被打破——英國女子克莉希·威靈頓（Chrissie Wellington）締造了八小時五十四分兩秒的全新紀錄。四年後，澳洲選手米蘭達·卡佛瑞以八小時五十二分十四秒又刷新紀錄。在繳出如此亮眼的成績之前，卡佛瑞曾聽取寶拉的建議，這段對話也錄了下來。

寶拉說：「對我來說，身為運動員，長年接受訓練下來的最大收穫就是不要貪心。記得自己隔天還得起床再努力，永遠都要留點餘地。我認為，這正是讓許多運動員難以長壽、常常受傷的關鍵因素。每個人都不懂得滿足，媒體又會推波助瀾，把你炒作起來。其他人也都差不多。你必須對自己有堅定的信念，也要對（你的教練）有信心，反正相信就好。不要滿腦子都想要得到更多成就。時機到了，效果就會出現。成功就成功，不要自找麻煩，對吧？」

以上是一位運動員的真誠建議，她費盡千辛萬苦才學會在心裡找答案。

第九章

團體效應

水泥灰色的雲層像天花板般，懸掛在米希蘭契朗公園（Myslecinek Park）上空。這座公園是大型戶外休閒區，位於波蘭北部比得哥什市（Bydgoszcz）郊外數英里處。景色本身淒涼黯淡，就像一幅廢棄戰場的黑白照片。在光禿禿的樹叢之間覆蓋著結塊的積雪。二〇一三年三月二十四日，雖然已正式進入春天，但空氣還是冷冽，狂風吹拂下更加刺骨。

雪地被鑿出一條兩千公尺長的泥巴路，四周以護欄和封鎖線隔開，其中一頭是臨時搭建的建築——數排長形白色帳篷、一個擠滿觀眾的看台，還有一對鋁製鷹架搭成的高塔，高塔之間懸掛著一條亮黃色橫布條，上面印有「二〇一三年比得哥什世界越野錦標賽」(IAAF World Cross Country Championship BYDGOSZCZ 2013）字樣。

橫布條下方站著一百〇二名身材修長的年輕人，他們分別身穿十五個國家的代表色，單腳上下跳躍、抖動雙腿，努力紓緩緊張，順便熱身一下，喚醒肌肉活力。當地時間是下午兩點九分，比賽將在一分鐘後開始，這是當天四場比賽中最後也最受矚目的一場。

六人組成的美國代表隊擠在最左邊，身穿著海軍藍和紅色衣服。克里斯·德瑞克（Chris Derrick）是史丹福大學應屆畢業生，在當年二月聖路易斯舉行的全美錦標賽奪冠，獲得參加世界錦標賽的資格。另一名年輕的史丹福校友艾略特·希斯（Elliot Heath），在全美錦標賽拿下第四名，取得前往比得哥什的門票。詹姆斯·史特朗（James Strang）原本未能進入前六名，但兩位排名前面的選手主動讓出名額，他因而也受邀前往波蘭。而萊恩·維爾（Ryan Vail）和巴比·麥克（Bobby Mack）先前就是二〇一〇年同樣在比得哥什舉行的世界越野錦標賽隊友。萊恩在那場比賽中排名四十四，巴比排名六十六。班恩·特魯（Ben True）是該隊外卡選手，算是大器晚成，高中只有參與越野滑雪，但表現年年都在進步。

在美國隊左邊十英尺（約三公尺）排著肯亞隊，選手身穿著黑、綠、紅三色。雖然他們站得離起跑線很遠，卻是眾人關注的焦點。觀眾直接張口結舌地看著禿頭六人組。攝影機和相機莫不在他們身上停留，其他對手試圖忽略肯亞隊，但每次萊恩·維爾瞥到他們，胃部就會開始攪動。

這樣的關注和敬佩——還摻雜著恐懼——其來有自。肯亞簡直稱霸世界越野錦標賽，這在運動圈可說絕無僅有。自一九八六年以來，肯亞贏得成年男子組比賽共計二十四次，只輸了兩次。還有幾次，肯亞隊取得了近十分的完美成績，這相當於棒球比賽的完封（在世界越野錦標賽中，六人代表隊前四名獲得的積分等於總排名，加總最低者獲勝）。近三十年來，美國與肯亞的得分差距都超過五十分。

廣播系統傳來聲音要跑者們各就各位。他們穿越了衣著厚重的官方人員所組成的人牆，彎腰對齊泥土上畫好的粉筆線。一聲槍響，隨即又響一聲，結果就出現搶跑。巴比・麥克聽到了第二聲槍響，但以防萬一還是繼續往前衝。其他運動員也具備同樣本能，毫無顧忌地向前跑，直到他們遇到一名官方人員站在距離起跑線三十公尺處，瘋狂地揮舞著一面黃旗，這是代表「停止」的國際通用旗號。所有跑者遵照指示停下來，但早已先踩踏過了一個冰冷的泥坑，這便是搶跑的代價。

全部選手都被趕回了起跑線。兩分鐘後，槍聲再次響起。跑者們衝過一百五十公尺的泥濘直線跑道，衝向主彎道，這是此次路線眾多急轉彎中的第一個彎道。假如選手沒辦法在這個阻塞點來到主要跑者群前方，就會很容易落隊。鮮少有比賽會讓運動員一開始就陷入危機，但世界越野錦標賽總是如此出奇不意。

在離開美國前，艾略特・希斯曾向他在史丹福大學的前隊友暨越野賽老鳥選手西蒙・拜魯（Simon Bairu）尋求建議，拜魯卻只說：「這會是你這輩子最爛的經驗。」

衝在最前方的肯亞隊顏色非常顯眼。三年前，賈菲特・科爾（Japhet Korir）就在這條賽道上，獲得了青年比賽銅牌。喬納森・恩迪庫（Jonathan Ndiku）曾兩度獲得三千公尺障礙賽青年世界冠軍。傑佛里・基瑞（Geoffrey Kirui）在一萬公尺比賽中締造了二十六分五十五秒的個人最佳成績。奧茜・馬查里安（Hosea Macharinyang）贏得大愛丁堡路跑（Great Edinburgh Run），這是世界競爭數一數二激烈的十公里路跑。菲利蒙・傑洛（Philemon Cherop）曾花不到六十一分鐘就跑完半程馬拉松。提莫西・基普圖（Timothy Kiptoo）以四十二分四十八秒的成績跑完十五公里，當時史上只有四位美國人的成績超越他（但都沒有參加這次比賽）。

兩分鐘後，肯亞隊便占據了前三名，後方的跑者們莫不擠成一群，一直延伸到最後。這群跑者們看起來活像一條中國龍，在狹窄曲折的泥濘賽道上奔騰而過，偶爾當選手跳過賽道工程師前天安裝的木屑覆蓋土質障礙物，就像形成一道浪頭從前方掠到後面。

克里斯・德瑞克和班恩・特魯開賽當下衝勁十足，穩居前二十位。克里斯感覺自己狀態很好，先前在美國錦標賽奪冠打了劑強心針，他相信自己有資格與強者一較高下。賽前，教練傑瑞・舒馬赫（Jerry Schumacher）對他說：「你不是比賽中最厲害的跑者，但沒必要怕任何對手。」克里斯也確實不怕。

跑者魚貫進入一段蜿蜒的路線，有些彎道太窄太滑，他們轉彎當下不得不停下腳步、張開雙臂，以免打滑出界。前方選手突然急停，就會導致一群人擠在一塊，宛如尖峰時段交通事故後方的汽車一樣，而且確實也發生了大大小小的碰撞。

美國隊前一天勘查這條路線時，幾乎難以相信雙眼所見。艾略特滑倒了，導致臀部外展肌拉傷加劇。當天稍晚，一名記者問班恩對於賽道的看法，班恩表示：「這絕對是我這輩子見過最難的賽道。我覺得，比賽過程中至少會有半數選手跌倒至少一次，否則就太神奇了。」

在距離起點僅一英里多，選手們就遇到了稱為「好漢丘」(the Hill）的地方，此處類似懸崖，原本是個滑雪坡，二十四小時前積雪才被移走。好漢坡不足的長度（約兩百公尺）全都用瀝青（約一五％）補足了。假如它再陡一點，選手們可能就要手腳並用翻過去了。這裡共站了三排觀眾，距離近到能碰到經過的選手，他們想必不會介意有人幫忙推一把。

眾選手們剛爬上山頂，就發覺跑下坡簡直是自由落體。他們完全暴露在午後陽光下，這段令人望之生畏的陡坡，也是環狀路線最泥濘的一段。他們只有兩個選擇：放膽向下跑，像失控的十八輪貨車向下俯衝，或者邊剎車邊跑，但被不怕死的跑者甩在後頭。到了山坡底部，跑者正好達到極限速度，卻要先躍過一個障礙物，緊接著是右急轉彎。此時，幸好賽道平坦起來，維持一百公尺左右的直線。領先選手們抓緊機會，立即加快配速，拉大與後面選手的距離。

比賽計時器顯示五分三十四秒時，提莫西・基普圖跑完了第一圈，剩下五圈。感應器讀取戴在他腳踝上的電腦晶片，記錄了時間與位置，再繼續讀取他身後其他跑者的資料。這些資料立即整合成個人賽與團體賽排名，再顯示在觀眾看台上方的巨大螢幕上。肯亞的第四位跑者（最後一名得分者）傑佛里・基瑞目前排名第十四；美國短跑健將克里斯・德瑞克緊跟其後，排名第十五。肯亞隊以二十三分暫居團體賽冠軍，美國隊落後九十九分，排在第六名。

部分理論指出，肯亞人——尤其是東非大裂谷卡倫津部落（Kalenjin）——天生就具有跑步的「基因優勢」。這個理論有點令人憂心，而且基礎也不完全合理。畢竟沒有人主張，芬蘭在一九一二年至一九二八年間稱霸賽跑也是基因優勢所導致。西北大學心理學家亞當・維茲（Adam Waytz）便探討了其中差異，他取名為「超人化偏見」（superhumanization bias）。他的研究顯示，白人更有可能把超人的特質歸諸於黑人本身，卻不會以同樣標準看待表現優異的其他白人。因此，白人稱霸某項運動時，白人傾向於從社會或環境尋找原因，例如職業道德感強烈；但白人看到黑人稱霸某項運動時，卻更可能從族群本身尋找原因。即使如此，我們不能僅僅因為討厭以種族為依據的雙重標準，就反駁肯亞跑者具有基因優勢的觀點。原則上，這確實不無可能。

假如基因優勢確實存在，可能的組成為何？其中有項可能是，至少部分肯亞人具備有利跑步表現的基因，而這些基因卻不存在於其他族群中。舉例來說，光是地球上的卡倫津人便可能有個基因，可以強化對於有氧運動的特定適應反應，像是線粒體生成。然而，生物學家說這個機率極低，因為僅存在於單一族群中的基因變異極少。

另外，即使卡倫津部落壟斷了一個固定的基因，也可能不足以構成絕對優勢。無論是在跑步或其他運動中，沒有單一基因組合能造就偉大。科學家們已發現了各式各樣的基因，有助於在特定類型的運動中發揮作用，卻還沒有發現在任何運動都能表現優異的關鍵基因。正如大衛．艾波斯坦（David Epstein）在《運動基因》（*The Sports Gene*）中所言：「短跑運動員跑得快的基因，可能與另一跑道上競爭對手跑得快的基因完全不同。」同樣的原則也適用於長跑選手。馬里蘭大學功能基因體實驗室主任史蒂芬．羅斯（Stephen Roth）說，其實有數兆種不同的基因組合，可以讓身體達到最高水準的跑步效率，而這些並不全都是肯亞人專屬。

若肯亞人真的有跑步基因優勢，可能只是某些有利於跑步成績的基因組合盛行率較高。這樣一來，最優異的肯亞跑者並不會比其他族群中最優異的跑者更具天賦。單純只是有天賦的跑者較多。

除了基因之外，肯亞人稱霸跑步運動的另一項理論是基於文化和環境。目前有許多證據支持這項理論，一切始於以下的事實：運動由單一國家稱霸並非跑步特有的現象。實際上，鮮少有運動不是由少數國家所稱霸。一九六八年以來，小小的古巴已在拳擊運動獲得了六十七面奧運獎牌，比其他任何國家都還多。世界前二十名女子高爾夫球選手中有一半是韓國人，前二十名女子網球選手中有一半是東歐人。在過去十六屆足球世界盃中，其中有十三屆都可看到德國隊擠進前三名。

稱霸特定運動的國家都有一項基本特色：該國公民對這項運動為之瘋狂。套用公式來說就是：國家稱霸單一運動，是公民參與範圍與強度的結果。假如某國有大量公民參加某項運動，而其中許多人不惜一切要達到最高成就，那該國就一定能在國際競賽中取得好成績。

就跑步來說，肯亞便滿足上述兩項條件。整個過程從童年就開始了，肯亞人普遍視長跑為交通方式，數百萬的肯亞孩子每天都跑到學校。更重要的是，肯亞孩子到了學校後，發現只有兩項運動可以選擇：跑步和足球。肯亞沒有在足球大放異采的傳統，但跑步是年輕運動員視為脫離肯亞赤貧生活的現實管道。因此，肯亞人願意付出巨大的犧牲，而其他國家的跑者可能不會為了跑步成績付出相同的犧牲。

亞德哈羅南德．芬恩（Adharanand Finn）在《我在肯亞跑步的日子》（*Running with the Kenyans*）一書中，提到了碧翠絲（Beatrice）的故事。碧翠絲是身材略胖的肯亞女子，她求學期間從未參加過賽跑，而且真心討厭跑步。但是到了二十歲時，她選擇獨自搬到肯亞跑步運動的重鎮伊滕（Iten），立志成為職業跑者，僅靠她母親資助勉強度日，她母親全心全意支持著女兒的夢想。世界上沒有其他地方像肯亞一樣，許多人明明幾乎無望成為職業跑者，仍願意放棄一切，追求以跑步謀生的目標。

全國上下對於特定運動的痴迷並非無中生有，一定先有把熱情點燃的火種。二十世紀初，芬蘭是尚未工業化的貧窮國家，許多人都在戶外工作，交通都是靠雙腳或（冬天時）越野滑雪。這些外在刺激造就了漢內斯．科勒邁寧（Hannes Kolehmainen），他在一九一二年奧運上贏得了三面跑步比賽金牌。科勒邁寧的勝利在祖國掀起了熱烈的路跑熱潮。每名芬蘭男孩都想成為下一位奧運英雄。結果就是，芬蘭稱霸了跑步運動長達四分之一個世紀，全盛時期培養出許多運動員，成績大幅超過了當初的先鋒科勒邁寧。最終，漢內斯．科勒邁寧激發全國民眾對於跑步的熱情和參與，對芬蘭頂尖跑者的表現產生的影響，遠遠大於當初生活貧困、工業化不足和人力交通等等造就芬蘭首位偉大跑者的外在條件。

社會學家約翰·布魯恩（John Bruhn）把這種現象稱為團體效應。耐力表現的心理生物模型說明了團體效應如何在跑步等運動中發揮作用。根據這個模型，在任何運動強度下，凡是減少運動員感知辛勞的因素都會提高成績。有些帶來這類影響的因素並不明顯，其中就有社交動機，包括心理學家所說的行為同步（behavioral synchrony）。一般人在與別人合作時，大腦會比單獨進行任務時，釋放出更多提振情緒、抑制不適的腦內啡。二〇〇九年，牛津大學進行了一項研究，受試者是大學划船選手，研究結果發表於《生物學報》（*Biology Letters*）。十二名男性運動員分別在兩次情況下，接受了疼痛敏感度測試，一次是在單獨划船四十五分鐘後，另一次是在與其他槳手同步划船四十五分鐘後。結果證明，受試者有人一起划船時，疼痛敏感度明顯降低，這可能是因為大腦釋放了更多的腦內啡。

感知的辛勞與痛苦雖然不同，但也沒有太大差異。大多數增加疼痛耐受力或降低疼痛敏感度的因素，對於感知的辛勞有類似影響，團體效應也不例外。耐力運動員在與隊友共同訓練和比賽時，感受的辛勞少於單獨訓練，表現也更好。如同過火者倘若左右邊都有同伴牽著手，就能在滾燙的煤床上走得更遠。行為同步所產生的團體效應，並不一定是從後天習得，而是潛藏在每個人身上的因應技巧，隨時準備在適當的情況下啟動。

什麼是適當的情況呢？共有兩類情況與跑步等耐力運動相關，分成微觀和宏觀。第一類情況（微觀）是任何類型的團體鍛鍊或分隊競爭，即許多運動員相互合作。每當發生這類情況，行為同步就會提升表現。另一類情況（宏觀）是指更加廣泛的運動文化，許多運動員常常進行團體訓練和比賽。只要運動文化充滿活力，有非常積極的運動員組成眾多團體，行為同步就可以達到最高強度、產生最大效能。

這個雙層結構的團體效應，確保運動文化會有源源不絕的成功。在肯亞，跑步運動最初之所以成功，主要是因為民眾普遍有跑步經驗、東非大裂谷（Rift Valley）位於高海拔，可能也因為雙腿長且後腿窄的盛行率高（即有部分科學根據的「基因優勢」）。這些客觀條件造就了一些頂尖跑者，而這些跑者又建立了一種文化，促使男男女女不顧一切進入肯亞崇尚跑步的殿堂。這種文化對於提升肯亞跑步選手成績的影響，遠遠大於當初營造出該文化的客觀條件。每天都有跑者滿懷希望地抵達伊滕，不管是否真有天賦，都願意住在一個衣櫃大小的房間，生活全憑他人接濟，每週跑上一百英里，即使希望再渺茫也想爭取出國比賽的機會。在眾多跑者共同努力下，肯亞的跑步文化凝聚著一股社會力量，把所有人帶向更高的水準，這是缺乏向心力的環境難以企及的現象。

雖然目前尚不清楚肯亞人是否具有跑步基因優勢，但可以肯定的是，他們確實有文化優勢，並以團體效應的方式彰顯出來。一旦考量了這項優勢，又剩多少比例能推給基因呢？

實在不多。肯亞選手主宰田徑賽事，多半是以統計學的框架呈現，這往往會誇大了他們的優勢。例如，在二〇一四年，前百名最快的男性馬拉松成績中，共有五十七名是肯亞人，真的不可思議。但這樣的數字掩蓋了一項事實：肯亞最優秀的選手其實與其他國家的頂尖選手差不多。英裔美國人艾倫・韋伯（Alan Webb）以三分四十六秒九一的成績，創下了二〇〇一年以來男性跑者最快一英里紀錄。女子馬拉松世界紀錄保持人是英國的寶拉・拉德克利夫（Paula Radcliffe），完賽時間是兩小時十五分二十五秒。莫莉・哈德的美國五公里路跑紀錄（十四分五十秒）只比肯亞選手締造的最快紀錄慢三秒，等於才〇・三四％。假如其中差異有五成歸諸於團體效應，那肯亞人備受吹捧的基因優勢占比甚至不到〇・二％。

*

在第二圈開始時，前頭領先選手微幅加速，導致前二十名選手與其餘選手之間突然拉開了差距。克里斯・德瑞克名列前茅，後頭追趕群有暫居第三十名的艾略特・希斯、第五十二名的巴比・麥克、第六十一名的詹姆斯・史特朗和第六十二名的萊恩・維爾。班恩・特魯發現自己夾在兩批跑者中間，內心升起急機意識，於是邁開大步，奮力跑進領先群中，就像亡命之徒跳上一輛路過的貨車。他參加比賽的目標是進入前二十名，若現在追不上領先群，就不用實現這個夢想了。

比賽計時器來到七分十秒時，領先選手們又跨越了另一個泥土障礙物。賈菲特・科爾雙腳被絆倒，雙手和膝蓋雙雙撲地，害烏干達選手提莫西・托羅伊奇（Timothy Toroitich）也跟著跌倒。衣索比亞選手特斯法耶・阿貝拉（Tesfaye Abera）眼見機不可失，立即衝到前面，希望把科爾從領先群中淘汰，但科爾卻很快站起身，重新加入了領先群。然而，領先群尾巴有幾名跑者卻跟不上了。克里斯・德瑞克仍然自覺體力十足，順利配合阿貝拉的衝刺。班恩・特魯緊跟在他身後。

領先群第二度進入最曲折危險的路段。阿貝拉決定在窄彎處冒險加速，希望拉開與後方較保守追兵的距離。但他向左急轉彎時卻失去控制，朝著道路最右側邊緣滑出去，右大腿撞到標記賽道邊界的封鎖線。他身後數名選手的狀況更慘：有人撞到了綁封鎖線的金屬柱，有人一頭栽進泥裡，還有人丟了一隻跑鞋，不得不停下來換鞋。

跑者現在渾身沾滿泥巴，甚至有幾滴濺到臉頰，至於腿上沒沾到泥巴的皮膚，則因為暴露在冰雪中而紅腫。然而在狼狽的外表下，選手們卻是熱血沸騰。班恩脫下了頭套，詹姆斯把手套扔給了妮利．史賓斯（Neely Spence），她在當天稍早獲得女子組第十三名。

眾人第二度挑戰好漢丘。澳洲選手科利斯．伯明翰（Collis Birmingham）率先越過山坡，賽道在山坡底部漸漸變寬，領先群因而與後方追兵拉開了一段距離。克里斯緊跟其後，輕快步伐持續散發著自信。他以第十名的成績通過四公里計時點，僅落後領先選手一秒。他前面有兩名肯亞選手，後面有另一名肯亞選手。班恩暫居第十四名，後方另一位肯亞跑者緊追著。第一圈結束時排名第三的肯亞選手喬納森．恩迪庫（Jonathan Ndiku）由於跟腱受傷，被迫退出比賽。艾略特．希斯仍然排在第三十名，但巴比．麥克和萊恩．維爾已分別前進至第四十五名和第四十九名。美國隊團體成績從第六名上升到第五名，落後第一名肯亞隊六十九分，比賽還剩四圈。

領先選手們又加快了速度，展開新一圈的競逐。他們遇到第三圈第一個障礙物，克里斯迅速兩步跳到上頭又跳下來，著地時右腳重心不穩，腳踝立即爆痛。克里斯接下來一拐一拐地跑了幾步，盡可能把重量壓在右腳，希望受傷的肌肉組織能迅速麻痺。果真奏效，他又努力往前跑。

接著有三名選手從領先群脫離，於是該群人數減少到十七人。片刻之後，一直跟在克里斯身後的班恩追了上來，彼此用眼神確認了一件事：我們拼了！

美國人向前方選手們奔去時，兩名衣索比亞人逐漸跟不上，身體稍微晃了兩下便被甩到後頭，活像從下沉船隻傾斜甲板落下的船員。領先群跑到美國隊教練羅伯・蓋瑞（Robert Gary）站著觀看的地點，他迅速清點了一下人數。

「只剩十一個人了！」他後來回憶自己當時喊道：「你們這群只剩十一個人！」

他希望克里斯和班恩明白他作夢都不敢想的機會：你們兩人都可能進入前十名。十六秒後，艾略特跑了過去，萊恩和巴比緊緊跟隨，他們在這場體力消耗戰占了上風，不必加速就超越一名又一名跑者。蓋瑞把克里斯和班恩的名次告訴他們，內心清楚這件事會產生的影響（即團體效應）。

他們又跑到好漢丘上頭，這條坡感覺比前兩次更陡更長了，圍觀群眾當然也更密集了，比賽態勢漸漸成形，表現出色的隊伍和個人都有許多支持者愈來愈熱情地加油。由於環形賽道狹窄的特性，讓有心的觀眾可以從 A 點衝到 B 點，這樣就能遇到跑者兩次。在場不少美國觀眾便興高采烈地衝來衝去。

肯亞選手賈菲特．科爾和厄利垂亞選手特克勒馬里姆．梅達辛（Teklemariam Medhin）帶著領先群通過賽道最高點。只剩下三名選手追得上他們，一片混亂地奔下另一頭危險的下坡，這個坡度對於雙腿發抖搖晃、疲憊不堪的選手毋寧更可怕。克里斯驚覺眼前出現了缺口，便宛如雪崩般衝下山坡。班恩跑得比較小心，抵達坡底已落後領先群二十公尺。

共有五名非洲人在十六分三十二秒通過了六公里計時點。克里斯落後兩秒，暫居第八；班恩落後三秒，暫居第十一。肯亞隊已失去了優勢，但這支常勝軍仍有四名選手進入前二十名，團體賽成績更領先了四十分。艾略特在第三圈超越兩名選手，暫居第二十八。巴比和萊恩分別暫居第三十三和第三十四，在前一圈總共超越二十七人。如今跑完三圈、還剩三圈，美國隊團體賽排名雖然仍暫居第五，但與第四名的烏干達隊只差了四分。

在第四圈剛開始時，艾略特繞過一個泥濘彎道，感覺左腿突然使不上力，好像腳踝被套索套住了一樣。他勉強撐住避免自己劈腿，一陣劇痛突然襲來，刺激到原已疲痛的臀部外展肌。就像前頭的克里斯一樣，他忍著疼痛奔跑，直到身體習慣後麻痺。抽痛感才剛平息下來，萊恩和巴比就從旁邊跑過。艾略特就讀史丹福大學時，就曾為了團隊利益犧牲自己（例如田徑運動會中參加多達三場比賽）因此出名。此刻，雖然他努力想和他們一起衝，但就是辦不到。美國隊如今有五名選手進入前三十名。

在前面，克里斯和班恩正拼命追趕五名非洲選手組成的領先群。然而，克里斯開始覺得跑得好辛苦，既冷又缺氧，全身發麻，眼前畫面像棕褐色的老照片。他變得不在意步伐是否亂掉，也不知道班恩是否還在旁邊。

就在此時，班恩超越了自己的隊友，向前直奔領先群。克里斯感受到這股班恩的拉力，克里斯跟了上去，兩人開始縮小差距。比賽計時器顯示十八分六秒，泥土障礙物再度出現，美國隊重回領先群，當時人數已增加到十人。他們向右跑進一個大型彎道，班恩的右腳踩到雪下溼滑的鐵路枕木，不慎滑了出去，但他憑著滑雪經驗的反射動作，最後得以保持直立。

肯亞選手科爾和衣索比亞選手伊馬內・梅爾加（Imane Merga）逐漸脫穎而出。他們不斷加速推進，其餘選手努力撐著。所有人再次跑上好漢丘，領先群也再次分裂。下坡底部，班恩在六名選手後方十五公尺，克里斯則在二十公尺後苦追。他極度疲倦，迎頭趕上的機率似乎比上一圈還要低上許多。他以第十名的成績通過了八公里計時點，比領先群晚了五秒。十來名選手陸續經過後，巴比也急速奔來，他在第四圈超過了十一名選手；三秒後出現的第四位跑者是萊恩，他當時已超過了八名選手。艾略特又晚一秒，勉強排在第三十名。

團體賽排名很快出現在大型螢幕上：肯亞和衣索比亞以四十一分並列第一；厄利垂亞以五十七分排名第三。美國以六十四分排名第四。

羅伯．蓋瑞看到分數後，他拔腿奔向附近的賽道，在克里斯和班恩經過時大喊（類似的話）：「前三十名我們占了五名！有機會奪牌！」

羅伯曾代表美國參加一九九八年在摩洛哥舉行的世界越野錦標賽。他和隊友早預料到美國隊必像往年遭受打擊，最後果真如此。肯亞以接近完美的十二分獲勝；美國隊成績是一百九十四分，在十五支球隊中排名第八。那是羅伯教練首次在波蘭見到今年世錦賽越野代表隊，他看到隊伍設下如此過度天真又樂觀的目標，內心暗自發笑。如今，他卻是真的綻放笑容。

*

除了肯亞和芬蘭之外，團體效應也打造了其他的跑步王朝。一九七九年，美國越野錦標賽前五名中，有四名都來自同一支隊伍：大波士頓田徑俱樂部（Greater Boston Track Club，GBTC）。四年後，在波士頓馬拉松賽前十名中，GBTC就占了四個名額（包括第一名的比爾．羅傑斯〔Bill Rodgers〕獲得）。

波士頓是世界上最早馬拉松的發源地，也是一九七〇年代席捲美國的跑步熱潮起點。一九七四年，比爾．史奎爾斯（Bill Squires）擔任剛成立的GBTC第一位教練，他深信亞瑟．利迪亞德（Arthur Lydiard）倡導的大量低強度訓練方法。在接下來數年內，波士頓地區出現了一大批天賦異稟的年輕跑者。這些外在條件替GBTC帶來初期的成功，但最終仍是憑著團體效應，讓該俱樂部成為跑步史上所向無敵的隊伍。

一九七五年，比爾．羅傑斯贏得波士頓馬拉松冠軍（刷新美國紀錄）後，GBTC吸引了美國各地懷抱大夢的年輕跑者。就像現今肯亞的跑者一樣，這些男男女女不惜冒著一切風險追求夢想。

安迪．帕爾默（Andy Palmer）就是典型的例子。帕爾默大學時只打籃球，二十四歲才開始練跑。身高一百九十三公分的他天生不適合跑步，從事有氧運動的天分普普通通，參加前兩次在緬因州北部和魁北克南部偏遠森林公路賽，獲得了第四名。儘管如此，帕爾默還是決定辭去教職，搬到波士頓，加入該市日益壯大的跑者群。他和GBTC的成員一起練跑，其中包括比爾．羅傑斯；羅傑斯找帕爾默到他的跑鞋店工作，好讓這名追夢的小夥子不致於餓死。

安迪首次參加波士頓馬拉松是在一九七九年，該年GBTC占了前十名中的四個名額。他以兩小時二十九分四十六秒的成績排在第二百六十六名。四年後，安迪以兩小時十六分二十五秒的成績，贏得了僅辦一屆的「波士頓馬拉松節」（Boston Fest Marathon）。當地跑步社群幾乎沒特別留意安迪的表現，畢竟在郵差每週要跑一百二十英里的年代，這樣的成績稀鬆平常（迪克．馬奧尼〔Dick Mahoney〕是全職郵局員工，也是GBTC的成員，馬拉松完賽時間是兩小時十四分）。帕爾默贏得比賽的同一年，共有八十四名選手——其中大部分是美國人——都在兩小時二十分鐘內完成波士頓馬拉松比賽，冠軍葛瑞格．梅爾（Greg Meyer）也是GBTC的成員。

這項成就至今未有人能重現。但後來金錢的糾葛，破壞了GBTC內部與整個美國跑步界的團體效應。一九八一年前，運動員不得接受獎金或簽署代言合約。後來，比爾．羅傑斯和幾名勇敢的同輩反抗體制的剝削。大型跑鞋品牌開始付錢請一流跑者穿戴他們的產品，但他們只簽了像羅傑斯這樣的菁英跑者，而忽略了安迪．帕爾默等其他非頂尖跑者。結果，擁有二軍實力的年輕跑者，不再特地辭掉工作、搬去波士頓與菁英跑者切磋。

美國跑者的表現水準逐年下滑。這並不是因為美國頂尖跑者的先天基因優勢減少了，而是因為天賦略差卻同樣受專業訓練的無數跑者大幅減少，最具天賦的跑者缺乏足夠刺激。美國的跑步成績低谷當屬二〇〇〇年雅典奧運，當時沒有任何美國選手在超過四百公尺的比賽中，獲得前五名的成績。少了菁英榜樣的激勵，大學和高中的跑者也跟著慢下來。一九九〇年代，只有九名高中男子兩英里完賽時間不到九分鐘，但在一九八〇年代和一九七〇年代，這個人數分別是五十一人和八十四人。

在經歷了二〇〇〇年奧運跑步的慘烈表現後，美國跑步圈的大老們決定要設下停損點。他們假定，團體效應的缺乏導致美國跑步運動衰落，因此設立學士後跑步俱樂部，招募菁英級跑者來導正問題。他們希望，這些俱樂部的跑者能受惠於微觀層面的行為同步，進而取得出色的成績，到頭來替美國跑步圈注入活水。

這招果然奏效。迪娜．卡斯托爾（Deena Kastor）從阿肯色大學（University of

Arkansa）畢業後，便加入猛馬象田徑俱樂部（Mammoth Track Club）。她在二〇〇二年和二〇〇四年世界越野錦標賽中共獲得兩面銀牌，在二〇〇四年奧運馬拉松比賽中獲得一面銅牌，還分別在二〇〇五年芝加哥馬拉松、二〇〇六年倫敦馬拉松奪冠。戴森・瑞茲海恩（Dathan Ritzenhein）在科羅拉多大學完成學業後，加入了Nike奧勒岡跑者計畫（Nike Oregon Project）。他在二〇〇一年世界青少年越野錦標賽和二〇〇九年世界半程馬拉松錦標賽中都獲得銅牌。沙蘭・佛拉納根（Shalane Flanagan）也加入了奧勒岡跑者計畫，並在二〇〇八年奧運一萬公尺賽跑中獲得銀牌、二〇一一年世界越野錦標賽中獲得銅牌。美國人重新站上了領獎台。

進步的趨勢目前仍在持續中。在二〇一三年世界戶外田徑錦標賽上，美國隊在男子和女子八百公尺和一千五百公尺項目中獲得四面獎牌，超越肯亞隊的三面獎牌。一年後，共有二十名美國高中男生在單次運動會中，只花不到九分鐘就跑完了兩英里。

二〇〇九年，萊恩・維爾從奧克拉荷馬州立大學畢業時，天賦出眾的美國青年跑者再次相信，心中偉大的跑步之夢值得追求。早在十年前，大環境缺乏激勵因素，萊恩說不定大學畢業後就會放棄運動，因為他在NCAA錦標賽中從來沒擠進前四名（不過他率領隊伍拿下二〇〇九年NCAA越野錦標賽團體冠軍）。儘管萊恩缺乏亮眼的個人成績，跑鞋大廠 Brooks 還是看到萊恩的潛力，提供她一份代言合約。他搬到奧勒岡州波特蘭市，與其他美國職業青年選手集訓，沉浸在團體效應中。

「我一直都是屬於團隊的人，」萊恩告訴我，「隊友全都指望我的時候，我就可以跑出最佳成績。」

二〇一三年，萊恩前往波蘭的比得哥什，第四度代表美國參加世界越野錦標賽，他依然團隊精神滿滿。

比賽計時器來得二十二分四十一秒，班恩・特魯奮力回到領先群。克里斯仍然落後十步左右，尚未取得進展。他怎麼想都想不透，班恩從來沒跑得比自己快，他知道自己現在理應跑在班恩旁邊。但兩人的距離被拉得太遠，失去了原有的牽引力。克里斯的步伐慢得出奇，身體也重得不可思議。他突然感到一陣懼怕，懷疑自己是否快到極限，這是以往比賽從未有過的經驗。

科爾帶領前六名選手魚貫穿過狹窄的蜿蜒賽段，這段在前幾圈造成了慘烈的事故。這是後頭追趕的選手最意想不到的衝刺地點，因此科爾決定發動猛攻。五名追兵立刻加速跟上，但有兩人——伯明翰和班恩——落了隊。

沒多久，好漢丘出現在眼前。班恩的耳畔迴盪著美國群眾的歡呼聲，他拖著腳步朝山頂跑去。

「我們拿得到團體銅牌了，班恩！」

「每一分都很重要，班恩！每一分都是！」

最後一圈開始時，儼然是四名選手的個人冠軍爭奪戰。班恩開始最後一圈時暫居第六，比領先群慢了八秒。克里斯則是排名第九，落後班恩七秒。巴比和萊恩並肩跑著，分別排在第二十一和第二十二位。

萊恩還清楚地記得，羅伯．蓋瑞緊盯著他們，直指著前面兩名跑者，分別穿著代表厄利垂亞的紅、綠、藍三色賽服，以及代表南非顏色的賽服。

「你一定要追上那兩個！」他喊道，「只要追過了，我們就拿銅牌了！」

羅伯其實並不確定，但根據萊恩所說，教練的話再次達到了預期的效果。萊恩和巴比面對教練炯炯的目光，眼神透露著理解、恐懼與決心。接著，萊恩轉頭看了巴比一眼。

「衝吧！」他說。

「好喔。」巴比答。

萊恩飛奔了起來，好像比賽才剛剛開始。巴比跟著加速，但馬上就遇到麻煩了。

他後來把這種感覺比喻成在沙丘騎自行車，他的配速愈來愈慢。萊恩發覺自己隊友落隊，焦慮感如排山倒海般襲來，令他無比反胃，甚至比體力瀕臨極限還可怕，他心想：「現在全靠我了。」

萊恩拋下巴比不久後，超過了加拿大選手穆罕默德．艾哈邁德（Mohammed Ahmed），排名暫居第十九。他可以看到前方的阿布拉爾．奧斯曼（Abrar Osman）——羅伯．蓋瑞所指的厄利垂亞選手——已擺脫南非選手艾羅伊．格蘭特（Elroy Gelant）的糾纏，格蘭特在五千公尺賽跑的個人紀錄比萊恩快了十七秒。萊恩趁著眼前彎曲的賽段，全力追趕著格蘭特。前方道路再次寬廣起來，萊恩立即衝刺超車，讓對方反攻的機會都沒有，排名暫居第十八。

萊恩接近好漢丘時，看得到奧斯曼正吃力地跑上去。奧斯曼的三千公尺個人最佳紀錄比萊恩快十三秒，兩人現在距離終點線都不到六百公尺。若萊恩想要追上奧斯曼，他就得逼自己跑得更快。他拖著疲累的身體跑上滑雪坡，無視自己承受的極大痛苦，奧斯曼則從山頂消失了。

萊恩從另一頭衝下山丘時看似大勢已去，但小徑再度平坦後，兩人差距居然縮小了，萊恩發覺自己還有機會。在前幾圈中，賽道在此都會向右急轉彎。這次，工作人員指示選手改左轉進入最後一段路。萊恩用盡最後一點力氣，踮起腳尖，全速向前衝去。在奧斯曼還沒反應過來，他就已衝到奧斯曼右肩，兩人在直線賽道上並排衝刺，萊恩最後一舉領先，以第十七名的成績完賽。

萊恩最後一圈的成績是五分四十秒，在一百零二名男子選手中排名第四。只有三位獎牌得主——科爾、梅爾加和梅達辛——跑得更快。萊恩的速度超越尚未完賽的五名肯亞選手其中四人，也快過全馬紀錄僅兩小時四分的選手費伊薩．利勒沙（Feyisa Lilesa）和其他四名衣索比亞選手。

從終點區，萊恩．維爾和濺滿泥漿的隊友們拖著腳步走向記者帳篷，互相擊掌慶祝。他們確實有很多事值得慶祝——有些甚至在他們意料之外。班恩．特魯排名第六，克里斯．德瑞克排名第十。巴比．麥克落後萊恩七秒，拿下第十九名。在記者帳篷內，巴比和萊恩接受 Flotrack 訪問到一半，就被官方團隊積分表給打斷了。美國隊本來以為自己的表現剛好可以獲得銅牌，但他們搞錯了，以下是真正的結果：

衣索比亞：三十八分（金牌）

美國：五十二分（銀牌）

肯亞：五十四分（銅牌）

回到美國國內，美國跑步愛好者把美國隊擊潰強大肯亞隊這件史上成就，稱為「泥巴中的奇蹟」，但這並不是奇蹟，而是團體效應的威力。所有運動員都可以善加運用這股力量，共同實現單打獨鬥所無法達到的偉大成就。

第十章

期望反映潛力

湯馬斯・維克勒（Thomas Voeckler）簡直不敢相信自己的運氣。在二〇〇四年環法自行車賽第五站進行到一半時，這位二十五歲的法國人發現，自己領先主車群十六分鐘以上，成為突圍的五人之一，而且即將完成當天的比賽、獲得領先者的領騎黃衫。沒有人預料到事態會有此轉變，湯馬斯本人更是毫無準備。他的自行車騎得普普通通，參加職業賽的四年內，他偶爾才會獲勝，而且大多是小型比賽。前一年，他在環法自行車賽首秀中以一百一十九名的成績完賽，比冠軍藍斯・阿姆斯壯晚了三個半小時以上。然而，此時此刻的湯馬斯，受惠於各種天時地利人和，正準備從同一位阿姆斯壯的背上奪取黃衫。

第五站起點是法國北部城市亞眠（Amiens），當時正下著傾盆大雨，路線從此城向南延伸，一路上的逆風彷彿在嘲弄騎士們。首次的突圍來得很快，其他人也迅速跟進。湯馬斯設法潛入其中，但每次都被不同車隊給阻止，他們往往不希望某些危險選手（湯馬斯自己不算在內）逃脫突圍群。

比賽進行到蒂盧瓦萊孔蒂（Tilloy-lès-Conty；全站共兩百公里長，騎到此地約十六公里），法國樂透彩車隊（Française des Jeux）成員桑迪・卡薩（Sandy Casar）在一座小丘上看準時機展開攻勢。荷蘭選手雅各・皮爾（Jakob Piil）迅速加入了他的行列；沒多久，史都華．奧格雷迪（Stuart O'Grady）、馬格努斯．貝克斯特（Magnus Bäckstedt）和湯馬斯．維克勒三人也騎上前來。這些人都被視為不具威脅，所以主車群便放他們走了。於是，這五名選手開始合作打造心中的絕對優勢。

結果出乎意料，他們真的成功了。在環法自行車賽的「衝刺」站（其實任何站皆然），突圍群鮮少會領先超過一刻鐘，但湯馬斯這群突圍車手抓緊了機會。阿姆斯壯當時其實想故意輸掉領騎黃衫，這樣就可以交給其他車隊在接下來數站進行黃衫保衛戰，而他所屬的美國郵政（US Postal Service）車隊便可以稍微放鬆一下，之後到了高山站再開始認真。為了確保這項結果，美國郵政車隊在突圍車手群向前衝後，便維持在主車群最前面，落實不疾不徐的比賽節奏。

不過，他們也沒打算把十六分鐘拱手送人，可惜天公不作美。風雨導致主車群在這一站不斷發生碰撞。每當主車群開始逐漸拉近與突圍群的距離，就會發生連環相撞而陷入窘境，促使突圍群的優勢再次擴大。一百一十六公里、一百七十公里和一百八十公里處都發生多位騎士碰撞事故。

湯馬斯是突圍群五名成員中名次最高的騎士，他的任務是比阿姆斯壯提前至少三分鐘完賽，這樣積分總排名便可以從第五十九名，一舉躍至第一名。五名領先選手在最後兩公里相互較勁，讓主車群得以拉近距離，但湯馬斯的突圍群在比賽結束時，仍領先十二分三十六秒。衝刺型騎士奧格雷迪贏得該站第一名，緊隨其後的湯馬斯拿到第四名，躍上了總積分排名的榜首，比阿姆斯壯快了九分三十五秒，但阿姆斯壯對於跌回第六名絲毫不擔心。他為何需要擔心呢？這位衛冕冠軍在去年環法賽最後一次計時賽中，以將近六分鐘的優勢擊敗了湯馬斯。就湯馬斯來說，他並沒有妄想要把阿姆斯壯拉下冠軍寶座。然而，儘管這位新的領騎者表現超出預期，他也明白自己暫居第一完全是看運氣和時機，但他也不打算不戰而降、放棄黃衫。

「現在真的有點難以置信，」湯馬斯在奪下黃衫後立即說，「超級高興搶到領騎黃衫，這是選手夢寐以求的肯定。希望能一直穿在身上，愈久愈好。」

隔天早上，湯馬斯．維克勒一覺醒來，就面對著全新的現實——穿著領騎黃衫伴隨的現實。環法自行車賽的領騎者無論是誰，都會是運動界的終極焦點，這是其他運動都無法比擬的外界關注。環法自行車賽的領跑者穿上黃衫，就是為了讓他顯得與眾不同。在環法賽中，其他選手都不得在衣服上有相同的顏色。穿黃衫的騎士在每站開始時，都會排在第一排正中間。選手們時速三十英里擠在一起飛馳而過時，每站的數萬名觀眾往往只認得出領騎者。至少會有一台電視攝影機會在每站都跟拍他，把他的樣子傳送到世界各地數億家庭和企業。他的名字即使沒出現在報紙和網絡上報導每站賽況的斗大標題，也必定會出現在第一段。領騎者有義務在每站比賽前後、所有環法賽官方記者會上與媒體互動，個人受邀專訪的頻率也超過其他選手。無論當天的環法自行車賽領騎者是誰，都不可能不受到這一切目光的影響。湯馬斯・維克勒首次穿上黃衫的那個早上，全世界都會曉得他將受到何種影響。

老實說，全世界對他都沒抱太大的期望。自行車車評一致認為，湯馬斯頂多領騎到第十站（即為期三週的環法賽第一個高山站）。這個預測實在讓人難以反駁；前一年，湯馬斯比贏得首個高山站的選手足足慢了二十五分鐘。

第六站是從博納瓦勒（Bonneval）騎到昂熱（Angers），這段路線朝西南方延伸，全長一百九十六公里，沿途地貌平坦。一支六人突圍小隊在第三十七公里處脫離主車群。湯馬斯所屬的「布里歐師傅」(Brioches la Boulangère）車隊移動到主車群前方，方便控制與突圍群的距離。後來，樂透車隊和快步車隊（Quick Step）幫助配速，想提升其衝刺型選手在該站獲勝的機率。在比賽還剩一公里時，突圍群被追上了，快步車隊的湯姆・布南（Tom Boonen）在衝刺後拿下該站。湯馬斯跟著主車群完賽，總排名沒有任何變化。

第七站到第九站都上演相同的戲碼。湯馬斯連一秒都沒輸給阿姆斯壯和其他大塊頭選手。接著，環法賽的道路開始向上爬。

第十站共有九個分級爬坡。爬坡型選手理查・維倫克（Richard Virenque）在第三十三公里處突圍，一心想在法國國慶日替法國拿下一勝；樂透—多摩（Lotto-Domo）車隊選手艾克塞・默克（Axel Merckx）一同往前衝。湯馬斯車隊再次騎在主車群前方，避免與突圍群的差距太大。當時在積分總排名中，維倫克落後湯馬斯十二分三十五秒，因此布里歐師傅車隊的選手們力求不讓維倫克的領先優勢超過十一分鐘。

這站還有些不確定因素，像是想挑戰阿姆斯壯冠軍王座的選手——揚・烏爾里希（Jan Ullrich）和伊萬・巴索（Ivan Basso）——究竟是會追趕冠軍熱門人選，還是會暫時保留腿力，以迎接後頭更艱難的賽段。最後，他們選擇按兵不動。但在當天最困難的第七個爬坡路段，即平均坡度為八％、全長五點五公里的帕德佩羅爾山（Col du Pas de Peyrol），卻出現了振奮人心的時刻。騎士們互相試探，速度略顯凶悍又有節制，節奏經過精密調整，藉此率先淘汰一些選手。在奮力向上爬坡的過程中，騎手們在後面落隊的先後順序，與最後在巴黎的最終名次幾乎完全相反。

在前一年環法賽中，湯馬斯是首批體力到達極限的車手之一，但這次他堅持住了。主車群縮減到五十人，接著又減少到四十人，然後是三十人。阿姆斯壯和他的勁敵們仍然面不改色，但湯馬斯的五官和肢體在在反映他的痛苦煎熬。他無法從座墊上產生足夠動機，只好站起身子，踩著踏板的動作顯得笨拙又顛簸。主車群後來縮減到二十人，再來只剩十五人，但湯馬斯仍然撐了下來。

在湯馬斯的運動生涯中，沒有任何跡象顯示他身體可以承受這般壓力。因此，他後來體力到達極限、臀部掉回座墊，退到其餘十二名領先選手的後頭時，全場其實並不意外。然而，當山頂布條突然出現在前方的道路上，湯馬斯完全變了一個人，先是忽然站了起來，搖搖晃晃倚著自行車前端，瘋狂地踩著踏板。光是追上阿姆斯壯等人就足以證明自己了，但湯馬斯不甘心就此打住，一舉超越所有對手，成為第一位越過山頂的騎士。

還有兩次爬坡，但都不如剛才完成的那次艱難，湯馬斯都順利完成，沒有再出現體力危機，率領主車群完成該站比賽，僅落後維倫克六分二十四秒。他在帕德佩羅爾山上的堅持，讓他不只多穿了一天領騎黃衫，而是可以再穿兩天，因為第十一站沒有大型爬坡賽段。

第十二站可就不簡單了。騎完一百九十七公里的平坦路線後，最後四十公里有兩個第一級爬坡。第一個是亞斯平山（Col d'aspin），選手在十二點三公里的路程中，面對六・五％的平均坡度，得騎上海拔四千九百一十四英尺（約一千五百公尺）。阿姆斯壯的美國郵政車隊在比賽開始便加快速度，其他選手開始三三兩兩地被甩在後頭。湯馬斯身處一群輕鬆踩著踏板的頂尖騎士中，身體再度開始不穩晃動，但拼命地想鞏固當前位置，表情明顯痛苦萬分。但到了山頂，他仍然沒有落隊。

接下來的爬坡是拉蒙吉村（La Mongie）：全長十二點八公里，平均坡度六・八％。選手們得再次上緊發條，最後一波淘汰開始了。美國爬坡型選手佛洛伊德・蘭迪斯沒力了；法國新星桑迪・卡薩也到極限。未來的法國計時賽冠軍希爾萬・夏瓦奈爾（Sylvain Chavanel；湯馬斯所屬的布里歐車隊一員）像輸給瘋狗浪的衝浪者，逐漸慢了下來。湯馬斯看上去比這些選手都還痛苦，但他仍然拒絕認輸。一直到揚・烏爾里希感受到他進逼的壓力，湯馬斯才真的體力不支而落後。

不久後，前方出現了驚心動魄的較勁場面。卡洛斯・薩斯特雷發起攻勢，法蘭西斯科・曼塞波（Francisco Mancebo）馬上回敬，接著阿姆斯壯一舉超越所有人，只剩巴索緊跟在後。如今阿姆斯壯這位五屆冠軍得主拿出了全部實力，比賽官方人員開始計算他與湯馬斯之間逐漸擴大的時間差距。湯馬斯堅忍不拔、爭分奪秒，在該站剩下六公里的賽程中，他體驗了前所未有的痛苦。

湯馬斯轉過最後一個彎道並看到山頂時，聚集在終點的觀眾爆發如雷歡呼聲。他比阿姆斯壯晚了三分五—九秒衝過終點線，而阿姆斯壯的總排名晉升到第二，只落後湯馬斯五分二十四秒。

隔天早上湯馬斯醒來時，再度面對全新的現實——這次是成為法國上下新誕生的英雄。一夕之間，外界對他的關注從單純好奇轉變為一股狂熱。法國報紙讚揚湯馬斯，說他威風凜凜、性格堅毅。當天比賽出發時，他經過了數十名觀眾，全都舉著寫有「謝謝，維克勒」和「維克勒選總統」的標語。自從貝爾納・伊諾（Bernard Hinault）在一九八五年贏得了第五座（也是最後一座）環法賽冠軍之後，法國自行車手便再也沒有值得慶祝的成績了。湯馬斯的黃衫保衛戰，激發了壓抑已久的選邊站情結，而且不僅有法國人支持湯馬斯。他以自我犧牲的精神來彰顯黃衫傳統，贏得世界各地自行車愛好者的支持，而他那浮誇的比賽風格，讓觀眾看了就想替他加油。

在環法自行車賽的高山站，幹勁十足的自行車手「超越個人極限」並不罕見。但湯馬斯・維克勒超越極限的方法獨一無二。其他騎士多半以漠然的表情和身體（假裝自己騎得很輕鬆）來掩飾加劇的痛苦，只有瀕臨體力極限時，才會出現臉部扭曲、身體抽搐的狀況。一旦痛苦到無法再忍受，他們就真的完蛋了——消失得不見蹤影。

湯馬斯就不一樣了。他的辛勞完全寫在臉上，表情往往相當詭異：厚厚的舌頭在下巴晃動。假如他體力快到極限時，舌頭便開始從嘴巴一邊晃到另一邊又消失，然後哀怨地皺眉，或用門牙咬著下唇。同時，他的眉角會像卡通般下垂，透露出受傷的眼神。隨著眉毛的下垂，湯馬斯原本招牌的爆衝式騎車風格，便會退化成了痙攣般的律動，活像一對把手正傳送陣陣電流到他手上。

他像演默劇般反映身體的煎熬，時間久到快撐不下去，最後直接坐回座墊上，搖搖晃晃退到折磨他的選手們後方。不出數分鐘，他卻又站起身子騎車，帶著靦腆的笑容重回領先群。這個場面看了實在激勵人心，疲乏的觀眾也會為之一振，想起自己熱愛自行車賽的初衷。

湯馬斯開始爆難的第十三站時，他在第十二站累積的重度疲勞仍未好轉。第十三站終點前是「級別破表」波德勒斯山（Port de Lers）爬坡，總共有七次分級爬坡，每次爬坡都會進一步耗費腿力。第六個爬坡難度屬一級，選手要騎上陡峭的阿格尼斯山（Col d’agnes），美國郵政車再度以可怕的速度打頭陣上山，後頭的選手們普遍感到強烈的挫敗。湯馬斯體力達到極限，也被甩到後面。一名線上直播賽況的記者寫道：

「維克勒撐不下去了，我也沒看到布里歐車隊其他成員，看樣子他們要讓維克勒自己打道回府了，也知道他今天晚上沒有黃衫了。」

在山頂時，湯馬斯落後領先的二十名騎士一分鐘左右。但湯馬斯沒有在下坡時節省力氣來迎接最後一次爬坡，反而全力以赴，讓阿姆斯壯等人大吃一驚。他重新加入領先群，即將對波德勒斯山展開最後的攻勢。

眼前這條道路坡度之大宛如直奔天際，湯馬斯盡量保持在領先群後方，甩掉了未來環法冠軍薩斯特雷，以及登山賽前世界冠軍麥可・拉斯穆森等人，但在距離山頂約十四公里處便追不上了。

湯馬斯本來贏過阿姆斯壯的時間優勢，如今只剩下一半左右，他不能再像前一站最後爬坡時，以每公里四十秒的速度輸給阿姆斯壯，自己那時真的被逼到絕對的極限。其實，若他想保住黃衫，就必須想辦法在剩下的賽程中，每公里速度與阿姆斯壯差距得在二十秒內。換句話說，他需要有全新的體力極限。

湯馬斯的疲態盡露，已無法用習慣的站姿踩踏板。他只好採取坐姿，每次踩踏板都盡量用力，腦袋像鴿了一樣上下擺動，萬般辛苦地爬上了四千九百七十七英尺（約一千五百一十七公尺）的高山。在距離山頂十二公里處，湯馬斯已輸掉九十秒。他所屬車隊的總監讓・雷內・伯爾諾多（Jean-René Bernaudeau）對著他的耳機大吼說，他只要**再快一點**，仍然有機會保住黃衫。「快一點？」他心想，自己早就在用吃奶的力氣在爬坡了！

就在這時，湯馬斯被克利斯多夫・莫羅（Christophe Moreau）超車。莫羅也是積分總排名勁敵，剛才在山坡底部遇到爆胎。湯馬斯站了起來，緊緊跟著眼前的法國同胞，騎車姿勢前所未見的狂野。他平時徵召的肌群不再管用，便加大膝蓋彎曲角度，也確實騎得快了一些。

距離終點線還有七點五公里，而湯馬斯的領先優勢還剩下不到三分鐘，湯馬斯的體力幾乎要耗盡了。莫羅早已丟下了他，讓這名領騎者獨自面對精疲力竭的地獄。湯馬斯看到前方穿著紅白相間賽服的隊友希爾萬・夏瓦奈爾，他本來是比賽初期突圍群的一員。湯馬斯努力追上夏瓦奈爾。在二〇〇三年環法賽中，夏瓦奈爾徹底擊敗了湯馬斯，今年是以布里歐師傅車隊主將的身分參加環法賽，湯馬斯身為副將照理說要犧牲自己。但如今兩人的角色互換，夏瓦奈爾開始為湯馬斯做出犧牲，拖著理應較弱的湯馬斯往上爬，害他自己都差點摔車。

在距離終點還有五公里時，湯馬斯落後阿姆斯壯三分三十秒，但積分帳面上領先二分二十四秒。汗濕的頭髮貼在頭皮上，他偷偷地回頭瞥了數眼，目光也許是在搜尋救兵——最好是某種**神蹟**。但什麼都沒有。

剛過三公里的布條，道路就漸漸變窄。湯馬斯騎進狹窄的賽道，兩側都擠滿了觀眾，他們紛紛湊上前、握緊拳頭，怒氣沖沖地催他前進，彷彿法國的未來取決於那件黃衫是否能保留下來。那件黃衫拉鍊已完全拉開，在風中不斷拍動，讓湯馬斯外表顯得狼狽不堪，剛好也符合他的內心狀態。在爬坡還剩一點五公里時，湯馬斯落後阿姆斯壯的時間已四分鐘，代表只剩下六十四秒的餘裕了；若阿姆斯壯贏了這站，又獲得終點登頂的十八秒獎勵，時間會更短。果不其然，阿姆斯壯比巴索搶先衝過終點線，只多了一個自行車身長，倒數計時正式開始。

布里歐麵包師傅車隊的隨行車輛靠近湯馬斯，讓．雷內．伯爾諾多從乘客車窗伸出頭，怒斥著眼前成績欠佳的車手。湯馬斯如今每次只能離開座墊踩上幾秒鐘，就得坐下來恢復體力。一名法國電視評論員大喊：「加油加油加油！」數百萬法國民眾也在家中或公共場所替他加油打氣。湯馬斯掠過最後一個彎道，抬起頭來，瞇眼望向終點的橫布條，宛如一艘偏離航線的船長瞪大眼睛尋找陸地。他看到官方計時器時，不禁露出一絲苦笑，右手無力地握拳。湯馬斯比阿姆斯壯晚四分四十二秒衝過終點線

（該站第十三名），他以二十二秒的優勢保住了領騎黃衫。

湯馬斯在車隊巴士旁邊對記者說：「沒幾個人覺得我今天能保住**黃衫**，連我自己也不敢確定，但是今天我只靠膽子就做到了。」

在第十五站，該來的還是來了。當天開賽排名第五的揚．烏爾里希（Jan Ullrich）很早就發動攻勢，這讓湯馬斯註定失敗。其他對手別無選擇，只能加緊追趕，湯馬斯一下就落後了，連四大爬坡都還沒遇到。最後，他 輸給阿姆斯壯將近十分鐘，總排名一路下滑到第八名。他已沒有多餘的力氣了，不僅僅是那天而已，剩下的環法賽也是如此。等他抵達巴黎時，積分已下滑至第十八名。

*

凡是在環法自行車賽上奪得黃衫的自行車手都表現很好。但搶下黃衫的選手往往會發覺，一旦穿上黃衫，表現會更加出色。這個現象衍生出一句話：「黃衫予人翅膀。」二〇〇四年，湯馬斯．維克勒獲得比賽領騎黃衫時，也成為了另一名超越個人極限的自行車手（但以往從未有選手在黃衫意外到手後，可以把它留在身邊這麼久）。

黃衫本身不具魔力，只是一件衣服，它賦予的「翅膀」（wings）不過是額外的辛勞而已。黃衫不會增加自行車運動員的體能，而是會激勵他們發揮更多本已擁有的能力。具體來說，領騎黃衫利用了人類的社會性，讓自行車手真正對自己抱持更高的期望。黃衫領騎者的表現都在鎂光燈下，既會加深失敗帶來的難受，也會強化成功伴隨的榮耀，從而「提高」環法賽領騎者設定的目標。

心理學家把這個現象稱為**觀眾效應**（the audience effect）。線上《心理學詞典》（*Psychology Dictionary*）將其定義為「他人在場對於個人行為的影響」。心理學家認為，觀眾效應是由所謂的社交量表（sociometer）所調節，這個機制牽涉大腦多個區域，包括前島葉（anterior insula）和下額腦迴（inferior frontal gyrus）。透過這個機制，一般人會留意並解讀身邊其他人的關注，運用這項刺激調整自己的行為，以獲得更多正向的關注。

基本上，觀眾效應讓人會以更高標準來要求自己。二〇一一年，新堡大學（Newcastle University）心理學家進行了一項研究，發表於《演化與人類行為》（*Evolution and Human Behavior*）期刊。該研究發現，學校餐廳牆上醒目地掛著人類眼球的海報時，大學生更有可能餐後把碗盤收拾乾淨。觀眾效應不僅提高了人類的道德行為標準，也提高了可能被評價的任務表現標準。身而為人，我們希望自己在別人面前做任何事，都可以看起來很「在行」。

這當然也包括鍛鍊和運動。二〇〇三年，亞歷桑那州立大學（Arizona State University）研究人員要求一群學生受試者進行臥推，重量愈大愈好，不過分成三種情境：非競賽的團體環境、與同學競賽的環境，以及在被動觀眾面前獨自臥推。研究發表在《力量與體能研究期刊》（*Journal of Strength and Conditioning Research*），結果令人震驚。這些學生在台上獨自臥推的重量，明顯大於與同學競賽時的重量，而在非競賽的團體環境中的臥推重量最小，而且重量之間相差甚遠。平均來說，學生在觀眾面前可以臥推的重量，比沒有觀眾時多了一三・二%。

其他研究顯示，觀眾若除了在場，還積極鼓勵表演者時，觀眾效應會變得更加強大，湯馬斯・維克勒在二〇〇四年環法自行車賽上得到自行車界的熱烈支持就是如此。二〇〇二年發表在《運動科學期刊》的一項研究中，賓州大學運動生理學家要受試者在四種不同情境下，在跑步機上進行最大攝氧量測試：分別是每三分鐘、每一分鐘、每二十秒得到旁人口頭鼓勵一次，以及旁人默默觀察。旁人默默觀察和每三分鐘鼓勵受試者一次的效果沒有差異；但每分鐘給予鼓勵時，受試者表現上升很多；每二十秒鼓勵一次的表現最好。原因十分清楚，受試者獲得最多鼓勵的測試結束時，血中乳酸濃度較高，顯示對於表現的期望愈高，受試者就會愈努力，進而接近他們真正的身體極限。

這些發現有助說明所有運動項目的主場優勢，包括各式各樣的耐力比賽。舉例來說，在二〇一二年倫敦奧運上，英國跑者莫．法拉在奧運主場館八萬名歡呼的支持者面前，替英國奪得五千公尺和一萬公尺金牌。兩場比賽都是最後一圈才決勝負；在比賽高潮時刻，所有觀眾簡直為之瘋狂，震耳欲聾的歡呼聲，讓法拉硬是超越了其他競爭對手。接下來五千公尺比賽難分難解，法拉將勝利歸功於支持者。「要不是因為他們，」他說，「我想我應該很難撐下去。」

二〇一四年，薩姆勒．馬科拉刊登於《人類神經科學前線》（*Frontiers in Human Neuroscience*）的研究顯示，社會鼓勵提高耐力運動表現的方式，除了激勵運動員「撐久一點」（套用馬科拉的心理生物學術語來說，就是容忍更大的感知辛勞），還有減輕對運動強度的辛勞感知。在這項研究中，十三名受試者分別在兩個不同場合，以高強度騎健身車到力竭。在每次測試中，受試者都要看著電腦螢幕，螢幕會定期閃現人臉。然而，這些人臉消失得太快，受試者只是下意識地記住。

在其中一項測試中，受試者看到開心的臉，而在另一項測試中，他們看到悲傷的臉。令人吃驚的是，在有笑臉的測試中，受試者騎車時間增加了十二%，但原因並不是動機強化，而是看到笑臉會改善受試者的情緒狀態，進而降低他們的辛勞感知。回到前文提到的過火儀式，假如有旁人鼓勵，過火者踩在灼熱炭床的力道較輕，因此感受到的疼痛也會減少。

觀眾效應的第二項優點是，這個現象不限於強化動機。純粹的激勵因素會讓運動員更努力。觀眾效應（假設是支持的觀眾）不僅會讓運動員更加努力，還會讓他們「感覺有辦法」更努力。而正是基於第二種影響，觀眾效應才能真正提升運動員對於表現的期望。

類似馬科拉的研究顯示，在本國大批支持觀眾面前爭奪奧運金牌，並非利用觀眾效應的唯一方法。任何運動員都可以找到有眾多熱情觀眾支持的賽事，來達成相同效應。根據估計，紐約市馬拉松當天，五個行政區的街道兩旁擠滿了兩百萬名觀眾。若其他條件都相同，跑者在這個馬拉松的表現，可能會超越觀眾支持較稀落的小型馬拉松。

圍觀群眾的特定結構也會影響觀眾效應的強度。在一九八八年發表在期刊《心生理學》（*Psychophysiology*）的一項研究中，澳洲新南威爾斯大學史蒂芬・布雪（Stephen

Boutcher）發現，若實驗施測人員是女性，那男性高強度踩健身車時，給出的感知辛勞分數較低。這項發現呼應了波士頓馬拉松中許多男性選手的經歷，他們覺得在比賽中途穿越衛斯里女子學院（Wellesley College）著名的**加油隧道**（scream tunnel），格外可以提振精神。

對於競技自行車手來說，穿上黃衫可能是一生一次的經歷，而且機率是百萬分之一，但在各個級別的比賽中，懂得應變的耐力運動員都會利用觀眾效應來提升自己的成績期望值，例如慎選比賽項目、讓親朋好友當樁腳，甚至培養社群媒體上的「粉絲群」。

*

在漫長的七年內，穿黃衫對湯馬斯．維克勒來說似乎的確是千載難逢的經驗。接著在二〇一一年，同樣的事再度發生了——湯馬斯在環法自行車賽總排名領先群雄，而且穿著領騎黃衫的時間超乎大多數人的預期。但即使沒人抱持期望，湯馬斯自己卻有所期望，因為他不再是二〇〇四年的自行車手了。在那年的環法賽中，他仰賴著觀眾效應來刷新成績紀錄，成為眾人關注的焦點讓他更加努力，加油群眾的支持讓他覺得自己能騎得更快。然而，在後來的比賽中，湯馬斯仰賴著另一樣東西，姑且可以稱為**成功效應**（success effect）。湯馬斯在二〇〇四年環法賽中的英勇表現改變了自己。他發覺自己只要下定決心，就可以與頂尖騎士並駕齊驅。接下來數年內，他一再展現同樣的決心，也贏得許多大型比賽，包括二〇〇八年薩爾特賽道（Circuit de la Sarthe）和二〇一〇年法國公路錦標賽（French National Road Race Championship）。

無數科學研究已顯示，既定任務的表現優異會提升後續相同任務的表現，方法可能是提升自我效能、改善感知能力。部分研究顯示，相信自己擅長一件事可以提升表現；在這些研究中，外在條件經過祕密操控，受試者最初的成功其實不是靠自己實現，藉此誤導他們相信自己很擅長該任務。舉例來說，二〇一四年發表於《美國國家科學院院刊》（*Proceedings of the National Academy of Sciences*）一項研究中，紐約州立大學石溪分校（State University of New York-Stony Brook）研究人員發明了一款線上遊戲，隨機向部分玩家發放「成功表現」的獎勵。儘管獲得獎勵的玩家起初表現並沒有優於其他玩家，但隨著遊戲繼續進行，這些拿過獎勵的玩家表現會愈來愈好。這就是成功效應，而非觀眾效應。

但在更深層次上，兩種效應有著共同的機制，即都是透過使運動員和其他任務執行人對自己有更高的期望。在觀眾效應中，運動員在有人觀看時所追求的成功標準，高過表現不受注意的場合，這一切都是為了獲得觀眾的正面評價。在成功效應中，運動員追求更高的標準，是因為過去的成功提升了自我效能感，產生了自己能表現得更好的期望。

各式各樣的實驗都已證明，無論期望從何而來，對於成功抱持期望會讓成績進步。二〇一四年，心理學家烏爾里希·韋格（Ulrich Weger）和史蒂芬·拉夫南（Stephen Loughnan）要求兩組受試者依序回答螢幕上的一系列問題。其中一組得到的說明是，每個問題正確答案會閃現在螢幕上（就像前文馬科拉研究的笑臉一樣），這樣潛意識才能「看到」答案。事實上，螢幕閃現的是無意義的詞語。儘管如此，這些受試者答對的問題卻更多。韋格和拉夫南把研究總結發表於《實驗心理學季刊》中，結論指出，這是因為受試者一開始便獲得暗示，預期自己會表現得更好。

根據耐力運動表現的心理生物模型，任何影響只要能讓運動員產生追求更佳表現的期望，都可能真的促成更好的表現。甚至有證據顯示，運動本身其實部分屬於一種安慰劑——一個人期望運動後身強體健，就真的愈練愈健康。這就說明了為何有人常說，優秀教練與一般教練的最大區別不在於訓練系統本身，而是能否讓運動員相信他們的訓練系統。

也有人主張，達到運動高峰（peaking）的現象——即漸進式訓練最後階段，運動表現有了突破——多半是預期的結果。舉例來說，二〇一〇年由喬治亞州立大學（Georgia State University）柯瑞·鮑曼（Cory Baumann）和威斯康辛大學史蒂芬斯角分校（University of Wisconsin-Stevens Point）湯馬斯·維特（Thomas Wetter）在《國際運動科學期刊》（*International Journal of Exercise Science*）發表了一項研究指出，大學越野跑者在競技賽季尾聲的錦標賽中表現最好，但在整個賽季定期進行的體適能測試其實看不出任何改善。

總而言之，對於進步和成功抱持著高期望，正是耐力運動員可擁有的強大因應技巧。俗話說得好，你覺得自己辦得到就辦得到，你覺得自己辦不到（即使嘴上說可以）就辦不到。湯馬斯·維克勒明白這點，因此他努力追求著更高的期望，可能幫他加油打氣的觀眾、某次成功的經驗，或其他人事物。因此，雖然他第二次黃衫保衛戰類似第一次，但結果卻截然不同。

其實，第二次的開端也有些不同。在第八站結束後，湯馬斯在總積分排名第十九位，僅落後領騎者索爾·胡修夫八十九秒。自二〇〇四年以來，湯馬斯從未如此接近環法賽冠軍。第九站是「一般高山」站，在當天首次爬坡中，湯馬斯率先突圍而出，另外五名選手也隨即加入。這群突圍選手準備展開第二次爬坡時，他們與主車群的距離已拉開到三分半鐘。

然後他們走運了。在第二級帕德佩羅爾山的下坡路上，數名主車群騎手在被雨淋得溼滑的道路上高速摔倒。主車群前面的選手要求暫停一下，好讓困在摔車事故後方的騎手趕上。多虧了這份運動家精神，湯馬斯的突圍小組把領先優勢擴大到八分鐘多。在最後兩次爬坡中，主車群奮力追趕，但在終點線時，差距仍然接近四分鐘，而湯馬斯落後該站贏家路易・桑切斯（Luis-León Sánchez）五秒。湯馬斯整體排名已然領先，領先桑切斯一分四十九秒，領先距離最近的總排名「勁敵」卡德爾・伊凡斯二分二十六秒。

事後，小湯馬斯告訴記者：「上次我穿這件黃衫時，大家都說是他們放水讓我穿。但這次是我自己爭取黃衫。」

換句話說：**上次我沒預期要穿黃衫，但這次我滿心期待**。

然而，儘管小湯馬斯在二〇〇四年取得了這樣的成就，而且這次突破後一直保持著高水準的表現，除了他自己之外，沒有人真的期望他能重現——更不用說超越——

首次穿黃衫那樣堅忍地超脫自我。畢竟，這段時間他沒有太多的時間緩衝。況且，比賽已進行到山區，適合卡德爾・伊凡斯和安迪・施萊克等頂尖騎士發揮最強實力。然而，在二〇一一年環法自行車賽第十八站（女王站）出發的早上，湯馬斯仍然領先施萊克六十六秒，領先伊凡斯二分三十六秒。他真的追平了七年前的成績，再次讓自行車界為之著迷，運用萬分辛苦但絕不放棄的競賽風格，讓新舊車迷們多次都看得差點心臟病發。

第十八站是一場兩百公里的比賽，包括三個級別破表的爬坡，最終到達山頂的終點。我們在第六章中，從卡德爾・伊凡斯的視角走過了一遍這站。但湯馬斯在這段史詩般的騎車經歷非常不同，儘管他全程都騎在最後環法冠軍的陰影之中。

回想一下，安迪・施萊克在險峻的伊佐德山獨自大膽採取行動。伊佐德山最高點為七千七百四十三英尺（約二三六〇公尺）。前方還有那麼長的爬坡，沒有選手敢跟他一起騎。他到達伊佐德山與當天最後一段爬坡之間的山谷時，施萊克已完全追上與湯馬斯在積分總排名的差距，成為環法自行車賽的領騎者。最後一段爬坡是漫長的二十二點八公里，要一路騎上加里比耶山。盧森堡選手施萊克在較低斜坡上努力向前衝，後方追逐的選手到達山腳時，施萊克已領先了三分五十秒。湯馬斯必須比環法自行車賽的衛冕冠軍至少快七十五秒才能保住黃衫。

伊凡斯有同樣的動機去追趕施萊克，自己也剩更多力氣，所以他設定了配速。他沒有發動攻勢，節奏也無太大變化，只是維持在車群最前方，讓後面幾乎所有選手的雙腿都快騎斷了。湯馬斯跟著前方的澳洲選手，熬過了他騎自行車以來最痛苦的一小時。在他身後，更多出色的騎士愈騎愈遠，就像推車車輪上的枯葉般隨風飄散。

然而，真正戲劇化的場面是少數堅持下來的車手。湯馬斯的辛苦掙扎看起來不太像在「比賽」，反而更像搖搖欲墜的人，只靠指尖扣在屋頂邊緣。這實在太消耗精氣神了，而踩踏彷彿永無止境，更是讓人苦不堪言，根本不可能有片刻可以稍加放鬆，哪怕只有百分之一也難。

伊凡斯越過距離山頂兩公里的橫布條時，同行追趕小組中只剩下五人，湯馬斯墊後。在兩分五十六秒前，施萊克也通過了同樣的地點。在先前二十一公里中，追趕群只把施萊克的領先優勢縮小了五十四秒。湯馬斯需要在最後兩公里中多爭取十九秒，這似乎是不可能的任務。他僅存的希望是也勉強撐下來的隊友皮耶・羅蘭（Pierre Rolland）。

羅蘭接受了這份痛苦的責任，站起身子，奮力超越伊凡斯。湯馬斯緊隨其後，像有虐待狂的雪橇犬訓練員般催促隊友前進。但羅蘭犧牲自我的使命後繼無力，再度吊了車尾。伊凡斯則奪回了領先位置，開始向終點奮力衝刺。湯馬斯騎到他正後方，努力堅持著，難受得頭昏眼花。羅蘭和達米亞諾·庫內戈（Damiano Cunego）很快相繼沒力，只剩下法蘭克·施萊克和伊萬·巴索追得上伊凡斯和湯馬斯。換句話說，最後只剩世界四大頂尖爬坡型騎士，加上一名不擅爬坡但擁有隱形翅膀的選手。

到了剩一公里的橫布條，湯馬斯落後安迪·施萊克兩分三十五秒——以一秒之差奪回黃衫。他的雙腿痛得無以復加，每次勉力站起來踩車只吸了六七口氣就不得不坐下來，暫時獲得表面上的喘息，痛苦只減輕了一點點。在距離終點線三百公尺處，法蘭克·施萊克發起進攻，疾馳而去，獲得了該站第二名。伊凡斯和巴索追上前去，但湯馬斯沒力氣了。眼看終點就在前方，他的身體卻已開始不聽使喚。他最後一次站起身蹬車，整張臉朝著天空，伸出舌頭垂掛在下巴。

騎了六個多小時後，湯馬斯終於衝過終點線，比安迪·施萊克晚兩分二十一秒，仍以十五秒的優勢留住了**領騎黃衫**。在這刻拍下的照片中，湯馬斯的臉龐流露出無上的喜悅與殘酷的煎熬，這正是湯馬斯·維克勒在環法自行車賽上穿著黃衫所取得獨特成就的精華寫照：難以言喻、代價慘重的勝利，摻雜了成功與失敗，卻又超脫了勝敗的範疇。

當天稍晚，cyclingnews.com 上刊登了一篇報導，標題是「大驚！維克勒守住了黃衫！」報導稱湯馬斯完成了一場「奇蹟之旅」。

但對湯馬斯來說，想要第十九站後仍保有領騎黃衫，需要的不僅僅是奇蹟而已。他從一開始就覺得腿力不足，在一級爬坡電報山（Télégraphe）和級別破表的加利比耶山就已卯足全力，才抵達環法最著名多段爬坡阿爾卑斯杜艾山腳，追上施萊克兄弟、伊凡斯、巴索和康塔多。他輸掉的時間 都不如這些選手，總成績排名第四，輸給新領騎者安迪·施萊克兩分十秒。

但比賽還有項驚喜正等著湯馬斯。環法賽最後來到第二十站，即全長四十二點五公里的個人計時賽。湯馬斯向來都不擅長計時賽。在二〇一〇年環法賽中，他該站完賽成績是第一百二十八名，輸給該站冠軍超過九分鐘的時間。若湯馬斯這次表現差不多，就會跌出最終積分總排名前十。他可不希望落得如此下場；他現在非常想保住第四名，就像先前想保住黃衫一樣。結果湯馬斯鬥志高昂，完成了他職業生涯最出色的計時賽，該站排名第十三，僅以二分十四秒的差距輸給該站贏家東尼·馬丁，這樣要守住總排名已是綽綽有餘。

必須強調的是，湯馬斯．維克勒在繳出如此驚人的成績時，早已不再穿著領騎黃衫了。從頭到尾，黃衫就不是重點，重點在於他內在固有的潛力——只要有相應的期望，這份潛力就能打造出無比珍貴的東西。

第十一章

熱情不分年齡

奈德．奧佛蘭（Ned Overend）四十四歲兩個月又二十一天，在日出前便醒來，他身處茂宜島阿斯頓．懷里亞度假村（Aston Wailea Resort）的間客房。他草草吃了燕麥片、一根香蕉和咖啡當早餐，收拾好裝備，朝海灘走去。九點鐘整，奈德已布置好了個人轉換區，幫他的 S-Works（Specialized S-Works）登山車輪胎打好氣，在南太平洋澡堂般的海水裡游了十分鐘。天空萬里無雲、氣溫和煦，略微開始轉熱。

廣播系統傳來的男聲打破了早晨的寂靜，號召所有運動員來到一九九八年 XTERRA 越野三項世界錦標賽起跑線上。

奈德和其他一百八十五名選手站在海水邊一片細沙灘上，他先在一群職業選手裡頭找了個位置。這次越野三項衛冕冠軍麥克．皮格（Mike Pigg）看上去很輕鬆，準備就緒。韋斯．霍布森（Wes Hobson）是世界頂尖短程鐵人三項運動員，他把雙臂舉過頭、伸展著肩膀。一九九六年首屆 XTERRA 冠軍吉米．里奇特羅（Jimmy Riccitello）凝視著水面，選擇著下水的路線。雙項運動（跑步—自行車—跑步）近乎無敵的麥可．托賓（Michael Tobin），稍微調整了一下泳鏡。奈德悄悄走到最後一個人旁邊，他穿著自行車短褲（其他人都穿著泳褲）、蓄著濃密的鬍子，他就是一九九〇年贏得了首屆越野登山車世界錦標賽。

參加數小時越野三項的耐力運動員，體能通常在三十到三十五歲之間達到高峰。當天在海灘上大多數職業選手都在這個年齡範圍內。三十一歲的托賓是最年輕的男子選手。皮格和霍布森最近都剛過三十四歲生日。里奇特羅三十五歲，看上去像稚氣未脫的大男孩。

奈德又是個異數。當年他四十三歲，年紀不僅比周圍的選手大，也比大型耐力運動世界冠軍平均年齡大五歲以上。

開賽槍聲響起。參賽者們大步踏著浪，向前跳入水中。奈德奮力划了前五十公尺，一心想要搭第二批選手的順風車。身為相對缺乏游泳經驗的人，他不敢奢望趕上第一批選手，而皮克、霍布森和里奇特羅肯定沒問題。

當地救生員格倫·沃奇特爾（Glenn Wachtell）領著選手群游向一個丸狀橙色浮標，這是三角形水道上兩個右急轉彎的第一個浮標。霍布森緊跟在沃奇特爾後面，排在第四位。在二百五十公尺處，奈德已落後領先群三十三秒了，但按照他的標準來看，這已很不錯了。奈德在首屆 XTERRA 比賽中獲得第三名，一九九七年則獲得第二名，游泳項目都是他在兩場比賽中失敗的原因。但在過去數個月內，他努力練習游泳，近來漸漸有了起色。自從來到茂宜島後，他在練泳時感到既自在又有效率，他可以判斷自己比過去的 XTERRAs 游得更好了。

一支由十五名選手組成的領先群，順著海岸游過波濤洶湧的水域，游向第二個浮標，然後再切回海灘。整整一圈長七百五十公尺，參賽者會游兩圈，中間是在沙灘上短跑。奈德比第一批選手晚了一分多鐘才游上岸，決心用盡一切方法來追趕，便在游泳上岸處和入水處之間衝刺，同時緊盯著前方，看看是否能追上較快的那群泳者。但他沒有留意腳下的位置，不小心被沙灘的小凸起絆了一下，差點摔倒。回到水中，奈德已能緊跟另一名職業選手薩沙・克羅克（Sasha Kreuke）的腳，第二圈有大半趟都跟著他的尾流。

韋斯・霍布森游完泳後，仍然排名第四，是主要選手群第一個上岸的人。比賽計時器顯示十四分五十八秒，他衝過兩旁歡呼的觀眾，進入草地轉換區。他塞上安全帽，抓起登山車，展開自行車賽段。皮克比霍布森晚十二秒進入轉換區，里奇特羅又晚了二十二秒。奈德是第四十三位離開水面的選手，落後霍布森兩分十七秒，但相較前一年與領先群拉近了四十多秒。

奈德比部分年輕運動員花了更多時間來穿戴裝備，他穿上了一件紅色無袖上衣，背面印有他的名字，戴上了搭配的安全帽、手套和太陽眼鏡。三十公里的自行車賽一開始是一小段鋪好的道路。奈德必須盡可能超越更多車手，因為之後賽道會變窄、超車也會變得愈發困難。到目前為止，他是場上技巧精湛的越野騎士，超過了至少三十六名優秀的泳者，在前四英里比賽中上升到第五名。在他身後，排名第二的登山車手麥可·托賓的輪胎破洞，浪費的時間超過了游泳賽段輸給奈德的二十五秒。

霍布森是第一位騎上心碎丘（Heartbreak Hill）的選手。心碎丘一二〇〇英尺（約三六五公尺）高、上坡一英里（約一點六公里）長，是哈雷阿卡拉火山（Haleakala Volcano）矮坡一部分，這座火山長期休眠，但至今仍然噴發岩漿般的熱氣。他換到最小檔，高速向布滿車轍與岩石的小丘衝去，努力避免自己半路沒力，但後輪壓到一塊鬆土、開始打轉。由於他無法瞬間鬆開踏板，彷彿以慢動作摔向右側。下一位經過的選手里奇特羅也遇到類似的問題，但他及時從車上跳下來，邊跑邊把自行車往前牽。

這段爬坡既陡峭又講究技術，就連奈德也在同樣地點險象環生。但他沒有遭遇相同的命運，而是不慌不忙地展現改良版的定竿技巧，運用把手和前輪左右擺動來保持平衡，直到他找到合適的方向再踩著車脫困。一小群從海灘趕來的觀眾和攝影記者，看到這個巧妙的特技莫不鼓掌叫好（我之所以知道這件事，是因為我也鼓掌的一員）。

在接近心碎丘山頂時，奈德——他的爬坡技巧高超，獲得「致命奈德」的綽號——

追上了皮克，躍居第三位。他咻的一聲騎過皮克左邊時，回頭看了看他一眼，眼神短暫又沉默，像在淡淡地嘲諷這位他以往唯一沒打敗過的對手。

奈德前面下一個目標是德州選手吉米・里奇特羅。奈德一邊沿著一條起伏的筆直下坡路大喊著，一邊把目光投向德州選手的後背。兩人都離霍布森愈來愈近；霍布森在稱為布巴的復仇（Bubba's Revenge）的鬆土賽段遇到麻煩，他被迫解開右邊鞋夾，以車的方式勉強向前推進了數公尺。數分鐘後，霍布森進行了一個急轉彎，藉此機會查看一下追兵位置，結果他們已追到自己後面。

小徑又開始往上升了。里奇特羅還沒趕上霍布森，奈德就先超過了里奇特羅。奈德在爬坡的過程中，在霍布森的身後慢下來，稍稍放鬆一下，然後轉向左側，迅速騎到前方領先。然而，奈德消耗的體力還沒恢復，就突然發現上坡角度突然加大，令他猝不及防。他開始呼吸急促，被迫跳下自行車，彎著身子牽著車，頭部無力地垂向泥巴路。霍布森仍緊跟在後面，一看到奈德的疲態，便抓住這個機會瘋狂踩踏板，試圖把奈德擠回第二名。但就在他追上奈德旁時，路徑再度平坦起來，奈德便跳上自行車騎走。

這名新領騎者很快來到了賽道上第二個、也是最後一個大型爬坡點——長一英里、高一千四百二十英尺，往往重挫選手的意志力，在第一屆 XTERRA 過後就獲稱為奈德坡（Ned Climb）。在坡腳，奈德騎經一個補給站，工作人員都是一些十來歲的青少年，身穿著汗濕的藍色 T 恤。他呼喊著要喝水，到手便一口灌了下去，便開始親自展示為何這座山丘以他為名。他換了大檔，以活塞般節奏，把全身力量灌注到每次踩踏中。

在爬坡的頂端，奈德向右急轉彎，進入一條格格作響的狹窄下坡，兩邊都是茂密的植被。他憋足了氣，用上所用技巧與勇氣，雙眼一直盯著前方小徑，留意任何可能造成爆胎的石頭，以及會讓前輪突然塌陷的淺坑，以免整個人向前倒栽蔥。他為了在凹凸不平的路面上騎得輕巧，便從座墊輕輕移開，雙腿幾近伸直、手肘鎖住，在兩輪之間平衡體重。但他的身體仍然承受不少強烈衝擊，儘管前後都有避震器來減輕晃動。

在通往海灘的漫長下坡較平緩的路段，奈德坐回座墊上使勁踩著車。對他來說，光是在開跑時領先還不夠，他得盡可能擴大領先優勢。前一年，奈德率先結束自行車賽段，後來卻在跑步時被後來居上的皮克超越，包括皮克，而今年的選手中至少有霍布森和托賓跑得比他快。

自行車賽段終點是右轉，進入一條旁支小徑，通往轉換區帳篷前的綠色計時墊。

墊子旁的比賽計時器顯示著一小時四十三分十八秒。奈德跳下車，把自行車丟在地上，讓一名志工拖走。另一名志工遞給奈德一只塑膠袋，裡面裝著他的跑鞋和遮陽帽。他直接鑽進帳篷，坐在折疊椅上換衣服，準備展開比賽最後一段長十一公里障礙賽跑。

奈德帳篷另一頭走出來，順著樹蔭下的小徑，彎著腰跑向馬卡納海灘（Makena Beach），深刻覺得自己真的四十三歲了。即使腿力足夠，奈德跑起步來宛如一隻大猩猩，雙臂下垂、關節朝前，但剛才他疲憊的步伐看起來格外像隻猴子。

在海灘上，他向右轉，沿著路標穿越柔軟乾燥沙灘。他覺得自己彷彿在做噩夢，身後有惡鬼在追趕，但耗費再大的勁都難以移動。他的左方是眾多在溫暖海水中嬉戲的度假遊客，渾然不覺奈德在力拼世界冠軍。

至於落後的選手，韋斯．霍布森在一小時四十七分一秒抵達轉換區，吉米．里奇特羅緊隨其後。假如奈德跑得很順利，兩人都很難縮小差距，但要是奈德踉蹌跌倒──考量到當時高溫和他有多逼自己，這極有可能──這段十一公里的跑步賽段，年輕選手便有足夠的機會迎頭趕上。

奈德準備好付出一切來阻止憾事發生。在比賽前一天拍攝的電視訪問中，他表示：「如果因為我自己累死倒地，給馬卡納海灘上的螃蟹吃我的肉都沒關係，反正不是贏就是輸嘛。」他的意思大概是「不贏毋寧死」。

一條排球大小、三十英尺的岩石橫亙在灘頭，打斷了奈德的節奏，他被迫慢下來快走，小心翼翼地選擇下腳的位置。等到他越過障礙後，又回到了鬆軟的沙地，每踩一步鞋子就往下沉，幾乎快看不見。奈德此刻很感激先前到新墨西哥州陶斯（Taos）集訓，每天都在攝氏三十五度高溫下辛苦跋涉才能穿越沙丘。

一條亮黃色橫布條指示著下一處轉彎。奈德向右跑進一片森林，很快就遇到了一棵倒下的樹幹，便縱身跳過。他把膝蓋抬向胸口時，左後腿肌突然抽筋，一陣劇痛過後是恐慌襲來。肌肉抽筋是少數可能扭轉局面的意外之一，這等於讓身後那些屁孩選手給賺到。奈德落地後繼續向前跑，但愈跑卻愈感受不到刺痛。

沒多久，他繞過一個視線的死角，卻差點撞到橫亙小路的低矮樹枝。他蹲下身子往下鑽，但膕旁肌又抽筋了。一股絕望湧上心頭，奈德硬是忍了下去，繼續前進。儘管疼痛難耐，他還是逼自己正常奔跑。後來肌肉放鬆了些，但仍然隱隱作痛。若三度抽筋，他的比賽可能就玩完了。

奈德跑出樹林，左轉上一條碎石小路。一台輕便摩托車上的攝影師與駕駛已久候多時，開始跟在他身邊拍攝。

「我領先多少？」Ned 問他們。

「四分鐘。」攝影師告訴他。

奈德簡直不敢相信。他心想，自己或不應該相信，畢竟非官方提供的時間差資訊，是出了名地不可靠。但奈德難掩興奮之情，像風箏突然受到一股強風般，筆直向前衝去。此時減速或許才是明智的作法，才能保護他已受傷的膕旁肌，但奈德在比賽時一直都是直覺派，他現在也打算順著內心的聲音。

碎石小徑帶著奈德來到普倫納倫納海灘（Poolenalena Beach）。先前退潮留下了一大片堅硬潮濕的沙子，讓他可以輕鬆地滑過去。他腿後的膕旁肌本來還挺得住，但現在疲憊逐漸加重。他整個上午都在挑戰體能極限，一開始是為了盡量減少游泳耗費的時間，再來是為了盡量延長在自行車賽段的優勢，現在則是為了保持得來不易的跑步優勢。而且他的領先優勢還在繼續擴大，離他後頭最接近的選手是身材比他高大許多的霍布森，還在辛苦地設法穿越鬆軟沙地、攀越岩石、閃躲奈德已穿越的粗樹枝。

在普倫納倫納海灘的北端，奈德跟著路標來到懷里亞角小徑（Wailea Point Path），石頭表面比迄今踩過的平面都更有利於快速奔跑，因此他加快了步伐，把配速加快到每英里不到六分鐘，準備最後衝刺回阿斯頓．懷里亞度假村的終點線。奈德跑過一個彎道時，已看得到前方終點線的橫布條。

比賽還沒有結束。殘酷的是，這段小徑還有最後一小段沙灘。奈德邁著紊亂的步伐、胸膛劇烈起伏，兩度伸長脖子尋找霍布森、皮格、里奇泰羅、托賓，還有一週前（年僅二十九歲）獲得鐵人世界錦標賽冠軍的彼得．里德（Peter Reids）是否快速接近中。海灘上空無一人。

奈德在五十公尺內，按著木樁間白色封鎖線的指引，從沙灘換到石頭路再換到草地。樁子兩側站著加油的觀眾，但比賽主播的男中音淹沒了高分貝的歡呼聲。奈德快速衝過最後一段道路時，伸出了左臂，和數十位陌生民眾擊掌，臉上帶著稚氣的微笑。他以兩小時二十四分十六秒的成績刷新紀錄，比韋斯．霍布森快了整整四分半鐘，締造全新的賽道紀錄，成為有史以來最年長的耐力運動世界冠軍。

*

喜劇演員喬治．伯恩斯（George Burns）一九九六年去世，享壽一百歲，他生前說過：「如果你問我長壽最重要的關鍵是什麼，我會說要少煩惱、少壓力和少緊張。

如果你沒問，我還是會這麼說。」

科學顯示伯恩斯的腦袋很清楚。衰老與長壽受到多項因素的影響，其中包括基因與生活方式；但研究指出，心理的影響最為巨大。具體來說，具有正向態度、不為小事煩惱的人往往老得較慢、活得更長。

紐約醫學院精神醫學專家史蒂芬．朱伊特（Stephen Jewett）是首批探討兩者關聯的科學家之一。一九七三年，期刊《老年學》（*The Gerontologist*）發表了朱伊特影響卓著的論文《長壽與長壽症候群》（*Longevity and the Longevity Syndrome*）。在這篇論文中，他分享自己觀察七十九位年齡介於八十七歲和一百零三歲的男女後，所整理出的結論，指出了數個常見的人格特質，包括「不易焦慮」、「樂觀與幽默感」，以及傾向「把人生視為一場大冒險」。

隨後研究也支持並拓展了朱伊特的研究發現。現今，心理學界普遍認為，長壽和老年健康最有力的預測因素是四個關鍵人格特質，與朱伊特的觀點多半重疊：心胸開放、認真自律、個性外向和情緒穩定。舉例來說，二〇〇七年愛丁堡大學研究人員發表於期刊《身心醫學》（*Psychosomatic Medicine*）的研究發現，神經質（容易恐懼和焦慮的傾向）測驗中得分較低的受試者，二十年內死於心血管疾病的機率遠低於慣性憂慮者。

科學家們仍在試圖釐清，為何這四大關鍵人格特質會延緩衰老。凡是傾向二元論的研究人員，往往認為心理和身體兩相獨立，通常都在尋找個別人格特質和特定健康行為之間的關聯，而至今已發現其中的部分關聯，像是認真盡責的男性和女性酗酒機率低、外向者的運動機率高等等。

以心理生物學的觀點看待上述問題的科學家們，則會專注研究情緒。在心理生物學的角度上，身體與心理會相互滲透，人格的概念則由因應方式所取代。這項研究方法取得了更豐碩的成果，現今的共識已很清楚，情緒遠比行為更能影響人格的抗衰老效果。

我們通常會認為情緒是一種心理的經驗，但情緒其實也是身體的狀態。不同的因應方式主要透過情緒來表達，而情緒主要透過身體的狀態來表達。舉例來說，神經質的人長時期處於壓力狀態，壓力狀態包括皮質醇的釋放，而這類荷爾蒙久而久之會對身體造成很大的損耗。皮質醇濃度若長期偏高，已知會導致體重增加、腦部萎縮等各種症狀。神經質的人皮質醇濃度較高，也可能正因如此，罹患阿茲海默症等慢性疾病的風險也會上升。

上述四大關鍵抗衰老人格特質，不僅能對抗許多潛在殺手，還能減緩與老化相關的體適能下滑。二〇一二年發表在《國際行為醫學期刊》（*International Journal of Behavioral Medicine*）的一項研究中，密蘇里大學學者麥德萊娜．托利亞（Magdalena Tolea）和同仁發現，神經質年長男女的肌力低於生性放鬆的同齡男女，而運動習慣的不同只占此差距的一小部分。

與耐力運動員利益更相關的是二〇一三年由美國老年研究所（National Institute on Aging）進行的一項研究結果，該研究發表於科學期刊 *PLOS ONE*。共有六百多名男性和女性（年齡最大為九十六歲）完成了一項步行測試，藉此評估他們的有氧能力（最大攝氧量）。受試者若神經質得分較低，但個性外向、心胸開放和認真自律的分數較高，那有氧能力也明顯超過人格特質較不正向的同齡人。

大多數人在三十五歲左右，老化過程開始削弱肌力和有氧能力。正如前文所提，耐力運動員的高峰表現也會在這個人生階段結束。沒有運動員能倖免於「最佳成績走下坡」的現象，但運動能力因老化而逐漸衰退時，個體之間有很大的差異。有些運動員太早就脫離高峰狀態、能力迅速惡化，而有些運動員則能長期保持最高水準的表現，即使最後能力開始退化，過程也是緩慢漸進。

這些老化較慢的運動員具備哪些其他人缺乏的特質呢？基於我在前文中引述的研究，我們理應會推測其中祕訣在於他們的因應方式，而真實世界的證據也提供了強而有力的支持。四十歲以上成就斐然的耐力運動員都有極為相似的人格特質，令人嘖嘖稱奇。我們在這些男女選手身上觀察到，他們對於運動本身與生活方式抱持無限的熱情，這是源於擁抱人生的正向人格（即因應方式屬於情緒穩定、心胸開放、個性外向、認真自律）。

海爾・格布雷西拉西耶（Haile Gebrselassie）就是絕佳的例子。從二十一歲到三十六歲，格布雷西拉西耶在長跑項目締造了二十七項世界紀錄。他創下最後一項紀錄時，大多數勁敵都已退休了。但「格布」繼續比賽，而且成績依然出眾。二〇一二年，他三十九歲那年，以二十七分三十九秒的成績，贏得曼城長跑（Great Manchester Run）十公里冠軍，擊敗了二十七歲的馬拉松世界紀錄保持人派屈克・馬卡烏（Patrick Makau）。隔年，他以一小時一秒十四的成績獲得維也納半馬冠軍，更在十英里項目，以四十六分五十九秒締造了四十歲以上的世界紀錄。

格布雷西拉西耶對於跑步的熱愛和天賦都具有傳奇色彩。他在二〇一三年接受CNN專訪時對保羅・吉廷斯（Paul Gitings）說：「沒跑步的日子就不是好日子。」

後來在同一次專訪中，格布還說：「我正在想，我要打破所有的大師賽紀錄——四十歲、五十歲、六十歲的紀錄都要打破。」這番話反映了他身為跑者的愛好無窮無盡，只想不斷挑戰自我極限。雖然格布雷西拉西耶知道早晚會跑得愈來愈慢，但對他來說，跑得慢也減損不了他對跑步的熱情。只要他還活著，他就想盡其所能地跑步；他也不止一次發誓，要跑到自己嚥下最後一口氣為止。

雖然跑步是海爾．格布雷西拉西耶的唯一志業，但他對於跑步的熱情，其實單純是對於人生全方位熱忱的特殊展現。在衣索比亞首都阿迪斯阿貝巴（Addis Ababa）的家中，他每天都行程忙檔，像是做生意（他是非常成功的創業家）、出席社區與政治活動、接受採訪、贊助工作、家人團聚、節慶吃喝，當然還有跑步。一般人會覺得，假如格布沒有投身於跑步，也必定找得到其他事來當成人生重心。他想跑到自己死去那天，但他也想永遠享受人生。

格布雷西拉西耶只在比賽時沒有笑容，但我們在前文提到的娜塔莎．巴德曼就算比賽也掛著招牌笑容（只要在 Google 圖片搜尋欄位中輸入她的名字，你就會懂我的意思了）。巴德曼並不是因為獲勝而微笑，儘管她在一九九八年至二〇〇五年黃金時期確實是比賽常勝軍，當時共獲得了六次鐵人賽世界冠軍。而是得倒過來說，她之所以獲勝，正是因為懂得微笑——微笑背後蘊藏的熱情。

二十多歲時，巴德曼是憂鬱的過重單親媽媽，非常討厭運動。但當時在剛交往的男友（最後成了她先生）說服下，她開始嘗試慢跑和騎自行車。在短短時間內，單純的嘗試卻帶來徹底的重生。巴德曼徹底改頭換面，熱愛著自己的身體與潛力，更深深感激自己能投入運動，讓她覺得失敗也並不可怕，而成功只是完全接納這個過程的必然結果。

在二〇〇四年的一次採訪中，巴德曼說：「我當初參加鐵人三項，是想要當個快樂又健康的人，我現在想把下半輩子都投入這個運動。」

在巴德曼發表這番言論的三年後，她正在朝著七度贏得世界鐵人錦標賽的目標前進，可望成為該項賽事最年長的冠軍（當年她三十九歲），但比賽中她的自行車撞毀，自己也受了重傷。這件意外理應會讓她改變主意，不再堅持下半輩子要玩鐵人三項，但她沒有放棄，反而努力復健、恢復體能，重回到鐵人三項運動的高峰。二〇一二年，四十五歲的她贏得了南非鐵人賽冠軍，也是史上年紀最大的鐵人三項冠軍。六個月後，她在夏威夷舉行的世界鐵人錦標賽中獲得女子組第六名。

自行車運動也有其不分年齡的魅力，頂尖選手也具有格布雷西拉西耶和巴德曼的人格特質。顏斯・沃伊特（Jens Voigt）便是再適合不過的例子，他是德國車迷的最愛，在四十三歲生日隔天退出了職業自行車界。二〇一四年九月十八日，也就是他退休當天，沃伊特參加了最後一場比賽，設法打破一小時計時賽的世界紀錄。光是他願意嘗試這件事，就說明了他的眾多特質。原本的紀錄是由一位三十歲的運動員所締造，已維持了將近十年都無人打破。沃洛特成功刷新紀錄，意義更是不言而喻。他在瑞士賽道上跑了五十一點一一五公里，粉碎十年前的紀錄。

在這三週前，沃伊特參加了最後一次團體公路比賽：科羅拉多州七站美國職業挑戰賽（USA Pro Challenge）。他職業生涯的騎車風格始終如一：狠勁十足、無所畏懼又熱情滿滿。在第四站，這位習慣於突圍的選手與主車群一百一十五人中的十一人，共同進行了最後一次突圍行動。在距離終點線四十公里處的陡坡上，沃伊特從突圍群內發動攻勢。沒有人能追得上這位德國老將的加速。沃伊特不斷提升他所謂的「痛苦指數」，領先突圍群其他選手（平均年齡二十五歲）九十秒。

早在二〇一二年，四十歲的沃伊特就以相同方式贏得了同一賽事同一站。然而，這一次卻未能如願。一支奮力追趕的主車群追上分崩離析的突圍群，然後緊咬著沃伊特。距離終點還剩十公里時，他領先六十秒。最後剩五公里時，儘管領先的沃伊特並沒有放鬆，但差距已縮小到三十五秒。幾乎所有觀賞眼前景象的人，都希望看到這位勢如破竹的老鳥成功完成這項壯舉。數萬名觀眾排在這條多圈賽道兩側高呼：「加油，顏斯！」許多人都穿著印有沃伊特口頭禪「兩條腿別煩我！」的T恤，推特滿是祈禱沃伊特雙腿給力的集氣文。沃伊特享受著支持者的熱愛，鮮少有人能像他那樣坦然地忍受痛苦，以往多次比賽中再煎熬，熱情都未曾削弱，但這次卻沒有用。在距離終點兩公里時，他領先優勢縮小到二十秒。前方已看得到終點線，但主車群漸漸吞沒了他，他卻還在奮鬥，活像颶風中抓狂的泳者。

這讓顏斯．沃伊特的車迷們心碎不已，但沃伊特本人並不覺得心碎。賽後，他對velonews.com記者尼爾．羅傑斯（neal Rogers）說：「說也奇怪，這樣的結局也許最恰當。這就是我的人生——二十次、三十次甚至四十次突圍，也許有一次會成功。這次突圍就很常見，雖然全力以赴了，但是依然被追上。這可以說是我職業生涯的漂亮寫照——賭上一切冒險嘗試，別人看來可能很蠢吧。」

這些話所展現的處世態度——充分結合了「冒險一搏」和「人生無常」兩種哲學——足以說明為何沃伊特是職業巡迴賽中最受歡迎的車手，以及為何他多年來都能維持如此高水準的表現。

顏斯・沃洛特、娜塔莎・巴德曼和海爾・格布雷西拉西耶，以及奈德・奧佛蘭等超級正向、成績優異的運動老將，在在坐實了科學證據：正向人格特質，可以減緩身體老化過程，藉此保持耐力表現。問題是，我們對自己的整體因應方式無能為力。天生神經質或孤僻的運動員，也許會欽佩沃伊特、巴德曼和格布雷西拉西耶等前輩，但有辦法仿效他們嗎？

某方面來說，他們確實可以仿效。雖然正向人格特質的人，傾向於熱衷於某些嗜好（運動如此，其他事亦然），但熱情並不是這些人專屬。具有其他因應方式的男女也有能力愛上適合自己的興趣，而一旦有了熱情，便會產生與正向人格相同的抗老化效果。

羅伯・瓦勒朗（Robert Vallerand）等心理學家二〇一二年發表在《幸福心理學》（*Psychology of Well Being*）的一篇論文中，將熱情定義為「對於自我認同活動的強烈傾向，不僅喜歡（甚至喜愛）也覺得重要，並且定期投注時間與精力」。這項研究顯示，熱情類似於把人格大改造，進而強化了心理健康。對於特定活動有強烈熱情的人，宛如生性樂觀的，通常花較少時間處於加速衰老的情緒狀態（例如焦慮）。實際上，與其說娜塔莎・巴德曼是天生正能量滿滿，不如說她應該是被熱情力量所改變的絕佳例子。從她自述運動生涯前的經歷看來，若她沒有發現自己對鐵人三項的熱忱，進而有了深刻又永久的轉變，想必在心胸開放、認真自律、個性外向和情緒穩定等面向的得分會相當低。

這樣受到熱情驅動來從事耐力運動，最棒的榜樣當屬奈德．奧佛蘭（他也堪稱從中獲益的最佳代言人）。奈德最初是一名跑者，在加州馬林郡（Marin Counry）就讀高中期間，參加了越野賽與田徑比賽；他就讀大學前兩年仍繼續參加越野賽。二十歲時，他放棄跑步，轉而追求另一項興趣：場地越野賽（motocross）。大學畢業後，奈德當時室友讓他迷上了鐵人三項這項新運動。鐵人三項促使奈德重拾跑步習慣，但因為他當時住在洛磯山脈中心地帶，便把集中心力於登山跑。後來他不慎受傷，好一陣子不能跑步，便開始騎自行車來維持體能，而且進步得飛快，不久便成為職業選手。大約在此時，登山車賽開始流行起來。奈德內心的越野魂受到吸引。他把扁輪胎換成了越野輪胎，後來贏得七次全美冠軍和一次越野登山車世界冠軍。

奈德並非找不到真正喜歡的事物，他只是喜歡新鮮變化感。他發現，只要自己嘗試新事物、追求不同目標，對於訓練和比賽的渴望最強烈。即使他有段時間專注於特定目標，也會懂得拿捏分寸和平衡，才能常保身心的清晰。舉例來說，在登山車賽生涯中，奈德在科羅拉多州小城杜蘭戈（Durango）的家中過冬，穿著雪鞋和越野滑雪板到處晃，自行車則在積灰塵。這些不同活動讓他「騎自行車的肌肉」得到休息，也讓他在備賽期間保持心理專注。正因為少了自行車訓練，事後才會認真看待訓練。

即使是到了比賽季節，奈德也沒有像部分對手那樣逼迫身體。一九九八年，他在接受《鐵人三項運動員》專訪時說明：「我喜歡的訓練要明快簡短，我其實不介意辛苦的訓練，但是我不想進行長時間的訓練。我出場不胡鬧，完賽便回家寫功課。」換句話說，奈德有多熱情，訓練就多嚴謹。

一九八七年，奈德和妻子潘姆（Pam）有了第一個孩子後，便減少了出遠門和比賽。陪伴家人的時光，讓他加更幸福，而幸福感又讓他成為更優秀的運動員。即使如此，身為一名運動員，奈德還是難免心癢想嘗試新東西。一九九六年，他離開了登山車界，把注意力轉向了新興的越野三項運動。兩年後，他成為該運動的世界冠軍。

*

求新求變、拿捏平衡並不是奈德保持對運動渴望的唯二因素，勝利和進步也是重要因素。他外表舉止看似隨和，裡頭卻跳動著一顆好勝的心。奈德在一九八〇年代初期不再參加鐵人三項比賽的一項原因是，他從這項運動中獲得的成就有限。一九九六年，他從登山車界退役的原因之一，則是未能入選美國奧運代表隊。一九九九年，他重新站在XTERRA世界錦標賽的起跑線上，部分正是因為他相信自己可以再次奪冠，甚至可能突破先前的成績，完全不顧自己四十四歲了。

想要成功奪冠，宗德不僅要擊敗像麥可．托賓和吉米．里奇特羅等場上熟面孔，還要擊敗尋求衛冕的三屆雙項全能世界冠軍奧利維爾．伯恩（Olivier Bern，三十一歲）、前途看好的職業鐵人三項選手科瑞．克拉森（Kerry Classen，二十七歲）和越野三項高手麥克．瓦因（Mike Vine，二十六歲）等明日之星。

一九九八年，游泳路線意外出現測量疏失，比當初公告略短，這對奈德反而有利。然而到了隔年，這個問題解決了，奈德只得在水中耗掉更多時間。他離開太平洋水面時，落後領先者克拉森三分三秒，只領先出名地怕水的雙項鐵人選手托賓兩秒。

要說有**四十四歲**的奈德有哪項運動**難以**精進，應該就是登山車了。在他快滿三十歲到三十歲後數年，登山車賽一直是他的主要目標。果然，他完成了嚴峻的三十公里自行車賽段時，比前　年幾乎慢了四分鐘。即使如此，他還是比托賓快上四分鐘，開始跑步的領先優勢與去年相同。托賓像刺客般追著奈德．奧佛蘭，越過沙地、岩石和樹根，把差距縮小了二分二十八秒，但仍差一分三十六秒。奈德又贏了。

二〇〇〇年，奈德嘗試了看似不可能的事：四十五歲的他，想接連三度贏得XTERRA世界錦標賽冠軍。事實證明果然不可能，他最後名列第五。「今天不大順，」他後來說，「騎了大約二十分鐘後，我發現自己爬坡不順，趕不上領先群。」

奈德在二〇〇一年XTERRA系列決賽中獲得第四名，證實他奪冠的日子已一去不復返了。很自然地，他換了其他的挑戰，但他沒有東挑西選，刻意去找即使年長但仍能稱霸全場的競賽。正好相反，奈德仍然渴望戰勝最優秀的選手，找了自己能發揮優勢的頂級賽事，像是高山自行車賽。

二〇〇四年九月十一日，在他滿四十九歲的三星期後，奈德贏得科羅拉多州公路自行車錦標賽冠軍，上次贏得相同賽事是一九八七年，相隔了十五年。

二〇一一年，他重返另一項很久以前征服過的比賽：鐵馬經典賽（Iron Horse Classic），這是在奈德家鄉杜蘭戈舉行的四十七英里高山公路賽，他曾在一九八三年、一九八六年、一九八七年和一九九二年奪冠。二〇一一年的比賽最後只剩兩名選手較量，他們在最高海拔超過一萬英尺的煤岸山口（Coal Bank Pass）展開爬坡，極度考驗肺活量。在爬坡開始時，十九歲的霍華德·格羅茲（Howard Grotts）展開進攻。

當年五十五歲的奈德一開始還能跟上，但隨著空氣愈來愈稀薄，他開始喘不過氣，格羅茲拉開了十秒的差距。接近山頂時，奈德振作起來，追上了原本領先的格羅茲，隨後下坡路段把他遠遠甩在身後。他騎上莫拉斯山口（Molas Pass）最後一段爬坡，仍保持領先優勢，終於贏得冠軍。格羅茲則拿下第三名。

奈德一再重新定義中壯年耐力運動員的極限。當然，他的極限事未必是所有人的極限。然而，持續朝著喜悅與幸福的方向前進，絕對是無可否認的智慧真理。同理可證，務必要信任運動員——任何運動員——內心的直覺，才能找到適合自己的方法、目標和運動生活方式，進而燃起內在的動機，這股力量強大到能與歲月抗衡。奈德．奧佛蘭等人就是活生生的例子，科學只是從旁證實而已。若你的熱情不滅，續航力就會不滅。

第十二章

這一切值得嗎？

史蒂夫·普利方丹（Steve Prefontaine）討厭在寒風中跑步。在田納西州諾克斯維爾（Knoxville）狐窩鄉村俱樂部（Fox Den Country Club）高爾夫球場，他不只一次對奧勒岡大學隊友們提起這件事。其他成員早已習慣了他在賽前的牢騷（無論天氣好壞，他都會發牢騷），完全不打算要安慰他們的隊長。此外，他也沒說錯，天氣冷爆了——比感恩節前的星期一正常溫度低了足足攝氏七度。每向前跑五步，跑者嘴裡就會冒出明顯的二氧化碳霧氣。來自東北的寒風吹亂了普利的招牌側分金髮，他在百慕達草地上拖著腳步，直到最後一刻才脫下厚重的運動服和連帽外套。

十一點整，一聲槍響，一九七一年NCAA越野錦標賽正式開始。全長六英里的比賽路線上，共有兩百八十七名選手向前衝去。普利現在只穿了一件輕薄的棉質T恤和校服。一如往常，他直直衝向主跑群最前面，但被兩名自信滿滿的選手緊盯，他們渴望著擊敗美國跑步金童這項榮耀。普利這位跑步金童年僅二十歲，就已贏得三次NCAA冠軍和三次業餘運動聯盟（Amateur Athletic Union）全國冠軍賽，締造了三項美國紀錄，還登上了《運動畫刊》（*Sports Illustrated*）封面。此次挑戰者中有未來的奧運八百公尺金牌得主鮑林格林（Bowling Green）代表戴夫·沃特（Dave Wottle），一九六八年奧運選手維拉諾瓦大學代表馬蒂·利克里（Marty Liquori），以及NCAA六英里衛冕冠軍明尼蘇達州代表蓋瑞・比約克倫（Garry Bjorkland）。

這群男子選手中，就屬比約克倫最為大膽，他公然挑戰普利的領先地位，一開始就對他展現挑釁的配速，時不時超越普利半步。普利堅持全程主導比賽，反而加速進逼上演復仇環節，比約克倫卻也加速來回應，兩人互不相讓，僅用四分二十四秒就跑完第一英里，這在任何賽道上都是魯莽的配速，更不用說像這樣起伏的越野路段了。

距離比賽還剩五英里時，普利感覺糟透了。他的雙腿滿是沙子，頭腦充滿了自我懷疑，最心煩的是比約克倫看似相對自在，因為似乎他都能大步躍過一座座草丘，普利卻像撞到磚牆般辛苦。

很快地，普利就從主導配速，變成跟隨配速，再來是被比約克倫拖著跑。普利的腦中上演著一場激烈戰鬥，痛苦宛如癮頭遮蔽了一切，正面只剩下狹小的視野。他知道自己難以在此煉獄中再撐二十分鐘，拼命想放鬆下來、讓比約克倫超前，以免自己遭受更大煎熬，但內心有股力量阻止了他。

到了第三英里時，普利和比約克倫與另外兩人——北達科他州代表麥克・史塔克（Mike Stack）和華盛頓州選手丹・墨菲（Dan Murphy）——和主跑群拉開了距離。普利持續在內心大喊放棄，身體卻向前衝。比約克倫覺察到了普利的內心衝突，比賽進行到一半便超越其他人。此舉對普利來說簡直是一種解脫，他雖然繼續奮力奔跑，但不再需要痛苦地追趕那位身穿紫金相間制服的明尼蘇達州代表。

比約克倫把領先優勢擴大到五六步，便沒再加快速度，因為體力瀕臨極限。後頭氣喘吁吁的普利內心又燃起了希望，痛苦彷彿減輕一點。普利把力氣又增加二十五%，開始拉近兩人距離。在四英里處，兩名對手再次並駕齊驅。普利仍然好想要放緩腳步，但比賽稍早讓他打消念頭的強烈衝動，現在又刺激他用小小衝刺來測試比約克倫的能耐。而比約克倫略為遲鈍的反應可見一斑，普利知道他把挑戰者逼到了絕境。在越過一個特別險峻的山頭後，他再次飆了起來，這回保持了勢頭。比約克倫沒有追上來。

普利拉開距離時，得意地沉浸於自己的步伐中，刻意更加用力擺動他的手臂，還把膝蓋比平時抬高一兩公釐，儘管原本才更有效率。然而，這種炫技很快就消失了，只剩普利獨特自然跑步時的怡然自得。腰部以上，他就像是競技牛仔，雙臂放鬆地揮舞著；腰部以下，他則像一輛子彈列車，兩條腿像跑在鐵道上的輪子般平穩轉動。

距離終點還有一英里時，路線突然轉向，選手們順著一條平行賽道原路折返。普利領先比約克倫上三十公尺左右，而且距離還在擴大；普利怕被人追上的恐懼，成為他不願鬆懈的動機。大約在轉彎後一分鐘，普利迎面遇上田納西州選手道格・布朗（Doug Brown），布朗還在去程的路上。布朗看到普利這位即將奪冠的選手，臉上摻雜著痛苦和決心，不禁深深受到感動——這幅景象他永誌難忘。相較於身後所有選手，普利的狀態看起來可以說更糟，也可以說是更好。

普利最後一次過彎，來到終點前直線賽道，雙眼盯著前頭高爾夫球道上方十五英尺高、被風吹得嘎嘎作響的橫布條。他垂著腦袋，緩緩跑了最後幾步，在終點線前蹣跚停了下來，意識已半夢半醒。兩名比賽官員趕忙上前攙扶住他。七秒後，比約克倫也跟著完賽。

隔天，普利在日記中說明了這場比賽：「這場比賽一開始就非常辛苦，參賽選手都很了不起，路線本身也很艱難。我得勝前遇到好多問題，好幾次都痛苦到想放棄，直拉讓蓋瑞贏算了，但我就是做不到。我只是讓自己愈來愈拼，愈跑愈久。」

他如此坦誠地說出內心的脆弱，以及面對困難時情緒的不穩定，必定會讓史蒂夫在美國的大批支持群眾吃驚不已，這些人稱為「普利人馬」。普利的跑步風格極虐、公開評論又傲慢，他是全球數一數二知名的跑步硬漢，也是無所畏懼的神鬼戰士，努力程度的調控輕而易舉。「唯一適當的比賽配速，就是想要自殺的速度，」他在賽前說，「今天感覺是個好日子，很適合去死。」

如此狂妄的聲明帶給部分支持民眾的印象是：普利其實很享受痛苦的感覺。但事實遠非如此。幾乎在每場比賽中，他都面臨著多次危機時刻，有時脆弱的那面占了上風。他在歐洲比賽失利後，就曾哀嘆道：「我完全沒有好勝心，剩五十公尺的時候原本不分上下，我突然有個念頭跑出來說：『欸管他去死，我沒有那麼想贏，隨便啦，就給你贏吧。』」

即使在訓練中，普利也經常難以應付高強度施力的內心挑戰。「有時候我都會納悶，這麼痛苦硬是把自己逼到極限，到底值不值得？」一九七一年十月，他在辛苦練跑結束後，在日記中吐露心聲：「我只能說，最好值得。」

這個大哉問——**這一切值得嗎？**——在普利的演說和寫作中一再出現。這透露了對於拼命跑步必然伴隨的不適感，自然會湧現的恐懼與厭惡。然而，普利卻一再把投身於這個問題必然出現的情境中——因為他更害怕、更厭惡被不適感擊敗的念頭。普利的姊姊琳達認為：「他和我們一樣都會痛苦和害怕。」但她也進一步說，普利與眾不同的是，「他不管再痛苦和害怕，最後都會說：『來啊，誰怕誰！』」

普利生性堅忍不拔，這點毫無疑問。但這份堅忍並不是像超人般無視痛苦或恐懼，而是他死都不接受自己內心存在人類共通的懦弱。鍛鍊心適能不過是他的日常戰鬥，但這是他自己選擇的戰鬥。「史蒂夫．普利方丹到底有多堅韌呢？」他在接受《田徑新聞》（*Track & Field News*）採訪時自問：「只要他準備好了，就無比堅韌；如果還沒準備好，就不怎麼堅韌了。」

所謂準備好，意味著能肯定回答這個大哉問：一切值得嗎？普利發覺，自己在比賽中的努力程度，取決於比賽對於自己的意義。儘管他鮮少輸掉比賽，但他在職業生涯初期就知道，勝利並不代表所有的恐懼和痛苦就值得了。真正值得的收穫，反而是自我發現的過程。

他在一篇高中作文內寫道：「為什麼要跑步呢？經常會有人問這個問題，為什麼每天下午都要到外面把自己逼到極限呢？每天都在懲罰自己，努力追求進步、效率和堅韌的心理素質，背後到底有什麼道理？」他繼續回答自己的問題：「其中的價值在於，你可以更了解自己。在這種情況下，各式各樣的特質都會浮現，以往你可能看不到這些東西。」

透過跑步，普利不僅發現了自己是誰，還發現了理想中的自己。他也讓所有人都知道，想成為他理想中的自己實在很辛苦。對普利來說，堅韌或膽量不僅僅是男子氣概，而是一項崇高的原則。他很瞧不起常見的觀望式（sitting and kicking）賽跑策略，也就是跟在領跑者後面慢慢跑，直到最後衝刺再一舉超越。普利只要自己沒有從頭到尾「誠實」賽跑，就會大大責備自己，但這種情況鮮少發生。他也不只一次公開抨擊運用此「沒種」策略跑贏他的選手。

一九七五年一月，普利和其他十九名優秀跑者受邀到達拉斯（Dallas）庫伯有氧研究機構(Cooper Instituted for Aerobic Research)接受心理和生理測試。在心理測試中，普利說他比賽不一定是為了贏，而是為了看「誰最有種」，面試人員聽了一臉困惑。後來，他接受了最大攝氧量測試，這就好像在跑步機上單人賽跑，只不過沒有終點。因此，這比真正的賽跑更能純粹測試選手意志有多堅韌。跑者接受的強度愈來愈高，直到自己再也無法忍受痛苦便可自願結束。普利的成績是八四．四，超越相同年齡組所有其他選手。時至今日，普利的成績仍然在所有跑者紀錄中名列前茅。

在實際的比賽中，膽識最大無法保證會贏，通常是最佳的戰術(例如觀望式跑法）才是致勝關鍵。戰術式賽跑最容易惹毛普利，不單是因為他覺得這玷污了比賽純粹的本質，還因為他認為這對觀眾並不公平。普利深感自己要對那些來看他比賽的觀眾負責，這份心意強化了他每次上場的動機，無論如何都要全力以赴。

一九七二年一月室內賽跑前幾天，普利寫下了另一篇自白日記：「這週末就要比賽了，我也愈來愈緊張了。壓力開始增加，我該怎麼辦？我只能默默等待比賽來臨。起跑的槍聲一響起，我就要拼命地跑，為了勝利而跑，為了自己、為了家人、為了從四面八方來看自己比賽的觀眾而跑，這樣他們才會永遠記得比賽有多精彩。」

正如上段最後一行所顯示，普利把自己視為表演者或藝術家。藝術家的動機是透過技藝來發現自己、改變自己的刺激感，藉由與他人分享內心世界的迫切需求，以及來自對他人產生影響的渴望。普利也有同樣的動機，他想透過跑步來探索自己，活出堅韌的原則，並給世人留下深刻的印象。

他對奧勒岡大學同學暨校刊體育記者唐·查普曼（Don Chapman）說：「有些人用文字、音樂、畫筆或顏料創作。我跑步的時候，我也喜歡創作美麗的片段，像是我喜歡有人停下來說：『我沒看過有人這麼會跑耶。』這不僅僅是比賽而已，更是個人風格，就是要比別人更優秀，也是展現創造力。」

若普利真的是藝術家，他的傑作就是一九七二年奧運的五千公尺決賽，但並不是因為這是他成績最好的比賽，而是因為這是他畢生最漂亮的比賽，充分展現普利的本質、優勢與缺點。

在那場意義非凡的比賽之前，普利曾說：「如果我沒辦法逼大家全程飆速，至少我過得了自己這一關。」這句話包含了他一切的主張。普利的目標並不是獲勝，他的目標是要百分百竭盡全力，不僅為了自己，也為了觀賽的民眾，更是為了比賽本身。

然而比賽來臨時，普利並沒有真的全程飆速。蘇聯選手尼古拉・斯維里多夫（Nikola Sviridov）以四分二十五秒的慢速領先第一英里時，普利身處十三人主跑群的中間。二十一歲的他，覺得此刻的壓力太大了嗎？賽前別人告誡他，千萬不要幫對手在前面擋風，他聽進去了嗎？這些問題的答案不得而知。無論原因為何，普利等到最後一英里開始，才主導了比賽節奏。但他一採取行動便展現果斷的決心，以每圈六十秒的配速衝到最前面，而且不可思議的是，他就以此速度飛奔到終點。

唯一的問題是，還有三名跑者也是如此。在最後一圈，普利有兩度明顯快撐不下去，硬拖著身體往前跑，再十來公分就能再度像兩圈前一樣領先。綜觀史上類似的錦標賽，幾乎沒有這樣連續衝刺的先例。就算重看一千場比賽，也找不到這樣的比賽：跑者在最後一圈拼死一搏失敗後，居然可以再拼一次。普利就是辦到了，但代價是他在終點前的衝刺沒力了，距離終點線幾步之遙，他輸給了英國選手伊恩・史都華（Ian Stewart），銅牌拱手讓人。他賽前曾發誓，要讓這場比賽「純粹的膽量較勁」，他也實現了承諾，只是純粹的膽量較勁結果不如預期。藝術就是如此。

比賽一結束，普利就脫下鞋子，跑到奧運主場館某個角落躲起來，他只想獨自靜一靜。但《尤金紀事衛報》(*Eugene Register-Guard*) 體育記者布萊恩·紐納姆（Blaine Newnham）找到了他。普利若是拳王阿里，紐納姆就是霍華·科塞爾（Howard Cosell）——這位記者最了解普利，也最能挖出他的真心話。比賽前幾天，普利告訴紐納姆：「每個人都對我期望很高。我只想快點把討厭的比賽跑完……我大概還太嫩了，應付不了一大堆關注。」他其實備受驚嚇，但仍克服了恐懼，「帶給觀眾一場永難忘懷的表演」，另一位報社記者把這場比賽形容為「史上最偉大、最瘋狂、最激動人心的長跑比賽」。紐納姆在奧林匹克體育場某個角落，找到了心碎難過的普利，他深陷於剛剛目睹那場華麗災難的情緒。紐納姆沒有立刻拿起麥克風採訪，而是把筆記本放在一旁，把眼前內心受創的年輕人從地板上勸了起來。

「你是為了拿第三名還是第二名才賽跑嗎？」布萊恩問，「都不是，你跑了就是要贏，還剩一英里的時候你領先了，然後不要命地狂奔，最後得到第四名，這個結果很爛嗎？」

「喔，也沒那麼爛啦。」普利說。

兩人的談話結束時，普利先前的對手英國選手戴夫．貝佛（Dave Bedford）晃了進來。普利突然恢復了老樣子，對貝佛大喊：「貝佛，我們蒙特婁見啊，我一定要好好教訓你！」

史蒂夫．普利方丹沒能獲得在一九七六年蒙特婁奧運上復仇的機會。一九七五年五月二十九日深夜，他在尤金市自家附近死於一場車禍，當時他剛離開某個啤酒派對，慶祝海沃德田徑場（Hayward Field）另一場勝利。海沃德田徑場是普利在尤金的主場，也是傳奇誕生之地，在許多人心上留下了不可磨滅的印記。普利整個人卡在翻倒的MG敞篷車與路面之間時，頭幾分鐘意識還很清楚。任何青春正盛的年輕人，都不可能接受這麼年輕就殞命，但至少他當時曉得自己付出了一切。

*

「**你有多想贏？**」這是每個運動員在比賽的關鍵時刻都要面對的問題。追根究柢，這是攸關動機的問題。許多因素都會影響過火者的生理極限，進而決定最後與牆的距離，但其中又以動機的影響最大。至於運動員有多想用盡全力，其實潛藏著更深層次的問題——這也是普利反覆思考的問題：「**這一切值得嗎？**」運動員想要取得最佳成績的動機有多強烈，主要取決於這件事本身的價值。運動員在比賽中不遺餘力，因為他們渴望獲得獎勵。在大多數情況下，這類獎勵既不是為了功利（例如金錢），也不是感官滿足（例如美味的慶功宴），而是個人的收穫。全力以赴有其意義，這就是它的價值。而每位運動員都有各自追尋的意義。

過去十年以來，神經學界對於價值感知的激勵效果有了深入的了解。賓州大學學者奧斯卡．巴特拉（Oscar Bartra）等研究人員甚至發現了位於腹內側前額葉皮質和腹側紋狀體的大腦評價系統（brain valuation system，ＢＶＳ）。一般人看到或想到自己所重視的人事物時，大腦這些區域就會變得非常活躍。人事物的價值愈高，ＢＶＳ就愈活躍，我們就愈願意為此而努力或受苦。ＢＶＳ與大腦獎勵迴路（brain reward circuit）這個系統重疊，單純期待獎勵就能暗示愉悅感的產生（由神經傳導物多巴胺觸發），等同於實際體驗的愉悅感。

這類獲得獎勵前就能嘗到愉悅的能力，讓有高度動機的運動員能忍受較大的感知辛勞。ＢＶＳ啟動大腦獎勵迴路，就好比把一隻腳泡在冷水，轉移另一隻腳站在熱媒上的疼痛。想要善用這種平行情感處理的能力，所需要的正是足夠有價值的獎勵，從而激發人的動機，但這部分最為不容易。雖然科學家們已發現，這些大腦系統在所有健康民眾體內都以相同的方式運作，但每個人重視的事物個別差異很大，特別是在抽象獎勵方面，例如運動員賦予拼盡全力的個人意義。

凡是卓越耐力運動員的內心，都擁有強大的個人動機鞭策自己努力，這攸關運動對於個人的特殊意義。凱瑟琳・恩德雷巴（Catherine Ndereba）是二十一世紀初四屆波士頓馬拉松冠軍，也是一名虔誠的基督徒，她把比賽視為實現上帝賦予她人生的使命，經常在比賽中與造物主交流。這不僅是她成功祕訣的一部分，也符合她的個人性格，就像普利的愚勇和炫技也是個性使然。恩德雷巴的信仰也是有效的因應能力。腦部造影研究顯示，祈禱能改變大腦功能，減少對疼痛的感知，因此很可能會減少恩德雷巴這類習慣祈禱的運動員感知到的辛勞。

史蒂夫・普利方丹有不同的動機因素。他和其他運動員一樣，害怕且痛恨比賽伴隨的壓力和不適感，他也同樣勇敢地面對這些不愉快的感受，把運動賦予個人意義，這個動機來源讓所有的痛苦都「很值得」。但他是用自己的方式做到這點，他把跑步當成一項契機，藉此發現自己、成為理想中的自己，並且堅持不懈地追求堅韌或膽識（屬於勇氣的一種），把最好的一面展示在世人面前。

業餘運動員和菁英運動員一樣有能力在運動中找到個人意義，並利用這種意義激發非凡的動力。但天賦本身就具有激勵作用，所以才華出眾的運動員在面對「你有多想贏？」這個問題時，具備一般人缺乏的優勢。心理學家透過各種實驗顯示，我們認為自己擅長運動、學術或其他活動時，自然會在這些活動上投入更多的精力。鮮少有學生面對討厭的科目會用功，也鮮少有運動員嘗試不同運動後，最後專精最不擅長的一項。

耐力運動員在評估運動值得付出多少努力時，天生能力是非常重要的因素。毫無疑問的是，許多運動員缺乏極為出眾的基因，難以不惜一切去追求終極的身體極限。然而，現實世界的證據顯示，缺乏天賦也許難以贏得奧運冠軍，但無法阻擋「想贏」這個念頭。

以約翰·賓漢（John Bingham）為例，他更廣為人知的名字是企鵝（Penguin），一般公認他與史蒂夫·普利方丹正好相反，兩人有如陰陽般對立。普利有句名言：「**沒有全力以赴，就是在浪費天賦**。」二十年後，約翰·賓漢反駁道：「**受傷了，就要慢下來**。」兩人都鼓勵了大批跑步後輩，但方式截然不同。許多跑者的牆上都貼了一張普利的海報，許多跑者的書架上則有一本企鵝的書。但鮮少有跑者在牆上貼著普利的海報，「同時」又在書架上放著企鵝的書。

約翰・賓漢（John Bingham）一九五〇年代在芝加哥一個義大利工人階級家庭長大。和大多數朋友一樣，他夢想成為一名職業運動員，唯一阻礙夢想的是他極度缺乏運動天賦。

約翰的初戀是棒球，但他真正打棒球的時間很短。他在九歲時因為少棒聯盟選拔賽失利，就放棄了這項運動。上初中時，約翰參加了籃球隊，但幾乎整個賽季他都坐冷板凳。在某場刺激萬分的比賽最後一分鐘，教練終於讓他上場嘗試足以致勝的一記投籃時，他居然投出了籃外空心球，被對方隊員扛出了球場。他的籃球生涯就此劃上句點。

一九七六年退伍後，約翰就完全變成了久坐不動的人，還養成了抽菸和酗酒的習慣。約翰四十歲時，體重來到一百零八公斤，身心都一團糟。他多次嘗試要減肥，但每次都因動機不足而受挫。後來有天，約翰和一位極健壯的朋友聊天，對方是歐柏林音樂學院（Oberlin College Conservatory）同事，熱愛騎自行車。約翰聊完以後，感到前所未有的興奮感。他在當地二手拍賣會上，買了一輛中古的 Peugeot 鋼管自行車。騎了數次後，約翰逐漸懂了同事為何對自行車運動著迷。他騎得里程數愈多，身體就愈健康；而他身體愈健康，騎得也愈頻繁，單程就能跑六十二英里。

因為工作的關係，約翰需要經常出差。他討厭出旅途中還得保持騎車的習慣，所以在不能騎車時，就改以跑步當成鍛鍊方式。他一下子便發現，身體超重又走樣時，跑步比騎自行車要辛苦很多。約翰首次跑步只持續了數分鐘。但他仍然堅持了下來，每次繫好運動鞋後，他都是能跑遠算多遠，花了將近六個月的時間才跑得了三英里。

約翰達到三英里門檻的一週後，被說服參加一場比賽。那時，除了五公里的樂活組路跑，他沒有參加過更困難的路跑，但他卻同意參加鐵人兩項比賽，其中包括前後兩次五公里路跑，中間相隔一條二十五公里長的自行車賽段。比賽當天早上，約翰剛好走過一張桌子，桌上擺滿了要分發給各年齡組和男女組優勝選手的獎盃。約翰得意自己近來健身有成，臨時起意把目標從單純完賽，改為獲得其中一個獎項，但他最後沒能成功，排在最後一名。

約翰渴望能一雪前恥，便加緊訓練腳步，找到另一項比賽——沒有自行車環節的簡單賽事。儘管他全力以赴了，成績卻還是墊底。他後來寫道：「我發覺，假如我要繼續跑步，就得找到除了獲勝之外的理由。」

其實，約翰早已找到了另一項跑步的理由：享受。儘管他抱負有餘、天賦不足，約翰仍然從賽跑的體驗中獲得很大的滿足感。單純越過終點線，他就心情舒暢，即使他到達終點時，大多數選手早就回家也沒關係。約翰開始頻繁地參加比賽，而為了讓訓練和比賽融入生活，他甚至換了一份工作，搬到美國另一頭。他終於成為運動員，充實感不亞於職業跑者，只是少了名氣和財富。

但實際上，名利也隨之而來。約翰很會講故事，他開始在當紅跑者線上討論區發表個人勇闖運動圈的幽默小故事。他與其他作者對比鮮明之處，在於他接納「慢慢跑」，甚至用「企鵝」這個筆名來戲指自己蹣跚的步伐。一位《跑者世界》撰稿作家十分欣賞約翰的故事，就轉給雜誌編輯安比·伯富特（Amby Burfoot）參考。伯富特在約翰身上看到新一代跑者的理想代言人，無論是體重、速度、好勝心都不如前幾代跑者。《企鵝編年史》（*Penguin Chronicles*）第一期刊登於一九九六年五月，讀者們簡直愛不釋手，原本只打算刊登八個月的專欄，就永久保留了下來。

約翰接連又出了好幾本書，例如《起步的勇氣》（*The Courage to Start*）和《毋需速度》（*No Need for Speed*）。北至西雅圖、南至邁阿密的跑步俱樂部與活動主辦人，都紛紛出錢請約翰飛到各地演說，他一遍又一遍地重覆同樣一句話：你不必跑得很快，也能成為跑者。二十一世紀初，企鵝可說是繼普利之後最知名的美國跑者，甚至遠遠超越美國當前奧運選手的名氣。成千上萬的男男女女表達感謝，直說多虧了約翰的鼓勵，他們才從沙發上起身，真正採取行動。

他們自稱「企鵝」，相當於普利迷自稱「普粉」。這些慢速跑者曾懼怕跑步社群中的基本教義派，但現今他們自豪於與眾不同。「跑步並不是我們生活的全部，」企鵝寫道，「我們的生活和幸福，不是只為了背水一戰或刷新個人記錄。」

約翰最佳的馬拉松成績是四小時三十五分。他曾告訴一位記者，他也有能力花不到四小時跑完馬拉松。「但我不要這樣，」他說，「我一點興趣也沒有。對我來說，四小時內跑完馬拉松的代價太高了，這不值得。」

「這不值得」此話頗有史蒂夫．普利方丹的影子——只不過約翰做出了相反的選擇。但真的如此嗎？在他筆下第四本書《意外當上運動員》（*An Accidental Athlete*）中，約翰坦承了一件事，語出驚人。

「儘管我一直談論這趟旅程的樂趣，」他承認，「但某種程度上，我其實內心深處很好勝，我喜歡超車，我喜歡跑贏別人。」

事實證明，儘管約翰對外主張恰好相反，他卻從未完全放棄想看看自己能跑多快的心願。就像許多缺乏特殊天賦的運動員一樣，他最初認為拼命努力沒有意義。但他擺脫不了內在的感受：耐力運動存在的目的，就是提供場域讓人重新挑戰個人極限，而這伴隨的興奮感是吸引所有人（不管有無天賦）從事耐力運動的原因，就算有人不願承認也一樣。

「有些跑者告訴我，他們真的沒有想一較高下，就算在比賽也一樣，」約翰寫道，「我才不相信。」他持續鼓勵所有程度的跑者，都要追逐跑更快的目標——不是為了追求速度本身，而是為了在盡力的過程中，獲得改變人生的體驗。他向讀者透露，他最逼自己也最痛苦的比賽，往往是他這輩子意義非凡的時刻。他指出，其中最難忘的時刻，發生在一年印第安納州南灣市（South Bend）Sunburst 十公里路跑賽。

約翰這次比賽的計畫是在前半保守地慢慢跑，最後再全力以赴。到了五英里處，他正拼命跑時，一位看似與約翰年齡相仿的參賽者超越了他。他的競爭本能立刻湧現。約翰加快了速度，微幅超越那名跑者，但對方很快又超車。約翰不肯就此罷休，雖然身體痛得要死，但他完全接納自己的煎熬，始終堅信為了他所追求的東西，承受再大痛苦都值得。

後來，約翰終於甩開對手、跑向終點線，此時他看到了比賽計時器，發覺他有機會跑在五十一分鐘內——這會是了不起的個人紀錄。他逼自己進一步加速，身體痛得更厲害，最後以五十一分三秒衝過終點線。

約翰興高采烈，轉過身來那位參賽者握手，因為那人「幫助我找到內心深處一直默默存在的東西……就是一股力量、一種決心，一種吃苦的意志，我以前從來不曉得自己有此特質。」

正是如此。每位追求進步而超越已知耐力極限的運動員，都可以理解這種心情。逼自己逼到想放棄但又不放棄，可說是絕無僅有的難得體驗。馬克．艾倫把這樣的時刻稱為「血淋淋的現實」，當你腦袋有個聲音在問：「你有多想贏？」，內心彷彿就拉開一只簾子，透露唯有危機時才看得到的一面。你的答案若是繼續拚下去，等到耐力試煉結束後，便會更加認識自己、敬佩自己，這是千金難買的體驗。

運動員與血淋淋的現實面對面時，不僅找到繼續努力的「原因」，更找到繼續努力的「方法」——即動機（為何）和因應能力（如何），供其下次想要慢下來或放棄時回頭檢視，以此基礎再出發。原因和方法多少因人而異，視個別運動員的需求。

＊

心適能就像動機一樣，也有多元的形式。運動員漸漸成長的過程中，無法仰賴單一的最佳因應方式。雖然某些能力和特質——例如韌性——是打造耐力運動成就的必要條件，所有頂尖運動員也或多或少具備這些能力和特質，但最佳心適能取決於個人。就像每位跑者的身體皆很獨特，必然會有不同的最佳跑步方式，每位運動員有自己專屬的最佳心適能，因為每位運動員都有獨一無二的自我。而運動員達到最佳心適能的個人方法，絕對符合自己獨特的本質。

在前面的章節中，我們的重點是介紹較為常見的因應能力。我們一起探討優秀的耐力運動員用來克服特定挑戰的心適能核心要素。珍妮．巴林杰藉由做好心理準備，避免競賽當下扯自己腿；葛瑞格．雷蒙德利用時間目標的力量，主導個人辛勞感知的解讀之道，克服了一場嚴重意外造成的後遺症，騎出這輩子最精采的比賽；希莉．林里克服了臨場失常的慣性，方法是放下大小夢想，學會進入比賽當下的心流；威利．史都華利用後天習得的適應力，啟動神經可塑性的天生因應能力，透過繞路效應克服了獨臂的難題；卡德爾．伊凡斯透過培養韌性來克服反覆的挫敗，而韌性正是他成就偉大所需的一塊拼圖；喬瑟夫．蘇利文透過「公布欄效應」，克服了「身材不適合運動」的歧見——運用語言和非語言的挑戰來刺激自我；寶拉．紐比—佛雷澤學會相信自己的身體和直覺，導正了因為恐懼而犯下過度訓練的錯誤；萊恩．維爾藉由團體效應——即利用團隊合作提高成績的力量——戰勝了擁有出眾天賦的競爭對手；托馬斯．沃克勒利用觀眾效應和成功效應來提高對自己的期望，也比大多數運動員更接近他的終極體能極限；奈德．奧佛蘭藉由培養對運動的熱情，克服了年齡的限制。

這些因應能力和人格特質並不是菁英運動員的專利，所有人都可以獲得。前面章節所分享的故事和科學研究，用意是要提供一個方向，供任何運動員按圖索驥來培養相同的能力。然而，世界上並不存在一個完整又通用的心適能最大化路線圖，因為有許多鍛鍊「心力超越肌力」的方法，對部分運動員非常有效，對其他運動員則完全無效，這取決於他們最深層的本質。

也許，普利至今仍然如此受人喜愛的原因是，他毫無保留地做好自己。他面對比賽的行為從來不隨便或乖乖從眾，而是展現意志集中的原始自我（還有誰會穿著印有紅色八邊形和「阻止普利」〔Stop Pre〕字樣的T恤繞場一圈慶祝勝利呢？）但普利這些個人風格強烈的行為，不僅僅是自我表現，這些因應能力也有助提升他的成績。

儘管他在美國國內幾乎無人能敵，但在國際舞台上卻未能奪冠，因此部分賽評建議他應該改變自己的比賽風格，不要在比賽初期就領先，以免在最後一圈時被使用觀望策略的選手超越。普利當然清楚外界的批評，但他也沒有改變自己的風格。領跑風格很適合他，因為這符合他的性格——確切來說，是他性格中渴望掌控的部分。他說：「我掌控一切的時候，覺得比較自在，比賽速度想慢就慢、想快就快。」的確，研究顯示，相較於外在施加同樣強度的運動相比，運動員可以掌控運動強度時，主觀感受的辛勞程度通常較低。

然而，有些運動員覺得更喜歡當回馬槍。莫．法拉贏得了五次世錦賽冠軍，以及五千公尺和一萬公尺兩面奧運金牌，他的比賽風格就是耐心地在賽道上逐漸加速，直到最後關頭才衝刺領先。

普利老愛在比賽前發牢騷的習慣，也是他因應比賽壓力和不適的招牌心法。他的奧勒岡隊友史蒂夫．班斯（Steve Bence）告訴傳記作家湯姆．喬丹（Tom Jordan）：「每次比賽之前，普利一定都會說他感覺怪怪的，說他不想跑。無論比賽地點在哪，或是比賽本身多重要，他都會說：『哎唷，要是不必跑步就好了，我覺得自己會跑得很爛。』結果比賽當下，他死命跑得跟什麼似的。」這些負面發言可能都是為了緩解普利在比賽前感受到的部分壓力。他替失敗找到一個可供搪塞的藉口，多少擺脫了壓力，這樣自己就能冷靜下來，保留專注力到關鍵時刻。心理學家將這類因應機制稱為防禦式悲觀（defensive pessimism）。

還有其他方法可以緩解賽前緊張的情緒，這些方法可能對於性格與普利不同的運動員更有效果。心理學實驗顯示，一般人在面對挑戰（例如在公共場合演講或參加數學考試）之前，對自己說覺得很興奮，而不是說很緊張，結果往往會有更好的表現。這項技巧還沒有在運動脈絡中測試過，但我們有理由認為，這在耐力運動比賽前同樣有效，因為焦慮已知會強化感知的辛勞。

史蒂夫．普利方丹得出了獨門的心適能方法，他首先培養了強烈的自我意識，然後忠於自己的身分認同。他獨樹一幟的風格就是做自己——說來簡單卻不容易。實際上，運動員若想培養出個人最佳心適能，「做自己」是不二法門。但這聽起來直觀，實則不然。運動員往往不願意做自己；假如有名跑者和普利一樣想在賽前發發牢騷，可能會因為怕被當成無病呻吟而打消念頭。

做自己也需要能自在面對人生的不確定性。沒有人生來就曉得自己是誰，我們透過因應不同的難題，才能成為現在的自己。普利欣然接納超越過去體能極限的不確定性。

他就讀奧勒岡大學大一時，某次比賽後說：「我以前沒有這樣的經驗，像是從來沒見過的風景，感覺非常陌生。你發覺自己刷新了時間紀錄，不知道有沒有辦法跑完。但是我一直都在探索自己，到現在都沒有失去覺察力，說不定我永遠都可以這樣。」

你通往理想中自己的道路，就是有待探索的全新風景。在某種程度上，你得靠自己去探勘，不僅是激勵「付出一切」的理由，還有挖掘最大心適能的個人心法。這就是為何你要成為自己的運動心理學家，把運動當成長期的過火儀式，目標是愈來愈接近那道代表身體極限的遙遠高牆，展開一段人生蛻變之旅；隨著你克服阻擋進步的障礙，也會愈來愈像理想中的運動員——以及理想中的自己。這段旅程是耐力運動所帶來最棒的禮物，你只要勇於迎接挑戰，看看自己能走多遠就好。

當然，不是所有運動員都有辦法每天訓練數小時。在很多情況下，運動員必須擁有足夠天賦，才能在職業比賽中取得一席之地，進而證明投資這些心力有其道理。然而，付出時間和付出努力並不相同。一場比賽的距離對每位運動員來說都一樣。槍聲響起時，跑得最慢的選手和跑得最快的選手同樣有理由全力以赴、衝向終點線。無論運動員選擇花費多少時間在訓練上，絕對都有機會鍛鍊心適能，幫助自己在比賽當天更加努力，並且看到成效。天賦也許會決定運動員最終的身體極限，但不能決定運動員能多靠近這個極限，正如約翰・賓漢寫道：「我見過有些十二分鐘配速的跑者，無論是用心程度、比賽意識或單純膽量，都超越許多世界頂尖跑者。」

我們一定都見過這些運動員。他們是活生生的例子，證明了天賦無法決定一個人心適能的習得能力，而努力培養個人最大心適能絕對「值得」。我們讀完本書不難明白，任何運動員都可以仿效史蒂夫．普利方丹與其他運動心理學大師踏上的自我成長之旅，只要接納過火儀式般的挑戰，就能充分發揮自我內在的潛力。

致謝

我在研究和撰寫本書的過程中，可謂經歷一場收穫滿滿的耐力考驗。若非身旁許多才華洋溢的友人不吝大力協助，本書絕對不可能寫完本書，更不可能樂在其中。藉此篇幅，我要特別感謝 Bob Babbitt、Kevin Beck、Chris Bednarek 與 Team Unlimited、Greg Benning、John Bingham、Casey Blaine、Serena Burla、Walt Chadwick、Nathan Cohen、Ted Costantino、Louis Delahaije、Chris Derrick、Adam Elder、David Epstein、Nataki Fitzgerald、Robert Gary、Elliott Heath、Elena Ivanova、David Jankowksi、Renee Jardine、Jeff Johnson、Hunter Kemper、Linda Konner、Siri Lindley、Bobby Mack、Samuele Marcora、Alissa McKaig、Greg Meyer、T. J. Murphy、Connie Oehring、Ned Overend、Beth Partin、Linda Prefontaine、Pete 與 Zika Rae、Toni Reavis、Stephen Roth、Josh Sandeman、Jenny Simpson、Neely Spence、Willie Stewart、Joseph Sullivan、Fritz Taylor、Ryan Vail 等人。

關於作者

麥特・費茲傑羅是著名的耐力運動作家。他先前許多著作包括暢銷書《與體重賽跑》（*Racing Weight*）、《身心跑法》（*RUN: The Mind-Body Method of Running by Feel*）、《跑者大腦訓練》（*Brain Training for Runners*）和《飲食教》（*Diet Cults*）。他筆下的《鐵人戰爭》（*Iron War*）一書入選二〇一二年威廉希爾年度運動選書（William Hill Sports Book of the Year）。麥特也是《男性健身》（*Men's Fitness*）、《男性健康》（*Men's Health*）、《戶外》（*Outside*）、《跑者世界》（*Runner's World*）、《自行車》（*Bicycling*）、《跑步時代》（*Running Times*）、《女性跑步》（*Women's Running*）和其他運動健身相關刊物定期撰稿人，目前定居加州，固定練跑。

國家圖書館出版品預行編目 (CIP) 資料

鑽石心態：運動心理學教你打造強健的心理素質，跨越比賽與人生的難關 / 麥特・費茲傑羅 (Matt Fitzgerald) 著；林步昇譯．
--- 初版．-- 臺北市：經濟新潮社出版：英屬蓋曼群島商家庭傳媒股份有限公司城邦分公司發行，2023.01
面；　公分．--（經營管理；179）

譯自：How bad do you want it? : mastering the psychology of mind over muscle

ISBN 978-626-7195-10-9（平裝）

1.CST: 運動心理

528.9014　　111019119